ひとひらの天上天下無我無常

玄月

edit gallery

灌仏会童子ブロンズ　籔内佐斗司

撮影　熊谷聖司

千夜千冊エディション

仏教の源流

松岡正剛

角川文庫
22651

千夜千冊
EDITION

松岡正剛

仏教の源流

空

前口上

仏教を抹香くさいものにしたままでは、いけない。
ブッダ本人はラディカルで、アナーキーだった。
ナーガルジュナは西洋知が届かない考え方を画期的にもたらした。
いったい、インド哲学や仏教とは何だったのか。
サーンキヤ学派から華厳思想をへて弥勒下生《みろくげしょう》の構想へ。
途中に維摩居士《ゆいまこじ》という、とんでもないおっさんが坐《すわ》っています。

目次

第三章　仏典の編集的世界像

第四章　中国仏教の冒険

第一章　古代インドの哲学

中村元『インド古代史』

木村泰賢『印度六派哲学』

『バガヴァッド・ギーター』

宮元啓一『インド哲学 七つの難問』

ヴェーダの祭祀から仏教の誕生へ。
「梵我一如」から「諸行無常・一切皆苦」へ。

中村元

インド古代史

中村元選集（春秋社）全二巻　一九六三〜一九六六

しばらく前は「四人集まれば、一人はたいていインド人」と言われた。国内だけで約一三億六〇〇〇万人がいる（二〇二〇年現在）。国際会議業界では「会議を成功させたいなら、インド人を黙らせて日本人を喋《しゃべ》らせよ」と言われていた。そのくらいよく喋る。なぜお喋りなのか。言葉で明示する必要があったのである。インドの紙幣にはいまも一七の言語が表示されている。

インドは最初から複雑で巨大だった。地理学上「亜大陸」とよばれる大地は、北はヒマラヤ山脈を望み、南と東西をアラビア海とベンガル湾を擁するインド洋に抱かれ、インダスとガンジスという二つの巨河が数々の文明と文化を胚胎《はいたい》させてきた。部族、民族、言語、宗教、食文化、音楽、舞踊、いずれをとっても多種多様だ。だからインド文化圏とはいえ、とうてい一様には語れない。とくにヒンドゥークシュ山脈とパミール高原と接するイラン文化圏との濃厚で微妙な関係、東南アジアから流入する中国文化圏との浸透圧は、古代インドを複雑にしてきた。

インドという呼称はギリシア人による。アリアノスやメガステネスがそういう呼称を使った。インダス河をあらわすサンスクリット語の“Sindhu”に由来する。それを古代中国では音写して「身毒」とか「信度」と綴《つづ》った。ヒンドゥの音が響いている。「印度」という漢字をあてたのは玄奘《げんじょう》だ。

インド人自身は自分たちの住む国のことを「バーラタ」とか「バーラタヴァルシャ」と言っていた。初期『プラーナ』では世界に九つの地域があって、その九つ目がバーラタだとされていた。第九番目であっても、パキスタンやバングラデシュ分離以前のインド全域にあたる。途方もなく広い。その王がバラタである。『リグ・ヴェーダ』ではバラタ王はアーリア人の一族だと謳《うた》われた。母がシャクンタラーだ。

そのバラタ王の統治する世界が、バラモン教発祥の地となった。ということは、この国は政治領域として確立されたのではなく、宗教領域として形成されていったのだ。

実際の古代インドがどこから始まるかといえば、むろんハラッパーやモヘンジョダロなどの都市文化を擁したインダス文明を発端にしている。紀元前二六〇〇年までさかのぼるけれど、そうとう高度な文明だった。灌漑《かんがい》施設も水道施設も暑さをしのぐ住宅施設も発達していた。文字があったし（まだ解読されていない）、数字にも強く、十進法と六十進法を併用した計算処理をこなした。ゼロも発見した。ところが古代エジプト、古代メソポタミア、古代中国とちがって、帝王崇拝の痕跡《こんせき》がない。そのかわりヒンドゥの神々の痕跡が残っていることにあらわれているように、いくつかの激しい信仰が重なりながら育《はぐく》まれていた。

そうした信仰をかたちづくっていた原住民はムンダ人やドラヴィダ人である。母系制の社会だった。父よりも母を重んじた。プーナの陶工たちのあいだでは最も大きな陶器は必ず女性によってつくられるのだが、これは古代からの伝統らしい。このことは古代インド史を見るにあたって重要な視点を提供するもので、のちの古ウパニシャッドやジャイナ教や『マヌの法典』にも、この母系制が残響した。

紀元前二〇〇〇年ころ、インダス文明の地域にアーリア人がくりかえし侵入して、しだいに先行文化を切り崩していった。侵入は五〇〇年くらいにわたり、パンジャーブ地方に定着したアーリア人は土着のドラヴィダ人と混じっていった。民族学ではインド＝アーリア人という。

ヴェーダ神話にはインドラ神が金剛杵《こんごうしよ》をふるって悪魔が造った障壁を破壊して河水を

流したという話が出てくるのだが、これはインドに強力な父系力が入ってきたことと、インダス都市のダムをアーリア人が破壊したことを伝えている。ヒッタイトから学んだ鉄器を使っていたのだ。金剛杵とはヒッタイト譲りの鉄器なのである。

紀元前十八世紀になると、インド＝アーリア人はガンジス河流域に進出して、大集団となった。集団はそれぞれ森林に入った。このとき編集されたのが古代インド最古の文献『リグ・ヴェーダ』を嚆矢《こうし》としたヴェーダ集で、ヴェーダ神話だ。厖大《ぼうだい》にある。そのうちの一集である『リグ・ヴェーダ』だけで『源氏物語』くらいの量だ。ヴェーダがわからなければ、古代インドはわからない。仏教もわからない。

ヴェーダ神話の中心には猛威をふるったインドラ神が坐《すわ》った。眷属《けんぞく》も多く、しだいに多神多仏のヒンドゥの神々になった。ヒンドゥ神を信仰する社会は階級社会を形成していって、規制だらけのカースト（ヴァルナ）をつくりあげ、多数の都市国家を群雄割拠させた。かくて紀元前六〇〇年前後のこと、ガンジス支流を拠点にした北インドに十六大国が出現し、なかでマガダ国・コーサラ国・ヴァツァ国・アヴァンティ国の四国が強大になっていた。

中村元《はじめ》の『インド古代史』を読んだのは二六歳くらいだったと憶《おも》う。上下巻の分厚いものだったが、古代インドの密林に初めて分け入っていく興奮が高まって、詳細な記述が前後する書きっぷりもものかは、熱にうかされるように読んだ。

すでに『東洋人の思惟方法』四巻と『原始仏教の思想』二巻（いずれも春秋社）をざっと読んだあとのことで、インド哲学と原始仏教をおこした古代インドの背景と事情を知りたかったからだった。

ふりかえって、ぼくにとっての仏教は京都の少年の日々の光と闇の襞《ひだ》のなかにまじっていて、最初から仏教感覚のようなものに違和感がない。お寺も好きだったし、お経も好きだった。宗派は浄土真宗である。歌祭文《うたざいもん》のように読誦《どくじゅ》する父の『正信偈《しょうしんげ》』を聞いて育った。しかし仏教とはどういうものかなんてことはわからない。仏教という堅い言葉にもなじめない。お寺さん、お経、坊《ぼん》さん、おしょさん（和尚）、おぶったん（仏壇）、お墓、お彼岸なら、なじめた。

その気になって関心をもったのは高校時代に鎌倉の禅寺をめぐったり座禅のまねごとをしたりするようになってからで、それでも仏教史は皆目見当がつかなかったし、それが古代インドに発して中国でどうなったのか、日本に来た仏教がアジアのなかでどんな意味をもつのかということは、無知に等しかった。

それよりなにより「お釈迦《しゃか》さん」がわからない。「ホトケさん」の親分くらいに思っていた。ブッダのことを何も知らなかったのだ。いまふりかえれば、どうして坊さんたちはもっと早くにブッダのことを教えてくれなかったのか、文句を言いたくなる。「お釈迦さんはえらい人やった」では何もわからない。せめてゴータマ・ブッダが歴《れっき》とした実在の人物で、キリストよりだいたい五〇〇年以上も前のカピラヴァストゥの王城の王子であって、そこから青年時代に脱出して厳烈な森林修行したことくらいは、子供のころに植えつけてほしかった。京都は教会の一千倍もお寺さんがあったのである。僧侶《そうりょ》は宣教師ではないけれど、ムニャムニャそっくりかえってばかりいないで、もっとブッダのことを知らせてほしかった。

ぼくがどこでブッダの生涯や思想を、それをとりまくヒンドゥイズムのことを知っていったのかということは、いまとなっては順序がつけがたい。最初は父の本棚にあった渡辺照宏《しょうこう》の『お経の話』、次に『仏教』を読んでから、やっと興味をもった。両方とも岩波新書だ。それからは木村泰賢《たいけん》や中村元さんの著作をはじめ、次から次へと仏教関連の書を通過していったというほかはない。

多少の全容が見えてきたのが『アジア仏教史』(佼成出版社)を入手してからだったが、この全集は二十巻もあって、記述もまちまち、理解に手間どった。しかしほんとうに手間どるのはそれからで、たとえばヒンドゥ＝ブッディズムを世界思想のなかで把握しなおすこと、日本仏教というきわめて特異なムーブメントに親しむこと、その背景にあった中国仏教、とりわけ浄土教と密教と禅の交差に分け入ること、インド仏教が廃れていった原因に立ち会うことというような問題をつかむには、ずいぶん時間がかかった。さらに、こうしたことが口の端にのぼるようになったのは中村元さんや鎌田茂雄さんや秋月龍珉《りょうみん》さんと親しく話すようになってからだった。

けれども正直なことをいうと、中村さんや鎌田さんや秋月さんの著作だけでは仏教もヒンドゥイズムも、またインド哲学の全般も鎌倉仏教も槍衾《やりぶすま》のように突き刺さってはこない。中村さんたちから教わったのは、アジア宗教に接する呼吸と覚悟のようなものだった。

中村元さんは大正元年（一九一二）生まれで、一高で亀井高孝や須藤新吉から学問のイロハを叩《たた》きこまれ、ドイツ人教師のブルーノ・ペツォルトから仏教の阿吽《あうん》を知らされた。ついで東京帝大の印度哲学梵文学科に進み、大学院で宇井伯壽に仏教文献学を、和辻哲郎に倫理学を沁《し》みこまされた。初期ヴェーダーンタの研究が学位論文である。

ぼくが中村さんに最初にお目にかかったのは、昭和四五年（一九七〇）に東方研究会を設立した直後のことで、みんなから「元《げん》さん」と親しまれ、いつもニコニコしていた。その後は東方学院を開設し、元さんはこれを「寺子屋」と称していた。

さて話を戻して、十六大国が栄えていた時代、カースト社会の上層部たちが信仰していたのはバラモン教である。最初期のヒンドゥイズムにあたる。ヴェーダ文献を根本聖典としたバラモン層（ブラーフマナ）は王侯貴族を中心に、一方ではきわめて汎神論《はんしん》的な思索に耽《ふけ》り、他方ではきわめて呪術《じゅじゅつ》的な祭祀《さいし》に傾倒していた。

こうした動向のなか、しだいにまとまってきたのが宇宙原理ブラフマンと個人原理アートマンを統合しようとする「梵我一如《ぼんがいちにょ》」の思想である。普遍原理と個体原理をつなげようとしたもので、数々のウパニシャッド（奥義）書がこの思想の特色を書きのこしている。ウパニシャッドはすこぶる高遠であり深甚でもあったのだが、どんな思想や哲学にもそういう時期がくるように、「梵我一如」をめざした修行や苦行や祭式を連打しても、必ずしも解脱《げだつ》は得られないのではないかという疑問が広がっていく。一部の修行者は別のとりくみを始めた。

なかでこれらを説いて先駆したのが、バラモン階層からは「六師外道《ろくしげどう》」と蔑称《べっしょう》されたジャイナ教のマハーヴィーラたち六人のリーダーだった（埴谷雄高に示唆されて、ぼくはいっときジャイナ教にはまっていた）。六人だけが先駆したのではなく、きっと大勢いたのだろう。ブッダはこの「外道」のなかから登場してきた。

ビンビサーラ王が首都ラージャグリハ（王舎城）をもって治めるマガダ連邦のひとつに、コーサラ王国があった。そのコーサラに藩属していたカピラ国の王子シッダールタが、のちのガウタマ（ゴータマ）・ブッダこと、「お釈迦さん」である（ガウタマはサンスクリット語、ゴータマはパーリ語による綴字《ていじ》発音）。

シッダールタ誕生はだいたいの年代しかわからない。紀元前五六〇年前後か紀元前四五〇年前後とされる。クシャトリヤというヴァルナ出身のゴートラ（同姓不婚の血縁集団）のひとつ「シャーキヤ」の一族の王子だった。「釈迦」の呼称はこのシャーキヤの発音からとられている。

バラモンたちが苦行《タパス》ばかりしているなか、青年シッダールタは問うた。仮に「梵我一如」をめざすとしても、そもそもその「我」や「自己」にあたるアートマンとは何なのか。われわれにはもともと身体や感覚や知覚がそなわっているが、それは何なのか。

身体や感覚や知覚はおそらく五蘊《ごうん》のようなものでできている。色・受・想・行・識である。それぞれ、物質的なるもの・感性的なるもの・観念的なるもの・心理的なるもの・認識的なるものだ。これらのどこかにアートマンがあるのか。物質はアートマンなのか。そうではあるまい。感性や観念がアートマンなのか。そうでもあるまい。これらを足し算すれば、それがアートマンなのか。きっとそんなことはないだろう。足し算しているうちにブラフマンが入りこんでこないとも言い切れない。

シッダールタはこういう問いを重ねていって、ブラフマンとアートマンを分離してから統合しようとしていたバラモンの教義がまちがっているのではないかと思う。最初から個我の原理としてのアートマン（自己）があると決めて突きつめていくのは、おかしいのではないか。むしろアートマンなんてないと考えたほうがいいのではないか（諸法無我）。かえって、これらの個々のアリバイにとらわれずにこれをいっそ消し去ってみて、そのうえですべてが相互に関係しあいながら動いていると見たほうがいいのではないか。そういう考えに到達した。

仏教では「関係しあいながら動いている」という考え方を「縁起《えんぎ》」というのだが、シッダールタは、世の中は縁起によってつながっていると見たほうがいいと確信したわけだ。この確信が、シッダールタを目覚めた者ブッダ（覚醒《かくせい》者）にさせた。

ブッダの思想は一言でいうのなら、世の中に幻想をもつなというものだ。そのために、世界を「一切皆苦」とみなして自己を世界に向かって突き放し、そこにそれぞれの「縁起」という関係の哲学を発見していこうとした。このとき「四諦《したい》」（苦・集・滅・道）と「十二縁起」を説いて行動方針としての「八正道《はっしょうどう》」を示唆し、無明《むみょう》に対するに明（ヴィドヤー）をかかげた。

ブッダの活動は思索・黙想をべつとすれば、ほとんどが説法だった。相手によって語りを変える対機説法だ。おそらくそれ以上のことはしていないだろうけれど、この対機説法に徹したことが重要だ。文字による著作も書きのこしていない。けれどもその説法に応じて生前にすでにいくつかの小さな教団をもつ信者（サンガ＝僧伽）ができていった。

のちに十大弟子となるミドルリーダーもあらわれた。

やがてブッダは弟子に看取《みと》られて惜しまれつつも死ぬ。涅槃寂静《ねはんじゃくじょう》だ。ミドルリーダーたちは原始仏教教団を形成しながら各地に精舎《しょうじゃ》を建設し、手がつけられるところからブッダの言葉と考え方を編集しはじめた。第一回仏典結集《けつじゅう》である。

ついでアレクサンダー軍の西北侵入後の、紀元前四世紀のマウリヤ朝のチャンドラグプタの時代に、ブッダの教えをさまざまな角度で議論する風潮がさかんになって、その議論の成果を「アビダルマ」（阿毘達磨）とよぶようになった。アビは「〜に関して」、ダルマは「法」を意味する。そこで第二回仏典結集がなされたのだが、宗教活動にはよくあること、教団が保守的な上座部《じょうざぶ》と進歩的な大衆部《だいしゅ》に分裂し、さまざまな部派仏教を生んだ。部派仏教は上座部仏教ともアビダルマ仏教ともいう。アビダルマの議論の大衆部から有力な勢力をつくったのが説一切有《せついっさいう》部《ぶ》だった。

紀元前三世紀のアショーカ王の時代になると、王が仏教に帰依したため、全国に仏教の教えが広がった。サーンチーの大塔はこのとき建立された。大々的なブッダ研究も始まって、さしもの部派仏教もしだいにおさまってくる。それが紀元前一世紀ごろで、ここに興ってきたのが救済思想を背景とした大乗仏教のムーブメントだった。

ブッダの原始仏教は「出家」することから始まった。生まれ育った家を出ることだ。

それはインドにおいてはカーストを離れることを意味した。カースト制があるから出家に意味があった。その出家者には僧院に住持して修行する「声聞《しょうもん》」と、一人で山野に修行する「縁覚《えんがく》」（独覚）とがあるのだが、ともに阿羅漢《あらかん》という聖者になることを最高の理想としていた。

ところが新たに大乗仏教を唱えた者たちは、あえてブッダの心身と一体となることを理想として、自身を菩薩《ぼさつ》としての悟りを待つ「有情《うじょう》」とよびはじめ、その悟りのくるあいだは、衆生《しゅじょう》（大衆）を救済することのほうが大切だと言いはじめた。その立場からすれば、部派仏教は個人の救済を求める小乗（小さなヴィークル）にすぎない。のみならず大乗仏教を唱える者たちは、アビダルマではブッダ（覚醒者）の再来は没後から遠い未来の弥勒《みろく》菩薩が成仏するまではありえないと考えられていたのを、現在ただいまでも十方の世界に無数のブッダが存在しうると説いた。声聞と縁覚も二乗とよばれ、菩薩に向かう修行中の者とみなされた。

こうして菩薩をめざす大乗仏教のムーブメントが大きなうねりをおこしていった。それが紀元前後に集中しておこなわれた大乗仏教経典の編集に、すなわち仏典の編集成果になった。結集《けつじゅう》という。『般若経《はんにゃきょう》』関係を筆頭に、『維摩経《ゆいまきょう》』『華厳経《けごんきょう》』『法華経《ほけきょう》』および浄土経典の大半はこのときにほぼ結集している。それがマタイ、マルコ、ルカ、パウロらによる「新約聖書」の編集時期とはからずも一致していることがすこぶる興味深い。

このこと、あまり気がつかれていない。

紀元一世紀ころはバラモン派の哲学と思索も再興した時期だった。そこに立ち上がっていったのがインド六派哲学である。ヴェーダーンタ学派、サーンキヤ学派、ヨーガ学派、ミーマンサー学派、ニヤーヤ学派、ヴァイシェーシカ学派の六派をさす。

仏教側のアビダルマ教義にもあったのだが、六派哲学は、ひとつには世界構造とは何かということを、もうひとつには「事態のなかに原因と結果はどのように含まれるか」という議論を徹底した。とくに四世紀、チャンドラグプタ一世によってグプタ朝が成立するとその支配権が南北インドに拡大し（首都はパータリプトラ）、そこへもってきて二代目のサムドラグプタがサンスクリット語を公用語としてバラモン教に帰依したため、六派哲学はアカデミックにも栄えた。ヒンドゥ哲学はこの時期が頂点である。ぼくは一九七〇年代のはじめころ、もっぱら六派哲学に夢中になっていた。

六派哲学のうねりに刺激されて、大乗仏教側も理論活動を多様に深めていく。二〜三世紀のナーガールジュナ（龍樹《りゅうじゅ》）の大胆な「空観《くうがん》」と「中観《ちゅうがん》」の哲学の披露、その直後の『如来蔵経』、『大般涅槃経《だいはつねはんぎょう》』、『勝鬘経《しょうまんぎょう》』、『解深密経《げじんみつきょう》』などの成果をもたらした第二期大乗仏典の編集、五世紀のヴァスバンドゥ（世親《せしん》）の『倶舎論《くしゃろん》』や『唯識論』、そのあとの『大乗起信論』などの展開は、その代表である。

しかし、このあたりが古代インド思想全体としての頂上だった。すでにグプタ朝のころに西域に仏教は流れ出し、四世紀末には中国に慧遠《えおん》が登場して廬山《ろざん》東林寺に入って浄土教をおこしたし、五世紀初頭にはクマーラジーヴァ（鳩摩羅什《くまらじゅう》）が長安に来ている。インド仏教は中国仏教にすっかり移行しつつあったのである。七世紀になるとムハンマド（マホメット）のイスラム教がインドに押し寄せてヒンドゥイズムを凌駕《りょうが》した。

それでもまだ古代インドは最後の華ともいうべき密教を発芽させるのであるが、これがタントリズムに走るようになると、その骨格は『金剛頂経』と『大日経』を二本の柱として、これまた中国密教に移っていった。禅はその当初からボーディ・ダルマが中国に来て覚醒したもので、インドではまったく開花しなかった。

こうして古代インド仏教は廃れていったのだ。その原因はいろいろ取り沙汰《ざた》されているが、中村元さんはだからこそ、ギリシア哲学を西洋史がくりかえし吸収したように、古代インド哲学をいまこそ再生吸収しなければならないという。

古代インドの思想史や哲学史や宗教は汲《く》めども尽きない。根本には「縁起」と「空《くう》」がある。こんな思想は古代ギリシアにも中世ヨーロッパ神秘思想にも、またライプニッツやスピノザの思想にも見当たらない。とても独得だ。

インドにはヴェーダ以来の途方もなく巨大な須弥山《しゅみせん》宇宙観（世界山を想定した宇宙観）があ

るけれど、このような世界構造論もユダヤ・キリスト教には見当たらない。拮抗《きっこう》しうるのはスカンディナビアで信仰された世界山イグドラシルやダンテの『神曲』の世界構造であろうけれど、天国も地獄も様相がかなり異なっている。円形や円球の西に対し、インドは方形でも円でも球でもあって、なおかつ対数的であり級数的な宇宙構造なのである。それに仏教宇宙は如来や菩薩や明王や天ばかりで埋まっているが、西洋宇宙には神と人がいる。

カースト社会についても、深く見ていくといろいろな意図がある。カーストは「族内婚・職業世襲・食卓共用」という三つのルールがあるのだが、たとえば食卓共用はカーストをこえて食事を一緒にしてはならないという禁止をしているし、同一カースト内では下の者が上から食物や物品をもらうことを許していた。だからこそ、この社会から布《ふ》施《せ》や托鉢《たくはつ》という行為が派生して、その行為が修行として自立した。ブッダがカーストの二番目にあたるクシャトリヤの出身であったことにも意味がある。

古代インドをめぐる宗教哲学研究はぼくが初対面したころにくらべると、広がりも深みも増している。かつて金倉圓照さんの『印度哲学史』(昭和書房)や『インドの自然哲学』(平樂寺書店)をそれこそ鉛筆なめなめ読み拾っていたことが、その後はいろいろな本で理解できるようにもなった。しかし、古代インドにはいつまでたっても「わかった！《ユーレカ》」とは言えないものがいっぱいつまっている。全体を鷲《わし》づかみにできないのだ。

いつぞや元さんがこんな話をしてくれたことがあった。「松岡さん、サンスクリット語やパーリ語をやらないとインドはわかりませんよ。だって『流れる』という動詞がないんですからね。静止・動向・流路・介入・流出それぞれを自分でつなげるんです。それだけでもヘラクレイトスとはちがうんです」。

第一〇二一夜　二〇〇五年四月六日

参照千夜

一六七九夜：ハマラヴァ・サダーティッサ『ブッダの生涯』　一五三〇夜：長尾雅人訳注『維摩経』　一三〇〇夜：『法華経』　九六夜：木村泰賢『印度六派哲学』　八二〇夜：保坂俊司『インド仏教はなぜ亡んだのか』　一七〇〇夜：鎌田茂雄『華厳の思想』　九九四夜：『ライプニッツ著作集』　八四二夜：スピノザ『エチカ』　九一三夜：ダンテ『神曲』　一五六九夜：紫式部『源氏物語』　九三二夜：埴谷雄高『不合理ゆえに吾信ず』　八三五夜：和辻哲郎『古寺巡礼』　一四二九夜：横超慧日・諏訪義純『羅什』

仏教の開示とインド哲学の深化は併走していた。とくにサーンキヤ学派がめざましい。

木村泰賢

印度六派哲学

丙午出版社　一九一五　木村泰賢全集（大法輪閣）一九六八

東と西の哲学で何がどのように異なっているのかという古くて新しい問題は、まだまだ陶冶《とうや》されてはいない。古代ギリシア哲学とヒンドゥ哲学、仏教とキリスト教、儒学と神学では、「愛」といい「主体」といい「認識」といい、似たような問題が議論されてきたけれど、それが見かけだけ似ているのか、それともどこでなぜどんなふうに同工異曲になっているのかということも、あまり納得されていない。

たとえば言語哲学である。言葉は肌の色や背の高さなどとちがって、考え方の特徴を如実にあらわしてきた。言葉づかいには、その民族の文化や宗教感覚や思考方法がぺったりくっついている。そういう言葉のしくみやはたらきをその民族に属する者たちが研究すれば、それなりに独自の世界観や世界構造が浮き上がってくる。その説明は、同じインド人でも同じ日本人でも、時代によっても変わってくる。伊藤仁斎《じんさい》と荻生徂徠《おぎゅうそらい》と本居宣長と富士谷御杖《みつえ》のちがいも出てくる。

日本のばあいはそれでも無文字社会から出発して漢字を導入し、それをアクロバティックに扱って万葉仮名で最古の記憶を『古事記』にしたのだから、これをあとから辿《たど》るのは、そのこと自体がアクロバティックにならざるをえず、したがって契沖《けいちゅう》と宣長ですらその方法が異なってくる。方法は思想だから、日本思想の様相も異なってくる。

インドでは、すでにインダス文明が文字をもっていて、書記言語としてのサンスクリット語は紀元前五世紀にはけっこう体系的な文法を確立していた。だから、どのようにヴェーダやウパニシャッドを読むかということそのことが、始原の思想との逢着《ほうちゃく》をあらわした。

このこととギリシア・アルファベットで書かれた思想をくらべるのは、根底の差異をそこに見ることになるはずだ。ぼくがインド哲学にいっとき入りこんでいったのは、こうした東西思想の分岐点に自分の手でいろいろふれてみたかったからだった。

今夜とりあげた本は、ぼくがインド哲学や仏教哲学に入っていったころの最初の案内書のひとつである。大正四年の初版本だ。日本の仏教研究史に詳しい向きには、なぜ高楠順次郎や宇井伯壽でなくて木村泰賢《たいけん》なのかと思われるかもしれないが、たんに入手できたからにすぎない。こういう偶然はその後もあとをひくもので、このあとしばらく木村泰賢の全集を追いかけ、それなりのファンになる。

古本屋で見つけた一冊の本から、そのあとの読書譜が大きく左右されていくということはよくあった。舟橋水哉《すいさい》の『倶舎論講義《くしゃろん》』(東方書院)を神田の一誠堂で見つけたときも、その本との出会いを感じて読みだしたのだが、結局はそのあと『倶舎論』からヴァスバンドゥ(世親)へしだいにのめりこんでいった。これも、なぜナーガールジュナ(龍樹)からではないのかと言われても、読書の手順の辻褄《つじつま》は合わないものなのである。

印哲(インド哲学)や仏教には、ほぼ孤立無援のまま入っていった。前後左右なんてなかった。京都の仏教感覚的風土に育ったとはいえ(わが家の宗旨は浄土真宗)、こんなことは長じての読解の力にはならない。鈴木大拙に惹《ひ》かれて鎌倉に参禅したときも、ブッダの思想や縁起の思想にとりくんだときも、何ひとつ海図をもっていなかった。

そのうち急に仏教書や仏教研究書に出会った。いまはその端緒が思い出せないが、おそらく突然、高田馬場の古本屋で木村泰賢に出会ったのだと憶う。したがって、本書を読んだときの体感温度のようなものは、本書のもっている温度とは土間と畳の間のちがいくらいあった。たしかにインド六派哲学にはそうとうに関心を傾けた。が、それはちょっとあとのことで、そのほかの翻訳書や研究書によってのことだ。だから本書の初読感は、その後に読んだ著者たちのインド六派哲学論でいささか消されてしまっている。それでも本書からは、たった一人で印哲の密林に分け入るときの、たいそう緊張しているのだが、身が引き締まって決然としている感覚のようなものが、いまでも蘇《よみがえ》る。大正四年の古書の鬱然《うつぜん》とした荘重性が、いまなお当時の感覚だけをよびさます。読書というものには、たえずそういう時間の裏地がついている。

木村泰賢について一言案内しておきたいのだが、それをするには近代日本の仏教界がどのように仏教学とインド哲学にとりくんでいったのかという海図が必要で、けれどもそれをしようとするとけっこう煩瑣《はんさ》になりそうなので、ここではごくごく簡略なスケッチを供するにとどめる。

明治十年（一八七七）に東京大学が設立されると、法理文学部綜理《そうり》の加藤弘之が、西洋の学とともに東洋の学も教えるべきだとして（これは英断だった）、その講義のひとつに原坦山《たんざん》の仏典講読が始まった。真宗本願寺派の大谷光尊《こうそん》や島地《しまじ》黙雷《もくらい》の推薦だったとおぼしい。坦山は幕末の曹洞《そうとう》宗の僧で、闊達《かったつ》自在な人柄も好かれたのだろう。のちに大学林（駒澤大学）の総監になった。ついで吉谷覚寿《よしたにかくじゅ》も加わり、明治十五年には「東洋哲学」の科目が立ち、さらに「支那哲学」「印度哲学」が設けられた。

こうなると、日本でも古代インド語を学べるようにしなければならない。梵字や梵語は東大寺の大仏開眼前後から、日本僧も学びはじめていた。空海のように例外的に得意な者もいた。けれどもこれらは中国化したインド文字やインド語で、梵字はシッダマートリカー文字を悉曇《しったん》文字として中国風にしたもの、梵語はサンスクリットを漢語風に音読みしていたものだった。明治の仏教学は、これをインド本来の書紀言語で学ぼうとしたかった。

そこで、オックスフォード大学でマックス・ミュラーから東洋学と東洋語の全般を学んだ南条文雄《ぶんゆう》が招かれ、梵語（サンスクリット語）の講座が始まった。真宗大谷派の村上専《せん》精《しょう》の人選だった。明治十八年のことだ。オックスフォードで梵語の読解を研鑽《けんさん》した高楠順次郎も加わった。マックス・ミュラーについてはいつか紹介したいと思うほど惚《ほ》れぼれする人物で、ドイツとイギリスをまたいで古典・宗教・音楽・哲学をあざやかにリバースさせていった。『リグ・ヴェーダ』の研究を先駆した。

こうして官立大学における東洋学、仏教学、インド学の教育と研究の基礎ができ、それが明治末から大正期にかけて大きく花開いた。われわれはこの時期の岡倉天心や夏目漱石や内村鑑三に目を奪われるけれど、このインドの香りのする仏教研究モードも当時の日本の芳しさであった。なかでとくに活躍したのが真宗本願寺派の前田慧雲《えうん》、中国仏教を教えた大谷派の常盤大定《ときわだいじょう》、そして曹洞宗の木村泰賢だったのである。

泰賢は明治十四年（一八八一）の岩手県の生まれで、農家の次男だったが、曹洞宗の東慈寺に貰《もら》い子となり、そこで育ち、出家した。曹洞宗の大学林で学び、東京帝大に進んでは高楠の指導をうけて首席を修めた。アビダルマ研究から入って「小乗仏教論」と「大乗仏教論」を究め、その背景としての『印度哲学宗教史』(丙午出版社)を著述したのち『印度六派哲学』を著した。いまは「木村泰賢全集」全六巻(大法輪閣)に収められている。

インド六派哲学とは、大乗仏教の勃興《ぼっこう》に対抗してヒンドゥ哲学派が世界と認識の根源をめぐって挑んでいった成果のすべてのことをいう。六派哲学の哲学は学派哲学のことで「ダルシャナ」(darśana)を、そう訳した。聖典ヴェーダの権威を認める正統の学派という意味だ。

ヒンドゥ哲学界では正統派(六派哲学)をアースティカといい、ヴェーダから離れていった仏教、ジャイナ教、順正派(ローカーヤタ)などをナースティカと区分けする。仏教もダルシャナなのである。六派哲学は時代によって少しずつその見解と主張が変化するが、ふつう、次の六派をもってあてる。マックス・ミュラーや木村泰賢の分類や翻訳にもとづく。

ミーマンサー学派——ヴェーダの本質を祭式や祭儀と捉《とら》える祭事研究学派。ジャイミニが著した『ミーマンサー・スートラ』を典拠とする。後期に衰退した。

ヴェーダーンタ学派――ヴェーダとともにウパニシャッド（奥義書）を重視する。ヴェーダーンタはveda（ヴェーダ）とanta（終り）を掛け合わせたもので、宇宙原理との一体化をめざしたため、しばしば神秘主義的傾向を深めた。ヴァーダラーヤナの『ヴェーダーンタ・スートラ』を典拠とし、ウパニシャッドとともに『バガヴァッド・ギーター』を経典にした。八世紀のシャンカラの「アドヴァイタ・ヴェーダーンタ」（不二一元論）が注目される。

サーンキヤ学派――サーンキヤが「数え上げる」「考え合わせる」という意味をもつので、数論派とか数理学派などと訳されることもあるが、数学的ではない。精神原理プルシャ（神我・自己）と物質原理プラクリティ（自性・原質）が互いに絡み合う現象学を展開してみせた。サーンキヤは複雑な「知」の組み合わせによって解《げ》脱《だつ》のしくみを説いた。カピラが学派を開き、ヴァールシャ・ガニヤの『シャシュティ・タントラ』、それを踏襲したイーシュヴァラ・クリシュナの『サーンキヤ・カーリカー』を綱要とした。

ヨーガ学派――この学派の最高禅は世界創造の神ではなく、ヨーガ行者の修行が祈念するところにあらわれる。学理的にはサーンキヤ学派を借りているところが少なくないが、あくまで心身の活動によって原理の開展を説明する。四〜五世紀に編集された『ヨーガ・スートラ』と、その注釈書がテキスト。

ニヤーヤ学派――ニヤーヤとは「理論的」とか「論理的に考える」という意味で、アクシャパーダ・ガウタマの『ニヤーヤ・スートラ』を根本テキストにする。知覚や認識が言語や実在と照応関係にあるとみなし、世界を分別知によって説明しようとした。

ヴァイシェーシカ学派――すべての実在を、実体・属性・運動・特殊・普遍・内属の六種のカテゴリーで把握しようとした自然哲学派。カナーダの『ヴァイシェーシカ・スートラ』をテキストにする。実体には地・水・火・風・空とともに時間・方向・アートマン・マナス（意）が含まれ、属性には五感・数・量・苦楽が含まれる。

以上が六派哲学の概要だ。なかなか眩《まばゆ》いものがある。ただし六派とはいえ、理論のサーンキヤ学派と行法のヨーガ学派はほぼ一対であり、ヴェーダーンタ学派とミーマンサー学派はヴェーダを重視している点で共通性があり、論理学の開発にあたったニヤーヤ学派と自然哲学を研究したヴァイシェーシカ学派は、流派としてはほぼ同じところから出所した。またヴェーダーンタとサーンキヤとヨーガはどちらかといえば唯名論であり、ミーマンサーとニヤーヤとヴァイシェーシカは実在論に傾いている。

ここで唯名論とか実在論に着目するのは、これらの哲学派《ダルシャナ》がそれぞれ存在や現象や物質の本質を追究するにあたって、主として原因と結果の関係を考えつづけていたからだ。それぞれの学派の追究は、「原因はそれ自体の中に結果をもっている」とみなす因中有果論と、「原因はそれ自体には結果をもたない」という因中無果論によって議論が分かれた。唯名派は因中有果論を、実在派は因中無果論の立場をとった。

たとえば粘土から茶碗《ちゃわん》を作ろうとするとき、粘土は茶碗の原因になる。まだ粘土をこねている段階でそこに茶碗の姿が見えないときも、粘土には茶碗になる原因があることになる。これが唯名的な因中有果論だ。粘土や茶碗や壺《つぼ》や皿というものを分けるのは、それらをどのように名付けたかという名辞に依拠するという考え方でもある。

一方、いくつかの欠けた粘土茶碗をもってきて、これをうまく合わせても茶碗のようなものは作れる。このばあいにできあがってきた茶碗は、元の粘土そのものに原因があったわけではない。ヴァイシェーシカ学派ではカパーラというのだが、異なる形状になったカパーラを合わせて新たな茶碗を作ったのだ。このばあい、実在してくるものは因中無果なのだ。

唯名論と実在論の対立はヨーロッパ哲学でもはやくから議論になっていた。もともとはプラトンとアリストテレスのイデアの理解のちがいに発しているが、劇的な対立をおこすのは六世紀初頭のボエティウスからで、初期スコラ哲学では実在論のほうが優勢だった。
カトリックとは「普遍的なもの」という意味である。カトリック教会という実在は素材粘土としての信者が作っているのでなく、聖書このかたの信仰のうねりのようなものが作り上げたとみなされた。これに対して、十一世紀のロスケリヌスらは「普遍的なもの」も「個別的なもの」も、それは名称の付け方のちがいであって、原因と結果は連続しているはずだと見た。これをもっと強調したのが「オッカムの剃刀《かみそり》」で、フランシスコ会のウィリアム・オッカムに始まる唯名論だった。名称や名辞の数を減らして整理しなさいと説いた。イギリスの経験哲学の起源はここにある。

　こういうヨーロッパの唯名論と実在論の対比の仕方は、インド哲学とは異なる。西洋と東洋ではどちらにも、属性と実体、運動と質料、時間と空間などをめぐる独得の世界観念が芽生えているけれど、西洋はこれらを大きな一つの真理のもとに統合しようとしていった。一神教的で、合理的で、システマチックな統合だ。その集大成がバチカンとニュートン力学である。

　東はそうはしなかった。インド哲学では物質や質料にも方向や運動の属性があると考えた。「あっちむきの石」「落ちつつある茶碗」「進む水」といった概念がサンスクリット語法上の概念単位にさえなりうるからだ。インド哲学ではひとつずつの物質の状態をつなげて、方向や運動をあらわしたのだ。ヘラクレイトスのように「流れる」という動詞であらわそうとはしなかった。

こうしたサンスクリットの文法は紀元前五世紀あたりに活躍したガンダーラ出身のパーニニによってほぼ提起され、紀元前二世紀のパタンジャリによってあらかた確立された。パーニニはおよそ四〇〇〇にのぼる記憶用の短句の組み合わせの方法から、初期の文法を規定した。「パーニニ文典」とよばれている。記憶用短句がつくりあげた文法は、文法そのものが思索の内実だった。そこには形式と内容の、フォーマットとコンテンツの区分はない。もうすこし正確にいえば、フォーマットとコンテンツが重畳しながら連動して記憶が蘇り、その再生が可能になった。

これはヨーロッパ思想を決定づけたラテン語論やフランス語を律したポールロワイヤル文法などとはかなりちがっている。木村泰賢はそういうことにはふれてはいないが、ここには此彼の思索運用上の、ということは思想そのものの、決定的な分岐点があったのである。

ぼくが六派哲学をしばらく追いかけるきっかけになったのは、一九七三年の「遊」五号で杉浦康平さんと「インド自然学」の図解特集を試みたときだった。主要な六派哲学をダイアグラム化し、その構造解説に耽《ふけ》ったのだが、このときサーンキヤとヴァイシェーシカとヨーガにぞっこんになった。

とくに因中有果論のサーンキヤ派のプルシャとプラクリティの設定と、その相互作用を説明する組み立てがおもしろく、たいそう惹かれた。精神を司《つかさど》るプルシャはなんとか永遠の安定をめざそうとするのだが、それを観照しようとすると平衡が破れ、そこにプラクリティの動態があらわれる。この精神的平衡の破れに注目しているところが大いに気にいった。

プラクリティにはサットヴァ（純質）、ラジャス（激質）、タマス（翳《えい》質）が「グナ」（特性）として備わっている。プルシャが平衡でいるときは、この三つのグナはほとんど動かない。けれども、われわれのプルシャに対する観照力がゆらいでくると、プラクリティは内部原理を流出させ、ブッディ（覚）やマハット（大）が現れる。

それでどうなるか。自意識が生じてしまうのである。ブッディやマハットが動きだすと、アハンカーラが生じる。アハンは「我」や「私」のことで、カーラは「行為」のことだから、アハンカーラは自意識の登場を意味する。

それでも三つのグナのバランスがとれているあいだはそのままの〝未萌《みほう》の自己〟にとどまっているのだが、ラジャスがこのバランスを壊すと、そこからマナス（意、心根、思考器官）がはたらいて、五知覚を起動させ、ついにタンマートラ（心性粒子・魂粒子）が知覚器官を全面開花させるのである。こうなると、自意識が「自己」を支配することになって、そこに肉体や行動がともなって、ついにカルマ（業）の循環をゆるすのである。

こういうサーンキヤ学の組み立てには、知識によって解脱をなしとげようとする凄《すさ》まじい推論が渦巻いていて、かなりの圧巻だ。木村泰賢を読み耽っていた三十代前半、どんな西洋哲学よりも自己意識をめぐる説得力をもつように思われた。矛盾や自己撞着《どうちゃく》を孕む意識を説明しようとしていたのだ。のちにその思潮が『バガヴァッド・ギーター』に流れていたこと、その後のヨーガ哲学の骨格に転用されていったこと、また漱石がいっときサーンキヤにかぶれていたことなどを知った。

第九六夜　二〇〇〇年七月二一日

参照千夜

一一九八夜：伊藤仁斎『童子問』　一七〇六夜：荻生徂徠『政談』　九九二夜：小林秀雄『本居宣長』　一〇二一夜：中村元『インド古代史』　七五〇夜：空海『三教指帰・性霊集』　七五夜：岡倉天心『茶の本』　五八三夜：夏目漱石『草枕』　二五〇夜：内村鑑三『代表的日本人』　七九九夜：プラトン『国家』　二九一夜：アリストテレス『形而上学』　九八一夜：杉浦康平『かたち誕生』　一五一二夜：『バガヴァッド・ギーター』

クリシュナが説いた驚くべきギーターの哲学。
「知」をもって戦い、そのうえで万端を放擲《ほうてき》しなさい。

バガヴァッド・ギーター

上村勝彦訳　岩波文庫　一九九二

【古典としてのバガヴァッド・ギーター】

古代インドの至高の「神の歌」を『バガヴァッド・ギーター』という。オーロビンド・ゴーシュ、ラーマクリシュナ、ティラク、ガンジー、ネルーの座右の書だった。ガンジーは「無私の行為をめぐる福音書」とも、「スピリチュアル・ディクショナリー」とも言った。西ではシュレーゲル兄弟、フンボルト、エマーソン、ソロー、T・S・エリオット、ユング、オルダス・ハクスリー、ヘッセ、グルニエ、カミュ、シモーヌ・ヴェイユ、ピーター・ブルックが愛読した。日本には辻直四郎が和訳して届けてくれた。

これほどに戦闘と葛藤《かっとう》にひそむ知と知識の行方を高遠に謳《うた》ったものは、西洋には見当たらない。東洋でもめずらしい。クリシュナは王子アルジュナに「闘いなさい、そのほうが心も知も平静になれる」と不思議なことを言ってのけたのだ。かつまた、この一書ほどに「放擲《ほうてき》すること」の意義をみごとに説いてみせたものは、ない。クリシュナが説く放擲とは知のすべてを他者に捧《ささ》げることだった。

歳のせいか、最近は古典に立ち返ることが多くなった。近代以降の表現力と古典の表現性とは何が違って見えるかというと、古典の多くは今ふうにいえば「説教じみている」ということに尽きる。だから、何かを諭《さと》されているような気分になるため、若いうちは古典になじめない。イソップ物語がそうだった。

しかしもうひとつ、古典にはなべて特長的なことがある。それはどんなコンテンツやメッセージも複合的な物語と一緒にあるということで、しかもたいていは神々の世代の物語とつながっているため、前史の因縁がものを言うという特長だ。今日の読者はうんざりしたり、太刀打ちできないと感じたりするかもしれないが、神々の物語を含んだ古典を読んでいると、何度も何度も愕然《がくぜん》とさせられる。

ぼくの経験でいっても三十代のころに悩んだ大半の問題が、『ギルガメシュ』やギリシア悲劇やダンテの『神曲』でとっくに取り扱われていたのだということが、ずばずば告げられて、なんだ、あのときあんな失敗をしでかした問題はこんなにも古くから議論されていたのかと、驚いたのだ。

古典とはそういうものだ。まして聖典となると、汲めども尽きない何かが夏の早朝の朝顔のように何度も咲きこぼれる。

『バガヴァッド・ギーター』(Bhagavad-gītā) は古代インドの長大な叙事詩『マハーバーラタ』の中の短い一章ぶんにあたっていて、クリシュナが王子アルジュナに説いてみせた格別のギーターになっている。ギーターとは神がもたらした詩歌のこと、「神の歌」のことだ。クリシュナがそのギーターを説いた。クリシュナはインドの神統譜では最高のバガヴァッド(=崇高神)が変身した神格であるから、このギーターはすなわち「バガヴァッドのギーター」なのである。

バガヴァッドはヒンドゥイズムの体系ではヴィシュヌ神のことをいう。インド神話を少し知っていればすぐわかるだろうが、インドの創造神のブラフマーはヴィシュヌの臍《へそ》から蓮《はす》の花がのびてが生まれた。ヴィシュヌは天地創世以前の最高神で、そのヴィシュヌの臍から生まれたブラフマーが世界を統治する。宇宙創成のビッグバンの主役がブラフマーなら、そのビッグバン以前の原宇宙の造物主がバガヴァッドとしてのヴィシュヌなのだ。

ヴィシュヌには多神教独特の性質がある。この世に降りてきて、幾つもの姿に化身ないしは顕現してみせるという超コスプレ性質だ。インド神話や説話では十通りの姿を見せる。この変身力をアヴァターラ (avatāra) というのだが、そのアヴァターラのひとつがクリシュナなのである。アヴァターラは中国や日本にも届いて、たとえば観音の三十三変化《へんげ》になったり、大日如来がお不動さん（不動明王）に輪身《りんじん》したりした。

ヴィシュヌが化身したクリシュナは『マハーバーラタ』のなかではさらに身を変じて（身をやつして）、戦争や人生の戦略家あるいは指南役としての相貌《そうぼう》を与えられている。しばしば「御者《ぎょしゃ》」と訳される。軍師、将軍、あるいはハイパーディレクターとでもいえばいいだろうか。

クリシュナがそういうヴィシュヌ神が変身したアヴァターラのお役目をもっていたことは、物語の半ばすぎまでわからない。読みすすむうちに「ああ、そうだったのか」と合点できてくる。その長らく正体不明だったクリシュナが、いよいよ『マハーバーラタ』第六巻になって、悩み抜く王子アルジュナに対して驚くべき説諭をもたらした。その説諭の詩句が『バガヴァッド・ギーター』としての「神の歌」なのである。お説教ではあるけれど、その中身がすさまじい。

【マハーバーラタについて】

大叙事詩『マハーバーラタ』（Mahābhārata）はとんでもなく長大だ。全部で十八巻一〇万詩節二〇万行から成っている。典雅なサンスクリット（雅語）で書かれた。ホメーロスの『イーリアス』と『オデュッセイアー』の二つを併せても二万七〇〇〇行だから、いかに厖大か。手元に全集を置いてパラパラとページをめくってみないとこの物量感は伝わらないだろうけれど、ともかくとんでもなく長い。英訳から山際素男《やまぎわもとお》さんが重訳した三一書房版で全九巻、上村勝彦さんが原典から訳して途中まで進んで物故されたので中断しているちくま学芸文庫版で全八巻、抄訳のレグルス文庫でも全三冊になる。

それもそのはず、『マハーバーラタ』の成立にはおそらく紀元前四世紀ごろから紀元後四世紀くらいまでの、ざっと八〇〇年の編集時間がかかっている。そのあいだに数多《あまた》の尾鰭《おひれ》がついた。聖書や仏典の場合は、それらを創世記、民数記、ヨブ記、般若経、華厳経、法華経などとクラスターごとに切り出して自立させたけれど、ヒンドゥイズムはそうしなかった。そのままえんえんとつなげていった。

どんなに長大であろうと、『マハーバーラタ』は物語なのだから、筋書きとしてのメインストリームが流れている。バラタ族の王位継承問題に端を発して同族のあいだでおこった対立と抗争と戦闘を綴り織った〝戦記もの〟なのだ。全体としては王族バラタの波瀾《はらん》万丈・栄枯盛衰の物語になっているので、あえて「マハー」(大いなる)と形容され、「マハーなるバラタの一族の物語」と名付けられてきた。

バラタ族の同門の部族の対立と戦争については、あとで粗筋《あらすじ》を紹介するが、パーンドゥの五人の子とドリタラーシュトラの百人の子とが、互いに分かれて五王子を中心とする「パーンダヴァ」軍と、百王子を中心とする「カウラヴァ」軍となり、互いに権謀術数をくりひろげるうちに、この両陣営のあいだで決定的な諍《いさか》いと行きちがいがおこって、ついに戦闘に至ったというものだ。総称してバラタ戦争ともいう。

両陣営は、物語のなかでは「五王子のパーンダヴァ」と「百王子のカウラヴァ」というふうに言われる。この五王子と百王子とがなぜ戦ったのかということが、物語が縷々《るる》申しのべようとしていることだ。両陣営ともにさまざまな交渉と確執と裏切りと、そして作戦の展開と魔術合戦があった。

主人公はアルジュナ王子。パーンダヴァ側の五王子の一人だ。勇敢な戦士として育ったが、さまざまな経緯があったためけっこうナイーブな心境をもっている。そのアルジュナがいよいよ血肉を分けた相手のカウラヴァ軍団と闘う段になってぐらぐら迷いはじめ、クリシュナがこれを鼓舞するためにギーターをもたらした。その一部始終が『バガヴァッド・ギーター』なのである。

そうではあるのだが、そういう主筋の起承転結はせいぜい全体の五分の一程度くらいのもので、あとは八〇〇年間の編集過程で随所におびただしい神話・説話・エピソード・伝承・論説・概嘆がとりこまれていったので、いつしか『マハーバーラタ』の全体はこれらの縦横呑吐《どんと》のプロットの複合連鎖系になった。よほど集中するか、手にとって何度か出入りしてみないと、ポリフォニックな物語の全貌はアタマに入らない。その複雑さはギリシア神話の比ではない。ジャン・クロード・カリエールの卓抜な戯曲があるとはいえ、よくぞピーター・ブルックがこれを九時間の舞台に演出したものだと思う。

パーンダヴァ軍とカウラヴァ軍の激越な戦闘の終結が両軍にもたらしたものは、意外なものだった。あらかじめ言っておくと、主筋の物語の起承転結の「結」は一応は五王子側の勝利になるのだが、この勝者たちは最後にはことごとく死んで、天界に往ってしまうのだ。ヘロドトスの『歴史』や『アーサー王』や『平家物語』や『南総里見八犬伝』のように、どちらかが勝ち残るのではない。また敗北した者たちの悲哀が残響するのでもない。大叙事詩の「結」は、ひたすら壮大な「寂静の情調」（シャーンタ・ラサ）に向かって進む。

【古代インドの神々と叙事詩】

古代インドの叙事詩の源流は、インダス文明の盛衰のあとの紀元前一五〇〇年のころに、アーリア人がインド亜大陸の五河（パンジャーブ）地方に侵入し、その後にヴェーダ文献があらわれた紀元前一二〇〇年から紀元前五〇〇年までさかのぼる。

そこをヒンドゥ教の初期成立期とみるかどうかは、まだ学説が統一されていないけれど、ふつうはヴェーダ期とかヴェーダ神話時代、ヴェーダ教時代、あるいは「バラモン教」の時代などと呼ばれる。ヴェーダという名詞は「ヴィドゥ」（知る）という動詞の語根から派生した言葉で、知識を意味する。そのころの知識といえば、すべてが聖なる知識だ。

そのヴェーダに、サンヒター（本集）、ブラーフマナ（祭儀書）、アーラニヤカ（森林書）、ウパニシャッド（奥義書）があって、この順に深化していった。サンヒターには『リグ・ヴェーダ』（讃歌《さんか》）、『サーマ・ヴェーダ』（歌詠）、『ヤジュル・ヴェーダ』（祭詞）、『アタルヴァ・ヴェーダ』（呪詞《じゅし》）が収められる。

これらはいずれも「神の歌」ではあるが、最高神を想定していない。バラモン教は「交替神教」ともいうべきもので（マックス・ミュラーの命名）、多くは宇宙原理のブラフマン（梵）と精神原理のアートマン（我）の合体をうたう「梵我一如」を主題にしていた。

ヴェーダでは、神々はまとめてデーヴァ（天 deva）と呼ばれる。神々は天の恩恵を司るデーヴァ神族と宇宙の法を預かるアスラ神族とに分かれた。デーヴァ神族を代表するのはインドラ（Indra）で、アスラ神族を代表するのはヴァルナ（varuṇa）だ。ウパニシャッドの時代では、そのヴァルナとミトラが社会の原理として称揚された。このあたりのことは『空海の夢』（春秋社）にも書いておいた。

このようなヴェーダ信仰を戴《いただ》くバラモン教は、時代の社会思想がしだいに階層的なヒンドゥイズム（ヒンドゥ哲学＝ヒンドゥ教）に移行するにつれて大きく変化する。そうすると、俄然《がぜん》、哲学競争じみてくる。それがいつごろだったかというと、ブッダやジャイナ教のマハーヴィーラが出現して、かれらがバラモンたちから「六師外道」と呼ばれ、その後に原始仏教やジャイナ教が少し広まってから、これに対抗対応するようにヒンドゥイズムが急速に充実していった時期、おそらくアショーカ王以降のこと、ピークは紀元前後のことだろう。

ということは、それ以前がヴェーダ讃歌の時代で、バラモン教(ブラーフマン教)の時代なのだ。バラモン教と言われるのは、これらの讃歌を奉じたのが祭官としてのバラモンたちだったからだ。

バラモン教からヒンドゥ教への発展はインドの古典に大きな変化をもたらした。順に①神々の主人公たちが変更される、②『マハーバーラタ』や『ラーマーヤナ』などの大叙事詩が編集される、③インド六派哲学などが深化される、という特色をもつ。古代インドの神々はヒンドゥ教の確立に向かって主人公を変えていったのである。

ヴェーダ・バラモン期では、インドラ(帝釈天)、ヴァルナ、ミトラといった神々が漠然たる中心にいた。それがヒンドゥ教が勃興してからは、ヴェーダ神話のなかではあまり目立たなかったヴィシュヌ(Viṣṇu)やシヴァ(Śiva)が明示的な最高神の位になって、それらの神々にひたすら帰依(バクティ=信頼)を捧げることが信仰の中心になった。これで最高神が定位してきた。こうなったのは紀元後の特徴だが、その後はこの定位がずっと続き、いまでもヒンドゥ教の三大神(トリ・ムールティ)はブラフマー(梵天)、ヴィシュヌ、シヴァになっている。

それとともにサンスクリット（雅語）とプラクリット（俗語）による叙事詩が語られ、さかんに編纂《へんさん》されるようになった。なかで最大のものが『マハーバーラタ』で、次に『ラーマーヤナ』が続き、これらをプラーナ文献が純化していった。いずれも一連の「知の集大成」であり、その物語化の大実験だった。『ラーマーヤナ』も大叙事詩で全七巻、四八〇〇〇行に及ぶ。コーサラ国の王子ラーマの伝承が語られる。

伝説上では『マハーバーラタ』を詩仙ヴィヤーサが、『ラーマーヤナ』を詩聖ヴァールミーキが著したということになっているが、一人の語り部の成果とは言えまい。『三国志』や『水滸伝』同様に、当然のことながらコレクティブ・ブレイン（集団脳）が著作編集を継続したのだと思う。

ヒンドゥイズムが濃密になっていったのは、一方で原始仏教が広まり、そこに部派仏教の「個」の深化と、そこから脱する大乗仏教の「類」の拡張が出てきたためである。とくにブッダに始まる仏教がバラモンたちの漠然とした「梵我一如」には安住せず、部派仏教は個我の内奥に迫り、大乗仏教は「空」と「縁起」を考究して他者の救済を説く菩薩道を〝発明〟するほうに向かっていた。

これらの革新を横目で感じつつ、ヒンドゥイズムに新たなエンジンがかかった。そこに登場したのがインド六派哲学だ。ぼくが三十代前半に没頭した異色きわまりない思想群である。サーンキヤ学派（数論）、ヴァイシェーシカ学派（勝論）、ミーマンサー学派（祭式）、ニヤーヤ学派（正理）、ヴェーダーンタ学派、ヨーガ学派をいう。いずれも汎《はん》宇宙的な物質原理のプラクリティと霊的な精神原理のプルシャとの相互相入関係を設定して、そのあいだを「サットヴァ（純質）、ラジャス（激質）、タマス（暗質）」という三つのグナ（構成要素）がさまざまに作用するというしくみを論じているのだが、六派によって少しずつ解釈が異なった。

クリシュナの説教には、このプラクリティとプルシャの関係、「サットヴァ、ラジャス、タマス」をどうするかということが、何度も出てくる。

【クリシュナとアルジュナのQ＆A】

『バガヴァッド・ギーター』は、王子アルジュナの質問にクリシュナが答えるというスタイルをとる。そういうふうになったのはアルジュナの悩みが深刻だったからで、それゆえ物語のなかに挟まれたギーターにしては、たいへん特異なものになっている。

一言でいえば、Q＆Aだ。Q＆Aではあるが、その問答はギリシア哲学やユダヤ・キリスト教の思想からも、あるいはそれらと一線を画した合理哲学や、それをまたひっくりかえしたニーチェらの思想からも想像がつかないものに満ちている。ソクラテスの問答とも唯物論的な弁証法とも違う。

近代にあって、ガンジーやカミュやシモーヌ・ヴェイユの心を捉えて離さなかったというのも、よくわかる。正・反・合の、またそれを裏返した程度の、そういう西洋思想のロジック・セオリーでは説明がつかないからだ。王子もクリシュナも矛盾の只中《ただなか》を進んでいくことを躊躇《ためら》わない。そういう意味で、このギーターは「自己撞着」や「絶対矛盾的自己同一」を大きく孕《はら》むものなのである。

二人の問答に感心した理由は三つある。第一には、クリシュナはアルジュナ王子が敵軍に対する戦闘意欲を失っているときに、それを鼓舞するためにギーターで諭したのであるが、一貫して「戦いなさい」と言い続けたということだ。

第二には、クリシュナが戦争では「知」のすべてをかけて闘うべきだが、しかしそれらは最終場面では「放擲《ほうてき》」されるべきだと訴えていたことである。この「放擲」の発想が西洋思想には欠如する。

『バガヴァッド・ギーター』ではさかんに「知性」や「知識」の重要性が説かれ、「知識の祭祀」に傾注するべきだと説かれる。こうした「知」の重視は西洋と変わらない。けれどもそのうえで、それらの「知」を放擲することで秀《すぐ》れるのだとクリシュナは教えた。こんなことを西洋哲学では、めったに提案しない。しかもクリシュナは、たんに放擲するのではないと言った。捨てるだけなら放下《ほうげ》でもいいだろう。そうではなくてクリシュナのほうへ向かって、もっといえば他者のほうに「委《ゆだ》ねる」ように一挙に放擲されるべきだと言った。

第三には、以上の二つと密接に関連するのだが、ギーターは驚くほど徹底して人間存在の空しさを描いて、まさに「寂静の情調」(シャーンタ・ラサ)を物語化している。だからいわば「無常の思想」の起源といってもいいようなものなのだが、そのことがほかでもない「戦中」(陣中)で語られているということに特徴がある。誰ひとりとして戦いの現場から逃げてはいないのだ。つまり、この「神の歌」は現場のためのギーターであり、陽明学でいう「事上磨練」の渦に向かうためのギーターだったのである。涅槃寂静は、われわれが当面している混乱する事態の渦中にこそ探すべきものだったのだ。

【ギーターを包む物語】

なぜクリシュナが王子アルジュナに向かってギーターを説いたのかということを理解するにはやはり、『マハーバーラタ』という大叙事詩がどんな物語になっているかを知る必要がある。クリシュナもアルジュナもこの物語の登場人物だし、第六巻の場面で、どうしてアルジュナの苦悩が深まっているのかがわからなければ、クリシュナの大胆な説教の意義もわからない。

とはいえ『マハーバーラタ』の物語をここで要約するなど、とても無理である。それだけで最低でも三万字が必要だ。今夜はギーターがぼくにもたらした当時の衝撃とその意味をとりあえず伝えたいだけの夜であって、『マハーバーラタ』の複合的な物語力を紹介したり議論したりしたいのではない。だから、このあとに示す粗筋はとりあえずのギーターのポジションをあきらかにするためと、クリシュナとアルジュナの切羽詰まった関係が理解できる程度の案内だと思われたい。

以下、物語をサマライズするにあたっては、いまは亡くなった上村勝彦さんの岩波文庫版『バガヴァッド・ギーター』と、『原典訳マハーバーラタ』（ちくま学芸文庫）や『バガヴァッド・ギーターの世界』（ちくま学芸文庫）の要約と表記にもとづいた。

【マハーバーラタのあらすじA】

バラタ王の孫であるクル王の後裔《こうえい》がクル（Kuru）族になった。その末裔のシャンタヌ王が、森で美しい娘を見かけて求婚した。娘は承知したけれど、自分が何をしても決して咎《とが》めないようにという条件をつけた。彼女は七人の息子を生み、その息子たちを次々とガンガー川（ガンジス）に投げ込んだ。王は約束どおり何も言わなかったが、八番目の息子が生まれたときに、ついにその行為を制止した。彼女は自分はガンガーの女神であると明かし、息子を連れて立ち去り、しばらくたってその八番目の子を王に渡した。この子がデーヴァヴラタ（のちのビーシュマ）である。

月日がたったある日、シャンタヌ王はヤムナー河畔で美しい漁師の娘サティヤヴァティに出会い、この娘を嫁にしたいと思った。娘の父親は、それならあなたと娘とのあいだに生まれた子を王位継承者にすると約束してくれと言う。王は悩んだ。デーヴァヴラタは父王の悩みを察して、約束を受け入れてもかまわない、自分は子孫をつくらないから安心してほしい、一生独身を守ると言った。以来、デーヴァヴラタは「ビーシュマ」(恐るべき人)と呼ばれた。ビーシュマはこの物語の最後まで活躍する。

話はこのように始まるのだが、すでにして一挙的な意外性に満ちている。おそらくは北方インドのどこかでおこった出来事が投影しているからであろう。叙事詩や古代物語が意外な展開を見せるのは、実際の事態がそうなっていたからだったことが多い。クル族は実在の部族で、ブッダの時代には十六大国のひとつとしてガンジス流域に勢力をもっていた。

シャンタヌ王とサティヤヴァティのあいだに二人の息子が生まれた。シャンタヌ王が死んだとき、王位についた長男は半神ガンダルヴァと闘って殺された。そこでビーシュマは次男を王位につけ、その妃《きさき》を選ぼうとしてカーシ国の婿選びの会場に赴き、三人の王女を強奪した。そのうち二人(アンビカーとアンバーリカー)を王妃に選んだところ、肝心の次男王が夭折《ようせつ》してしまった。これでは王位継承がうまくいかない。

王母（サティヤヴァティ）は、王家の存続のためにはビーシュマが二人の寡婦を妻にすべきだと頼んだが、ビーシュマは独身の誓いをたてていたので承服しない。そのかわり王家の故事にのっとって、高徳のバラモンに寡婦たちの子孫をつくらせることを進言した。するとと王母が自分の過去の秘密を語りだした。実は私がヤムナー川で父親の舟に乗っていたとき、パラーシャラという聖者が舟に乗ってきて、欲情して私と交わり、聖仙ヴィヤーサが生まれた。いま私は、このヴィヤーサを呼び出して、寡婦たちに子をつくらせようと思っていると言うのだ。

この計画は実行に移された。ヴィヤーサはアンビカーの寝室に入ったが、アンビカーがその恐ろしい姿を見て目を閉じたので、生まれてきた子は盲目のドリタラーシュトラになった。次のアンバーリカーは恐怖のため青ざめた。そのため生まれた子は蒼白《そうはく》のパーンドゥとなった。パーンドゥとは蒼白者という意味だ。この盲目の長男と蒼白の次男とが、のちに対立抗争をせざるをえなくなる。

ビーシュマは盲目者ドリタラーシュトラの妻にガーンダーリーを迎えてやった。彼女は夫に忠実であろうとして、その両目を布で覆って見ないようにした。しばらくして彼女は妊娠したけれど、なぜか二年間、出産することがなかった。

やむなく、ガーンダーリーが自分のおなかを強く打つと、鉄球のような肉の塊がどぼっと生まれ落ちた。聖仙ヴィヤーサの指示によって、その肉の塊は百個に分けられ、ギー（バター状の乳脂）を満たした容器の中に二年間保存された。その結果、ここに盲目者ドリタラーシュトラの百人の息子たちが生まれた。なんと肉塊のインキュベーション（保育器）によって百王子が誕生したのだ。のちのカウラヴァ軍のコアメンバーになる。

一方、ここからがアルジュナが生まれたいきさつになるのだが、ヤドゥ族の族長シューラには、ヴァスデーヴァという息子とプリターという娘がいた。シューラはプリターを従兄弟《いとこ》のクンティボージャの養女としたので、彼女はクンティーと呼ばれるようになった。

あるときクンティーは一人のバラモンを満足させたので（すでにお察しのごとく多くのバラモンは助平なのである）、バラモンはクンティーに神々を呼び出す呪文《じゅもん》を教えた。彼女は太陽神を呼び出した。太陽神はクンティーに息子を授けたが（ヒンドゥの神々もたいていが助平だ）、彼女は人々の目を憚《はばか》って、生まれた子を川に投じた。その子は御者（スータ）に拾われて育てられ、勇士カルナとなった。

その後、クンティーは蒼白者パーンドゥの妻になった。パーンドゥにはすでにマードリーという妻もいた。それでもパーンドゥは子宝に縁がなく、どうしたものかと思っていたある日、パーンドゥは鹿の姿に変じてマードリーと交わっていた隠者を鹿だと思って射貫《いぬ》いてしまった。隠者は「おまえも妻と交わったときに死ぬだろう」と呪って死んだ。子宝をつくれないパーンドゥはクンティーにダルマ神を呼び出すように指示して、こうしてやっと息子を得た。それがユディシュティラである。ユディシュティラはこのあとの物語全体のリーダーになる（のちにダルマ王とも呼ばれる）。

パーンドゥはついで風神を呼び出してクンティーにビーマセーナを生ませ、続いてインドラ神を呼び出して輝くような勇士を生ませた。この勇士が『バガヴァッド・ギーター』の主人公となる王子アルジュナだ。アルジュナはインドラ神の隠れた落胤《らくいん》だったのである。

クンティーは夫が望むので、マードリーのためにも神を呼ぶことにした。マードリーはアシュヴィン双神から双子を授かった。ある日、蒼白者パーンドゥはいよいよマードリーと交わろうとしたのだが、隠者の予言通り死んでしまった。悲しんだマードリーも双子をクンティーに託して、火葬の火の中に身を投じた。

【マハーバーラタのあらすじB】

こうして〝盲目のドリタラーシュトラ〟の百人の王子と、〝蒼白のパーンドゥ〟の五人の王子が一緒に暮らし育つことになった。何度も言うようだが、この二グループの息子たちが、のちに「カウラヴァ軍の百王子」、「パーンダヴァ軍の五王子」と言われる。

盲目ドリタラーシュトラの百王子と蒼白パーンドゥの五王子は同族者として一緒に育

つのだが、しだいに仲たがいするようになっていく。パーンドゥの王子たちのほうが、何かにつけてドリタラーシュトラの王子たちより秀れていたので、ドリタラーシトラの長子ドゥルヨーダナがパーンドゥの王子たちに敵意を抱くようになったからだった。ちなみにパーンドゥの五王子のなかではアルジュナが最も武芸に秀でていた。

聖者バラドゥヴァージャの息子にドローナがいた。たいそう武術に長《た》けていたので、ビーシュマはドローナをクル族の武術師範にした。クル族とはバラタ王の孫であるクル王の後裔のことで、物語の後半ではカウラヴァと呼称される。冒頭のシーンを思い出してもらうといいが、そのクル族の末裔のシャンタヌ王が森で美しい娘を見かけて求婚したところから、この話は始まっていたのだ。

師範のドローナは王子たちに御前試合として互いに武術を披露しあうように仕向けた。アルジュナが卓越した武技を示したところ、そこにカルナが名のりをあげてアルジュナに挑戦した。このことにパーンドゥの五王子に嫉妬《しっと》していたドゥルヨーダナが好感をもち、カルナと永遠の友情を誓うと、彼をアンガ国の王とした。

そんなことが重なって、ドゥルヨーダナ率いる百王子は、パーンドゥの五王子とその賛同者（総称してパーンダヴァという）を妬《ねた》むようになり、いつか殺害する機会を狙う。

計略も用いた。たとえば燃えやすい材料でわざと宮殿をつくらせ、パーンダヴァたちが寝ているあいだに火を点《つ》けた。しかしかれらは事前にそれを察知して地下道から逃げていた。周囲ではかれらは焼死したものと思いこんでいたのだが、実は別のところに身を隠したのである。

パンチャーラ国王のドルパダが、娘のドラウパディーのために婿選びの式をとりおこなった。王は剛弓をつくらせ、空中に金の標的を掲げ、その弓で射貫いた者に娘を与えると告げた。よくある話だ。

誰もその弓を引くことができなかったが、バラモンに変装したアルジュナが弓を引き絞って的を射貫いた。アルジュナが〝賞品〟のドラウパディーを得て母のもとに帰ったところ、母はその〝成果〟を見ぬままに「みんなで分けなさい」と命じた。こうしてドラウパディーは五王子に「共通の妻」として分けられたのだ。

この「共通の妻」の出現は『マハーバーラタ』の物語編集力の異様なエンジンになっている。沖田瑞穂の『マハーバーラタの神話学』（弘文堂）はジョルジュ・デュメジルの比較神話学を通して『マハーバーラタ』のヒンドゥ的特色を解明しようとしたものだが、とくに五王子がドラウパディーを「共通の妻」としたところに注目して、そこからインド・ヨーロッパ語族の神話の隠れた機能を分析した。デュメジルは『神々の構造』（国文社）などで、インド神話とイラン神話とヨーロッパ神話が似たような三機能を並列させていたことを指摘していたのである。

パーンダヴァの五王子がドラウパディーを妻としたというニュースは、ドリタラーシュトラ王のもとに伝わった。ドゥルヨーダナやカルナらは早速にパーンダヴァと戦うことを主張したが、ビーシュマやドローナの忠告によって、パーンダヴァの長子ユディシュティラに王国の半分を与えることにした。五王子側も王国をもったわけである。ユディシュティラは偉大な建築家である阿修羅マヤの手を借りて、インドラプラスタの都にすばらしい宮殿を建てて、弟たちとともにこの国を統治した。

そのころアルジュナは王族としての結婚規定などをはからずも破ってしまったので（かれらはカーストでいうとクシャトリヤで、王族としての幾つもの掟《おきて》をもっていた）、一族の掟に従って十二年間の巡礼に出た。これはジョゼフ・キャンベルの有名な英雄伝説研究に言う「セパレーション」（旅立ち）にあたる。キャンベルの学生だったジョージ・ルーカスはここからの話をゾロアスター教とともに《スター・ウォーズ》の下敷きにした。

巡礼の旅の終わりが近くなったとき、アルジュナはプラバーサに立ち寄った。このとき、アルジュナはヴァスデーヴァの息子を名乗る男に出会った。これこそが英雄クリシュナだった。クリシュナはこの王子の何かにピンときた。アルジュナを歓迎して、ドゥヴァーラカーにある自宅に招いた。アルジュナはクリシュナの妹スバドラーを見初めた。クリシュナはアルジュナをそそのかして、彼女を強奪させて妻とさせた。アルジュナはインドラプラスタに戻った。スバドラーはアビマニユという息子を生んだ。

ここまでが、主要な登場人物がどんな経緯でこの物語にかかわることになったのかという前提だ。顔ぶれはあらかた揃った。ここから先、話は少々俯瞰《ふかん》的な展開をとっていく。幾つかの王国の動向が見えてくる。それとともにアルジュナが緊迫を増す王国間の対立と抗争に向けての準備にとりかかる。それは武器の調達であって、またヒンドゥ哲学の核心部にふれる出来事に重なっていく。

【マハーバーラタのあらすじC】

五王子側の長子であってリーダーでもあるユディシュティラの王国は栄えつつあった。それにくらべ、五王子の王国を訪れた百王子側のドゥルヨーダナは失態を演じて、嘲《ちょう》笑《しょう》された。怨恨《えんこん》を抱いたドゥルヨーダナは、伯父《おじ》のシャクニの助言でユディシュティラと賭博《とばく》して、彼を滅ぼそうと企てた。

この話に乗った父王ドリタラーシトラは集会場をつくって、今度はパーンダヴァの五王子を招待した。賭博の達人シャクニがユディシュティラと勝負をすると、ユディシュティラは負け続け、ついに全財産のみならず王国を取られるに及んだ。妻のドラウパディーすらも賭《か》けて取られてしまった。この手の〝すっからかんになる話〟は、どの地の古代神話や説話にもけっこう語られている。

老王となっていたドリタラーシュトラは、ドラウパディーを不憫《ふびん》に思い、パーンダヴァを解放し、王国と財産を返した。しかし、この老王の処置を不満としたドゥルヨーダナたちは、再度、ユディシュティラに賭博を挑み、今度は敗者は十二年間にわたって森に暮らし、十三年目以降は人に知られぬように生活しなければならないという条件をつけたのである。ユディシュティラはまたもシャクニに敗れ、妻や弟たちとともに苦行者の身なりをして、森へ出発した。老いたクンティーはパーンドゥの異母弟ヴィドゥラの家に残った。

話変わってアルジュナは兄の命により、インドラ神（帝釈天《たいしゃくてん》）から秘密の武器を入手するためにヒマーラヤに赴いていた。苦行者に出会った。インドラだった（思い出していただきたい、アルジュナはインドラから霊験を得て生まれた子であった）。すべての武器の秘密を知りたいと訴えるアルジュナに、インドラはシヴァ神に会えと指示した。

アルジュナがシヴァを探していると、巨大な猪が走ってきた。このあたりは宮崎駿の《もののけ姫》のシーンに似ている。アルジュナが猪を射ようとするとキラータ（山岳民）が現れて、「われわれが最初に猪を見つけたのだから、これはわれわれの獲物だ」と言った。アルジュナとキラータは同時に猪に弓を射た。二本の矢は猪に命中し、悪魔ムーカの姿をあらわして死んだ。

アルジュナとキラータは戦闘状態に入り、アルジュナは勇敢に闘ったもののキラータに打たれて気を失った。しかし実はキラータこそがシヴァ神の化身だったのである（これも《もののけ姫》だろう）。シヴァはアルジュナの勇気に満足し、パーシュパタという武器と神弓ガーンディーヴァを与えた。アルジュナは勇躍、インドラの都アマラーヴァティに行った。インドラはアルジュナを歓迎し、多くの武器を授けた。

アルジュナ以外のパーンダヴァたちはカーミヤカの森に逼塞《ひっそく》していた。聖者ブリハダシュヴァは失意のユディシュティラのために、賭博で王国を失ったナラ王の話をして慰めた（これが『ナラ王の物語』で、『マハーバーラタ』のなかでも最もロマンチックなことで親しまれるお話になっている）。そこへ聖者ローマシャが訪れ、アルジュナの消息を伝え、ユディシュティラたちに諸国の聖地を巡礼するといいと勧めた。かれらがいくつもの聖地を巡礼してヒマーラヤ山中にさしかかったとき、アルジュナに出会った。セレンディップ（偶然）な邂逅《かいこう》だ。

かくてパーンダヴァたちは十二年の亡命生活を終えて、協約通りに十三年目を人知れず暮らすことになった。かれらはマツヤ国のヴィラータ王の宮殿に素性をかくしてそれぞれ住むことにした。みんな、身をやつした。ユディシュティラは賭博師に、ビーマは料理人に、ナクラは馬番に、サハデーヴァは牛飼になった。アルジュナはブリハンナダーという女形の役者になって、王女ウッタラーらに音楽や舞踊を教えた。ドラウパディーはというと、王妃の召使いになった。

ある日、トリガルタ国の将軍のキーチャカがドラウパディーに言い寄ったが拒絶され、姉である王妃にとりなしを頼んだ。王妃の命令でドラウパディーがキーチャカのもとに行くと、彼は交際を迫り、彼女の腕をつかみ、髪をねじ上げて足蹴《あしげ》にした。ドラウパディーは怒ってビーマにキーチャカを殺すように頼むと、ビーマは舞踊場で殺害した。

トリガルタ国王は将軍キーチャカが殺されたことを知って、マツヤ国に戦争を仕掛けてきた。ビーマは敵王を捕らえ、ヴィラータ王は四人の王子とともにトリガルタ軍を追跡した。一方、ドゥルヨーダナに率いられたクル軍は、マツヤ国を包囲して多数の牛を捕らえた。そこで、ウッタラ王子は敵と対決する覚悟をして、女形に変装したアルジュナを御者として、なんとか牛を取り戻してクル軍を敗走させた。

パーンダヴァの五王子の正体を知ったヴィラータ王は数々の非礼をわびて、娘のウッタラーをアルジュナに与え、ユディシュティラに全王子と財産を捧げた。アルジュナはウッタラーを息子アビマニュの妻にした。

【マハーバーラタのあらすじD】

ここでやっとクリシュナが舞台の前面に出てくる。クリシュナが実はヴィシュヌ神のアヴァターラ（化身）であることは、まだ読者も登場人物も知らされていない。では、クリシュナが最初にどんな目立ったことをしたかというと、パーンダヴァたちの十三年に及んだ亡命生活がほぼ完了したので、クル族（カウラヴァ）に対して王国の半分を返還するように提案したのである。

提案は容易には通らない。協議の結果、和戦二様の緊急態勢で臨むことになった。ドゥルヨーダナとアルジュナはクリシュナのもとをたずね、それぞれ援助を依頼した。クリシュナは、自分の強力な軍隊か、あるいは非戦闘員として参加する自分かの、どちらか一方を選べと告げた。ドゥルヨーダナは軍隊を選び、アルジュナはクリシュナ本人を選んだ。クリシュナらしいお題だ。こうしてクリシュナがアルジュナの御者、すなわち軍師あるいは師範代になった。

当然、交渉も和平も決裂した。パーンダヴァ軍は戦争の準備に入らなければならず、ドリシュタデュムナを軍司令官にした。ドゥルヨーダナのほうも戦争の準備を整え、ビーシュマに軍司令官を依頼した。戦闘に先立ち、いくつかのルールが決められた。聖仙ヴィヤーサは盲目のドリタラーシュトラ王に戦争の状況を報告させるべく、サンジャヤ（吟誦者）を千里眼にした。こうして、もはや後戻りできない戦闘の火ぶたが切られたのだが、このときアルジュナが迷ったのである。

同族どうしの戦いの意義に疑惑をもったのだ。アルジュナはすっかり戦意を喪失した。このときクリシュナがヒンドゥ哲学を究めた教えを説き、気持ちを鼓舞したのである。

このギーターこそが『バガヴァッド・ギーター』だ。

『マハーバーラタ』の物語上のクライマックスはここから始まる。十八日間の激越な戦闘だ。第一日目からビーシュマの戦いぶりはめざましかった。クリシュナの熱心な説諭によって迷妄を払ったアルジュナも勇敢に戦った。壮絶な戦闘が続いた。第八日目の夜、ドゥルヨーダナはカルナの進言を入れて、ビーシュマの代わりにカルナを司令官にしようとしたところ、ビーシュマは自分が戦功をたてて永遠の働きをすると誓い、まさしく鬼神のように戦って、多数のパーンダヴァ軍の兵士を殺した。

第十日目、アルジュナは、ビーシュマがかつて女性であったシカンディンとは戦わないと誓ったことを利用して、シカンディンを先に立てて、その後ろから夥《おびただ》しい矢を浴びせかけた。ビーシュマは弁慶の立ち往生よろしく全身に矢を突き刺され、倒れた。ビーシュマが倒れると両軍は戦いをいっとき中断して、その瀕死《ひんし》の重体を囲み、アルジュナも三本の矢を枕にあてがった。ビーシュマは蘇り、一転して戦争の中止を説いたが、ドゥルヨーダナたちはもはや承服しなかった。

第十一日目、ドゥルヨーダナはドローナを軍司令官にして、ユディシュティラを捕縛しようとした。アルジュナがこれを阻止した。第十二日目、ドローナの特攻隊が組まれてアルジュナを攻撃した。輪円の陣の戦法によってアルジュナを戦列から引き離した。

息子のアビマニユが輪円の陣を突破しようとしたが、うまくいかずに戦死した。アルジュナは息子の死を知って深く悲しみ、仇《かたき》のジャヤドラダを殺すと誓い、第十三日目にその首を刎《は》ねた。戦闘はさらに激しく続き、第十五日目にクリシュナがドローナを倒すために立てた計画を実行に移したドリシュタデュムナがドローナを殺した。きわめて陰惨な同族の殺し合いが、こうして連打されていったのである。

第十六日目が暮れた。ドゥルヨーダナはカルナを軍司令官にした。カルナはアルジュナと雌雄を決すると覚悟するのだが、かえってガーンディーヴァ弓で返り討ちにされた。第十八日目、カウラヴァ軍はシャリヤを司令官にして総攻撃をかけたが、ユディシュティラに撃退され、殺された。

こうしてカウラヴァ軍は壊滅した。ドゥルヨーダナは逃亡し、湖水に入って魔術を使って水を凝結させて隠れたけれど、やがて見いだされ、ビーマと一対一で棍棒《こんぼう》で殴り合うことになった。トップどうしの果たし打ちである。ドゥルヨーダナが優勢なので、クリシュナの勧告に従ってアルジュナが自分の左股《もも》を叩いた。ビーマはその意味を理解して、棍棒を投げてドゥルヨーダナの腿《もも》を砕いた。このような大将戦では臍から下を攻撃するのは反則だったので、ビーマは非難された。

瀕死のドゥルヨーダナはアシュヴァッターマン（ドローナの息子）を司令官にすると、夜襲を仕掛けてドリシュタデュムナ、ドラウパディーの息子たち、シカンディンらを殺した。ドゥルヨーダナはその報告を聞きながら、満足して息を引き取った。アシュヴァッターマンは勢いをえて、ついに父から譲りうけた秘密の殺戮兵器を使用することにした（これが何かは詳《つまび》らかではない）。

アルジュナも恐るべき兵器を使うことにした（この殺戮兵器の正体もよくわからない）。そこで聖仙ナーラダとヴィヤーサが両軍の兵器を回収することを申しわたしたのだが、アシュヴァッターマンは回収できず、その兵器をパーンダヴァの女たちの胎内に向けて打ち放ったため、これによってパーンダヴァの子孫は全滅することになってしまったのだった。胎内攻撃とは恐ろしい。

【マハーバーラタのあらすじ・その後】

十八日間の戦争はパーンダヴァ軍の勝利で幕が引かれたのではなかった。ここが『マハーバーラタ』のいよいよもって驚くべきところだ。

すべての息子を失ったドリタラーシュトラとガーンダーリーの嘆きと怒りは非常なものだった。やむなくパーンダヴァの五王子を息子として受け入れることにした。ドラウパディーも悲嘆にくれた。

クリシュナはアシュヴァッターマンを呪った。「三〇〇〇年にわたって、汝《なんじ》は孤独のまま地上をさまようだろう」という呪いだ。ガーンダーリーはこのような同族どうしの殺戮《さつりく》を放置していたクリシュナに対して怒りをぶつけ、その親族が三六年後に互いに殺し合って滅亡するだろうという呪言を吐いた。クリシュナさえ憎まれたのである。

パーンダヴァの五王子は、ドリタラーシュトラとともに死者の葬儀をおこなった。長子のユディシュティラは自分が一族の滅亡の原因であるとの自責の念に強烈にかられたが、ヴィヤーサはすべては運命であると慰め、王族というものの重要な義務を説いた。ユディシュティラの即位式がおこなわれた。ビーシュマはユディシュティラに「ダールマ」(法)の教えを説き、みずからヨーガによって息を引き取った。アシュヴァッターマンが放った兵器によって殺された者たちのなかで、ウッタラーの胎児のパリクシットは、クリシュナの法力によって蘇生《そせい》した。

戦争の十五年後、ドリタラーシュトラはガーンダーリーとクンティーを伴って森に隠棲《いんせい》していた。ユディシュティラはそこを訪れた。聖仙ヴィヤーサはガーンダーリーの要望によって、死んだ戦士たちすべてを天界から呼び出してみせた。そのときだけは、敵も味方も恨みを捨てて、団欒《だんらん》の一夜を過ごした。その二年後、なんとドリタラーシュトラ、ガーンダーリー、クンティーが森の大火事によってあっけなく焼死した。

戦争の三六年後、ユディシュティラの身辺に不吉な前兆が次々におこった。ある日、ヴィシュヴァーミトラをはじめとする偉大な聖者たちがヴリシュニ族の都ドゥヴァーラカーを訪れたのだが、ヴリシュニの住人たちは聖者をからかおうとして男を女装させて、「男を生むか、女を生むか」という質問を浴びせた。聖者たちは、そういうことを言う者たちは一族を滅ぼす鉄の棒を生むだろうと答えた。

クリシュナはこれではきっとガーンダーリーの呪いも実現するだろうと思い、ヴリシュニの住人に聖地巡礼することを勧めた。こうしてヴリシュニ族とアンダカ族は巡礼に出発し、プラバーサで盛大な酒宴をおこなった。しかしなんということか、かれらはそのうち口論を始め、互いに殺しあってしまった。クリシュナはエーラカ草を取って鉄棒に変え、その場のすべてを皆殺しにした。

そのクリシュナも、森でヨーガをおこなっている最中、漁師に鹿とまちがえられて足の裏を射られてこの世を去った。なんとクリシュナも死んでしまったのである。足の裏が致命傷になったことは、カルロ・ギンズブルグの『闇の歴史』(せりか書房)がそのフラジャイルな意味を解いている。

ヴリシュニ族が滅亡したことを聞いて、ユディシュティラは嘆き、この世を捨てることを決意した。パリクシットを後継者として即位させると、四人の弟、ドラウパディー、一匹の犬を従え、都を出て北に向かった。ヒマーラヤを越え、メール山(須弥山)に達し、ヨーガに専念して天界に達しようとしたのだ。しかし途中で、妻や弟たちは挫折《ざせつ》し、ユディシュティラと犬だけが残った。

そのときである、インドラが颯爽《さっそう》と戦車に乗って、ユディシュティラを迎えにきた。ユディシティラは妻や弟たちが天界に行けないのなら、自分も行かないと言ったところ、インドラはかれらは人間の体を捨ててすでに天界に行っていると告げ、犬も捨てなさいと命じた。ユディシュティラが自分を愛しているものは捨てられないと答えた瞬間、その犬はたちまち姿を変じてダルマ神となり、天界への道がひらけた。

それでも天界では、ユディシュティラは妻や弟たちを見いだせない。ドゥルヨーダナがいて、繁栄を貪《むさぼ》っていた。ユディシュティラは弟たちのところへ行きたいと望んで、神の使者に案内されて進んでいった。あまりに悪臭のする難路なので引き返そうとしたが、そのとき弟たちや一族の者たちが引き止めようとする声が地獄から発せられてきた。

ドゥルヨーダナのような邪悪な者が天界にいて、弟たちが地獄にいるのは不公平だと思ったユディシュティラはそこにとどまることにした。『マハーバーラタ』最後の主人公の乾坤一擲《けんこんいってき》の意志の行動である。その直後、天界の神々がずらりとやってきて、地獄が天界に変じたのである。どうやら、すべてはインドラたちが作り出した幻影であったのだ……。

【知識と放擲の哲学】

かくて『マハーバーラタ』のさしもの長大な物語も終わる。複雑な筋書きをリニアに紹介したにすぎないが、それでも一読して、この物語が徹底して人間存在の空しさを描いているのが伝わってくるだろう。後世になって、この叙事詩は「寂静の情調」（シャーンタ・ラサ）が物語化したものだと解釈された。

一方、レヴィ＝ストロースも真っ青になるほど、ここには血族間・同族間の入り乱れた婚姻関係が組み合わさっている。その婚姻関係は次々に殺戮の対象になってしまうのだ。そうしたなかでクリシュナは、戦意喪失に陥っていたアルジュナに格別無比のギーター（神の歌）を説いたわけである。いったいクリシュナは、この呆《あき》れるほどの同族憎悪と殺戮の現象から、どのようにアルジュナを救ったのか。

あらためてギーターが何を強調しているのか、どんなヒンドゥ思想を前提にしたのか、まとめてみたい。

まず、クリシュナの言説にはそうとうにサーンキヤの思想が反映している。すでに述べたように、サーンキヤ学派はプルシャ（精神原理＝深い真我）とプラクリティ（物質原理＝世界の現象）が三つのグナ（サットヴァ、ラジャス、タマス）によって相互作用をおこすという見方をとる。プラクリティに三つのグナが潜んでいて、そのグナのバランスがくずれたときに世界が開展して世の中のさまざまな出来事になるのだが、そして、それゆえに自己（個我）がそこに巻き込まれているのだが、このときプルシャがそれを観照して平静を保つ。

このような思想をもてば、目の前の現象や出来事に心を奪われることはない。サーンキヤ学派はそう主張した。クリシュナはそこにヨーガ学派の思想をふんだんに交ぜた。もともとサーンキヤとヨーガは近い思想なので、これは領《うなず》ける。

クリシュナはアルジュナの「戦えない」という悩みを聞いて、最初に、人間というものは不生不滅で、みかけがどうであれ、その「内奥にあるもの」は殺されることはないのだから、心配しなくてもいいと言う。しかしアルジュナはだからといって同族を殺すことが許されていいのかが、わからない。

そこでクリシュナは、この「内奥にあるもの」は「真の知性」（ブッディ）であって、サーンキヤではこれはプルシャ（真我・霊我）と呼ばれる。このプルシャが観照活動できるようにするには、知性を曇らせてはいけない。それには「知性のヨーガ」に徹するべきで、それを実感するには「行為の結果を動機としない行動的知性をもつことだ」と諭すのである。

『バガヴァッド・ギーター』にはその半分ほどに「知性」や「知識」の重要性が説かれている。このことだけなら、これは西洋哲学と同様の知性主義だということになる。西洋ではこのような「知」は個人や集団が努力をしさえすればほどなくマスターできるものだと解される。しかし、クリシュナが説く「知」はまったくそういうものではなかった。「知」が自由になるためには、プラクリティの開展に縛られないように、プルシャの観照のなかに自身をできるだけ委ねるということを勧めるのである。それで「知性のヨーガ」をアルジュナに提示し、「行為の結果を動機としない行動的知性をもつこと」を感じろと言った。

ところがアルジュナはそれを行為の放棄だと勘違いする。そこでクリシュナが繰り返して説いたのが「放擲《ほうてき》」ということだった。

ギーターにおける「放擲」はきわめて斬新《ざんしん》である。そうとうに深い。サンスクリットでは「サンニヤーサ」というインド語になるのだが、これはのちにサンニヤーシンが〝出家者〟という意味になったものとは違っていて、行為の結果を他者に委ねるということを、さらには「知」を最高神（ブラフマン）あるいはヴィシュヌ神に、いいかえれば自身の奥なるプルシャにいっさいを委ねることをいう。クリシュナはそれには「知性のヨーガ」に続いて「行為のヨーガ」が必要だと説いた。

ブラフマンやヴィシュヌに何かを委ねるということは、プルシャの観照力をいかすということである。それはまたヒンドゥイズムにおいては、それらの化身であるクリシュナに「知」を委ねることになる。ということは、さらにこのプロセスを手元に引き寄せてくると、アルジュナは目の前の〝御者〟に自身の知的行為を連動させるということになる。

ギーターはこのことを「放擲」という用語を駆使して訴え、ここまでの議論を「放擲のヨーガ」とさえ名付けた。クリシュナはそれこそが「寂静」であるとも説いた。

クリシュナの解説する「知識」は、「或《あ》ることにとらわれない知」のことである。これはサーンキヤやヨーガが見抜いた知識論に近い。どんな知識なのか。

慢心や偽善ではないこと、不殺生であること、忍耐とともにありうること、廉直であること、師に対する帰属感をもてること、清浄であろうとすること、一貫して堅い決意のもとにあること、そして自身に対してプルシャからの観照をうけられるように抑制自在であること、これがクリシュナがアルジュナに与えたいと思った「知」の姿だった。

アルジュナは、それでもそんな「知」があるのなら、同族で殺し合うことはなかったのではないかという疑問を捨て切れない。そこでクリシュナは最後に背中を押した。クリシュナは言う。アルジュナよ、本性によって定められた行為に徹すれば、人は罪に至ることはない。生まれつきの行為は欠陥があるものだ。すべての企《たくら》みはその欠陥によって覆われている。そのことがわかるのなら、アルジュナよ、何を放擲すればいいか察することができるだろう。

アルジュナよ、暴力と我執は同じものなのだ。尊大と欲望は同じものなのだ。怒りと所有も同じものなのだ。その軛《くびき》を断ちなさい。そして、汝のアートマンがブラフマンと一体になるように、自身のこだわるものを、クリシュナに、ヴィシュヌに、ブラフマンに委ねなさい。それによってついに自在な信頼（バクティ）が動くであろう。そう感じられるような知識をヨーガしなさい。

アルジュナはついに決断をする。あとは『マハーバーラタ』の物語が示すようになったわけである……。

これで、『バガヴァッド・ギーター』がその後のインド哲学や仏教に与えたものを、いかに含蓄していたかということが、一応は伝わったのではないかと思う。ぼくはこれを読んで、東洋思想は、ヴェーダとギーターと老荘と法華経と摩訶止観《まかしかん》の五つの上に成り立っていると見てもいいのではないかと思ったほどだった。

ぼくが『バガヴァッド・ギーター』を読んだのは三十代半ばのことだったのだが、当時は「知」をどのように突きつめればいいのか、迷っていた。深い言葉を使わずに「わかりやすさ」に降りていくことは必要なことなのか。わかりやすくないほうがいいのではないか。こんなことに、ああだこうだと悩んでいた。アルジュナの「戦うのか」「深まるのか」という懊悩《おうのう》や逡巡《しゅんじゅん》にくらべるとちっぽけなものであったけれど、けっこうな煩悩だった。

そのうち、東洋のさまざまな古典やその系譜の議論を吟味するようになり、なかでも老荘思想や仏教思想に迷妄を払う役を担当してもらうようになったのだが、もともと前衛も好きで編集も好きだったぼくは、それらをも複合的にとりこんだ編集的世界観を少しずつ仕上げるほうに関心を移すようになった。しかし、ふと気が付くと三十代の煩悩のほうはあまり薄まってはくれていない。そこで疲れた目を遠景の輝きに委ねるように、『摩訶止観』や『浄土三部経』や『維摩経』や、そして『バガヴァッド・ギーター』やノヴァーリスやエマーソンやジョン・クーパー・ポウイスなどを読むようになったのである。なかで、しばしばクリシュナとアルジュナ王子の問答に戻っていた。

このこと、近くでそのようなぼくの迷いや呟《つぶや》きを耳にしていた木村久美子らには少し察せられたことだろうけれど、実はこれまであまり語ってこなかったことだった。今夜はようやく、そのうちの一冊の『バガヴァッド・ギーター』を案内することにした。古代インドの古典はこんなふうに、われわれを奮い立たせたのである。

しかし、こうした発奮とはまったく別の、神の化身を必要としない教えも、古代インドはもたらしていた。それがガウタマ・ブッダによる「仏教」だった。一切皆苦、諸行無常を打ち出した。画期的だった。

第一五一二夜　二〇一三年七月五日

参照千夜

二六六夜：『ガンジー自伝』　八三〇夜：ユング『心理学と錬金術』　四七九夜：ヘッセ『デミアン』　五〇九夜：カミュ『異邦人』　二五八夜：シモーヌ・ヴェイユ『重力と恩寵』　一七〇三夜：『ギルガメシュ叙事詩』　九一三夜：ダンテ『神曲』　七〇四夜：ジョゼフ・キャンベル『千の顔をもつ英雄』　九九九夜：ホメーロス『オデュッセイアー』　九六夜：木村泰賢『印度六派哲学』　一五三三夜：ラブレー『ガルガンチュアとパンタグリュエル』　一五三〇夜：長尾雅人訳注『維摩経』　二五五夜：デュメジル『ゲルマン人の神々』　五六夜：カルロ・ギンズブルグ『闇の歴史』　三一七夜：レヴィ＝ストロース『悲しき熱帯』　一三二夜：ノヴァーリス『青い花』

「言葉」はどこまで力をもつのか。
「自己」はいつまで自分でありつづけるのか。

インド哲学七つの難問

宮元啓一

講談社選書メチエ　二〇〇二

本書はタイトルからして注射が効いていて、刺戟《しげき》に富んでいた。用意した七つの難問は、そんなに大上段に構えて大丈夫なのかというものばかりだ。

ざっと、(1)言葉には世界を創る力があるのか、(2)「有る」とは何のことか、また「無い」とは何か、(3)本当の「自己」とは何をあらわしているのか、(4)それなら無我説は成り立つのか、(5)そもそも「名付ける」ということはどんな根拠にもとづいているのか、(6)いったい知識は形や影をもつのか、(7)総じてインド哲学では、何が何の原因なのかをどのようにして決めるのか、というふうになる。

いずれもとびきりの難問で、ほとんど今日の哲学や認知科学の最前線がかかえている問題に似ているともおぼしいが、哲学も認知科学もこれらを処理しきれていない。そこを、インド哲学によってこんな七難問で切り込んでもらえるなら、ぜひともそのお手並みを拝見したくなる。「心」「脳」「自己」「言語」「思惟《しい》」といったディープな問題が鮮明になるだろうからだ。

実際には、本書はこの難問に次々に答えを与えるというものではなく、これらの問いを軸にインド哲学の根底に孕む考え方を抉《えぐ》り出す、ないしは紹介するというふうになっている程度なのだが（そこが残念なのだが）、それでも各種の注射や投薬は効いていた。

古代社会で論理や論理学をつくりだしたのは、ギリシア人とインド人だけである（理由はよくわかっていない。ギリシア語やインド語の形成過程に関係があるだろう）。なぜ論理が必要だったかといえば、治世の行方を判断する方途の確立とその是非をめぐる議論を決断に向かわせるためだった。

インドの古代哲学のおおもとは「祭祀のためのヴェーダ信仰」を起源とする。紀元前一五〇〇年くらいからインドの外からやってきたアーリア人が、ヒンドゥークシュ山脈を越えてパンジャブ（五河）地方に入り込み、そこで土着系のドラヴィダ文化などと習合してインド＝アーリア人としての社会文化思想ができあがっていって、このとき二〇〇年ほどかけて醸成されたのがきわめて特異なヴェーダ信仰だ。

この祭祀信仰はバラモン僧が仕切っていたので、のちにバラモン教などとまとめて俗称されるけれど、基本的には「ヴェーダ教」ともいうべきもので、寺院や神殿などの壮麗構造物にほとんど依拠せず（そこがギリシアが好んだ神殿文化やユダヤ・キリスト教の教会聖堂文化とはかなり異なっている）、もっぱら祭祀のための儀式や歌を重視した。

中心にあるのはあくまで言葉だ。マントラとその使い方のタントラだ（マントラは日本語では「真言」と訳すのが最も近い）。ヴェーダ祭祀は言葉にもとづく信仰行為である。中身の大半は讃歌集としての『リグ・ヴェーダ』『サーマ・ヴェーダ』『ヤジュル・ヴェーダ』『アタルヴァ・ヴェーダ』という四つのサンヒター（本集）として残る。いずれも祭詞・呪詞・讃歌ばかりで成り立っている。

ぼくは筑摩の世界文学大系に入っていた辻直四郎訳で、ヴェーダ集に初めてお目にかかった。その後は筑摩の世界古典文学全集や岩波文庫にも入った。けっこうな量で、『リグ・ヴェーダ』だけでだいたい『源氏物語』くらいになる。英神インドラ、火神アグニなどに捧げられたマントラが多い。

やがてバラモンたちは複雑な祭祀祭式に凝っているうちに、実際の祈りや祭りをとりおこなうよりも、祭祀や祭式や祭儀に盛り込む「知」のほうに関心をもち、祭式にまつわるすべてのことは世界知に匹敵するものだと考えるようになった。バラモンはこれらを通して、「すべてを知らなければならない」「すべてを知りつくす必要がある」と考えた（そうとう執拗《しつよう》に考えた）。バラモンだけではなく、部族の長や王や専門的論客たちもこの試みに加担した。

この論客の参加によってヴェーダは深い奥行きをもつ。サンヒター（本集）だけではなく、言葉の編集も拡充していった。紀元前八〇〇年ころには散文化したブラーフマナ（ブラーマナ＝梵書）が生まれ、ついでは人里離れた森林などで語りあうためのアーラニヤカ（森林書）が編み上げられ、さらには紀元前五〇〇年をすぎてからのことだが、古典語を駆使したウパニシャッド（奥義書）に深まっていった。

ウパニシャッドには、祭式に用いられる言葉の真の意味とはどういうものなのか、われわれ人間の思索はどういうものであるべきか、そもそも生きとし生けるものはどんな性質をもっているのか、すべての実在を許容している宇宙の容器としての本質は何かといった、主知的な推論や議論が集中的に収められていった。まとめてウパニシャッド哲学という。その後期の成果がヴェーダーンタ哲学である。

王や貴族や長者たちもこういう議論を待ちかねていた。大いに議論を煽《あお》り、賞金を出してまでも有能な論理が生まれていくことを望んだ。そのため論客たちは弁論のための説得法を徹底検討し、論証のための起承転結を完全無欠なまでに用意しようとした（このへんはギリシア・ローマの弁証術の意図と似ている）。なかには奇を衒《てら》ったものも少なくない。

ぼくは量子力学者シュレディンガーの『生命とは何か』（岩波文庫）がヴェーダーンタ哲

学に言及しているのを知って、忽然《こつぜん》と英知の声をもらったような気がしたので、当時住んでいた新宿御苑《ぎょえん》近くの四谷図書館で全九巻の『ウパニシャッド全集』を見つけ、とても興奮したものだ。しばらく繙読《はんどく》に通った。世界文庫刊行会が大正十三年に刊行した古色が燻《いぶ》し銀のように輝いていた全集だ。高楠順次郎が監修し、木村泰賢が翻訳にあたっていた。

仏典には個人の著者名がない。たいていが編著者集団によるものになっている（有名なのが三期にわたる仏典結集だ）。ところが意外なことに、仏教誕生以前のインド哲学には個人の著作が早くに出現する。紀元前八世紀前後、ウッダーラカ・アールニという大哲人が登場して、インド哲学最大の嚆矢ともいうべき「有の哲学」を提示した。タレス、ソクラテス、プラトンが前六世紀くらいだから、かなり早い。

ウッダーラカ・アールニは、世界には最初に「有」（サット）があった、その「有」はブラフマンという根本実在だと説いた。これは早々に「ブラフマンだけが唯一無二の有である」という論理《ロゴス》を提起したということで、そのような論理《ロゴス》が唯一無二であるということを宣言していた。ということは第二、第三の神々などが存在する余地はないということだ。ギリシア哲学やキリスト教が「初めにロゴスがあった、神はロゴスとともに生まれた」と主張したのに対して、ウッダーラカ・アールニはそうではなく、ロゴスこそが唯一無二で、論理は神の別名あるいは異名そのものの展開だと考えたのである。これは言葉（ロゴス）そのものに唯一無二性の起源があるということでもあった。

紀元前五世紀までくだってくると、ジャイナ教や原始仏教が新たな信仰スタイルを提唱して、それが民衆のあいだに少しずつ広まりはじめた。そこでバラモンたちはこれに対抗するべく、信仰体系と学問体系の両方を準備せざるをえなくなってきた。

こうしてここに、一方では「ヒンドゥ教」が確立し、他方に「仏教」が萌芽《ほうが》した。一方で複雑難解な教理哲学や文法学などを集大成しようとするインド哲学が確立し、他方ではヴェーダに依拠しない仏教やジャイナ教が萌芽していったのだ。

インド哲学は独自の言語体系をつくりだした。自然言語であるヴェーダ語を確乎《かっこ》不動のものにするため、サンスクリット語という人工言語を構築したのだ（ヴェーダ語をもとにサンスクリット語をつくりあげた）。なかでも紀元前四世紀の天才的な文法学者パーニニの『アシュターディヤーイー』は一般には「パーニニ文典」と呼ばれるのだが、約四〇〇〇ほどの論理記憶用の短句を用意して、インド哲学の基本用法を組み立てるためのプログラミング言語のようなものを提供した。これらは紀元前二世紀にはパタンジャリによってさらに精緻《せいち》に磨かれる。パタンジャリを『ヨーガ・スートラ』の編者とみなす見方もある。

インド哲学が独自のプログラミング言語（サンスクリット語とその表現方法）を獲得すること

によって、ギリシア哲学とはかなり異なる体系を確立していったことは、世界哲学史上でも特筆に値する。それも一様な哲学ではなく、いくつかの流派に分かれていっせいに立ち上げていった。これが「インド六派哲学」だ。

ヴェーダーンタ（思惟派）、サーンキヤ（数理派）、ヨーガ（行法派）、ミーマンサー（祭祀文法派）、ニヤーヤ（論理学派）、ヴァイシェーシカ（自然哲学派）の六派にまとめられる。それぞれ特色があるけれど、なかで各派がとくに際立ったちがいを見せるのは、最初の三つが唯名論を重視して因中有果論を表明し、うしろの三派が実在論を重視して因中無果論を説いたということだ。

因中有果とはすべての事象は原因の中にすでに結果が包含されているという見方のことである。因中無果とは原因と結果の関係にはそれほどの必然性がないという見方をいう。このちがいが因果応報をめぐる各哲学を変化させるとともに、インド哲学特有の論理を多様に育むことになった。九六夜の木村泰賢『印度六派哲学』でもあらかた紹介したことだ。

では、以上のことをとりあえずの前説にして、本書で宮元がどのようにインド哲学にひそむ七つの難問を料理したのか、その味を紹介しておきたい。ぼくの要約編集では危なっかしいだろうけれど、まあ、やむをえない。気になる諸姉諸兄は宮元の著作やその他の解説書で確かめてほしい。

【第一難問】ことばには世界を創る力があるのか？

この問いは、言葉は真実を表明できるのかという問いだ。インド哲学は言葉が世界を創ると確信する。それが大前提だ。だから言葉は真実（サティヤ）をあらわせる。そう、考えた。言葉には世界を創る力があるばかりか、根本的な真実をつくる力があるとみなされたのだ。サティヤは「その言葉をつかえば、その通りにものごとを実現する力をもつもの」という意味だ。これは言霊《ことだま》っぽい。

ふつうは、言葉なんてしごく感覚的で相対的なものだから、心や真実をあらわしているとは思わない。なぜなら言葉で嘘もつけるし、まちがったことも言えるからだ。人や時代や土地柄によって言葉づかいもちがうし、いつも言葉が同じ意味で使われているとも思えない。これがふつうの常識だ。

しかし、インド哲学はそう見ない。もともとヴェーダのマントラから世界が生まれ、言葉はブラフマン（宇宙原理）でもあったのだから、言語力こそがあらゆる力の源泉なのである。印哲（インド哲学の総称）では、なんだって言語力で説明がついたのだ。

それゆえ「その通りにものごとを実現する」には、たとえばサティヤはカーマ（願望）と連合するほうに動いて願いを叶《かな》える気分をつくり、ヴァチャナ（語句）と連合すればその気分が詩歌に至り、そのサッティヤをヴラタ（誓約・約束）と連動させれば、社会や人生での約束事を保証していくというふうになるとみなされた。五世紀の言語哲人バルトリハリは、言葉（語）そのものがブラフマンだとみなしたほどだ。

というわけで、第一難問については、「言葉には世界を創る力があった」というのが答えになる。

【第二難問】「有る」とは何か。「無い」とは何か？

さきほども書いたように、ウッダーラカ・アールニの「有の哲学」は「有」から始まっていた。「有」から始まるということは、この世において「いったいどうやって無から有が生じたのか」などとは考えないということだ。のっけが「有」なのだ。最初から「有」があったのだ。どんな「有」も「有」からしか生じないとみなす。

こういうインド哲学は流出論的な一元論である。ユダヤ教もエン・ソフという流出から世界が始まったと見たし（エン・ソフは「無限なるものの開展」という意味）、プロティノスも一者《ト・ヘン》から世界が流出すると見たが、インド哲学は「有」だけが流出していくと見た。

流出論的な一元論はいきおい唯名論的になる。唯名論（ノミナリズム）というのは、ヨーロッパ中世のスコラ哲学が生んだ普遍論争が際立たせたもので、そこでは「人間」「愛」「犬」「薔薇《ばら》」といった類《たぐい》のものは実在しないとみなし、それらには名（名辞）があるだけだと見た。これに対して実在論（リアリズム）は、どんな歴史や現象であれそこにおこっていることは、それらに名前がついていようといまいと、それらについての記述があろうとなかろうと、ほぼ実在しているとする見方である。

インド哲学は言葉を本質化して見るので、最初ははなはだ唯名論的になる。へたをすれば名辞がありさえすればいいので、それを次々に連ねていくようになって、ついつい神秘主義的な傾向をもつ。とくにウッダーラカ・アールニの哲学を解釈していくと、そうなりかねない。しかし六派哲学の時代になると、インド哲学にも実在論が台頭する。とくにヴァイシェーシカ学派は「すべては知られるものであり、かつ言語にも表現できる」と見て、「知られるもの、言語表現できるものはすべて実在する」とみなした。この「知られる」には「知覚される」だけではなく「推理される」も含まれる。

そこで第二難問だが、「有る」はともかく、「無い」の説明が面倒だろうと思われようが、そんなことはない。インド実在論の見方からすると、「ない」や「無」の議論は実はたいへん明快なのである。「ここに水瓶《みずがめ》がない」は「ここに水瓶の無がある」というふうに言えばいいからだ。これは、「対蹠者《たいせき》」と「場」と「無」の三つを一挙に捉えるという方法だ。ラッセルやクワインらが先導してきたヨーロッパの論理学では、「丸い四角形」は意義（センス）をもつけれども指示対象としての意味（ミーニング）をもたないとされてきたのだが、印哲のヴァイシェーシカ学派では、「丸い四角形」は「絶対にありえないものとして実在するもの」（「丸い四角形」という「ないもの」がある）というふうになる。

こういうわけで、すべては「ある」であって、「無」や「ない」すら「無がある」のだし、「ないということがある」なのである。この「有」哲学の方法は、初期宇宙に「なかった」はずのヒッグス粒子やダークマターを「あるもの」として提案した宇宙物理学の推論方法につながるところがある。

【第三難問】本当の「自己」とは何か？

これもかなりの難問だ。「私」って何かだなんて、とうていわかりそうもない。哲学が躓《つまず》いてきたものがあるとすれば、それこそは「自己」や「私」なのである。デカルトの「我思う、ゆえに我あり」も、問題は「我」だった。認知科学や脳科学が迷いこんでいる心身問題もそこはいまだに明快な説明をしていないままにある。とくに自己の本体と自己意識の区別がなかなかつかないままになっている（最近の認知科学では自己ないしは自己意識は脳のモニタリングによる産物だとみなされつつある）。

しかし、インド哲学はこの点についても、まったく迷わない。「自己」には正体があって、それはアートマンというもので、そのアートマン（我）とブラフマン（梵）とは一体になろうとしていると捉えるからだ。梵我一如で、一蓮托生《いちれんたくしょう》なのである。そういう梵我一如状態のアートマンのことをとりあえず「真我」という。

インド哲学で「自己」の議論を樹立したのはヤージュニャヴァルキヤだった。「聖仙」

と呼ばれた。紀元前七〇〇年前後の哲人で、ウッダーラカ・アールニの弟子としてウパニシャッドを代表するともくされている。ヤージュニャヴァルキヤは、世界はすべてアートマン（真我）にほかならず、そのアートマンが認識主体になりうる唯一のものだとみなしつつ、しかし認識対象にはなりえないと考えた。

では、アートマンはわれわれ自身への自己反映ができないのかといえば、そう、できない。アートマンは把握することも表現することもできない。それならアートマンを確認するには、どうするかといえば、「AはアートマンではないＢはアートマンではない、Nはアートマンではない」というふうに、「〜ではない、〜ではない」（ネーティ、ネーティ）と言明していく。ヤージュニャヴァルキヤは、そう説いた。

つまりは「自己は知りえない」ということである。生きるものが生きる器の中にあることを器世間《きせけん》というのだが、アートマンは器世間に内属してはいるだろうが、その全体を器世間という環境たらしめているものでもあるからだ。アートマンによる自己認識は不可能だという説である。

仏教では心身にもたらされる作用のことを、まとめて五蘊《ごうん》という。「蘊」（スカンダ）とは集まりのこと、いわばセンシング・クラスターのことだ。色蘊（色や形の集まり）、受蘊（感知する作用の集まり）、想蘊（識別作用の集まり）、行蘊（想起作用の集まり）、識蘊（判断作用の集まり）の五つをいう。

ブッダは五蘊いずれもが常住の自己ではないと説き、それゆえこうした頼りにならないものを錯誤して心身活動の根拠にしてはいけないと戒め、だからこそ「諸法無我」でありなさいと説いた。「五蘊非我説」という。五蘊には我（自己）がない、だからわれわれは無我あるいは非我であるという考え方だ。宮元は、ここにはヤージュニャヴァルキヤの哲学を正統に継承できているものがあると見る。

ヤージュニャヴァルキヤやブッダの自己認識不可能説は、ずっと下って八世紀に登場した哲人シャンカラによって「不二一元論」（アドヴァイタ）というものになる。これは梵我一如をさらに発展させた思想で、原因を必要としないで存立するブラフマンと個別の本体であるアートマンとは、本来において同一で、それゆえ梵我は一如にして、かつまた不二一元であると説いたものだった。

インド哲学では、こうした不即不離について多くの言説が提起され、乱れとんできた。XはAにつくのか、Bにつくのかという議論だ。やがて「ついたり、はなれたり」なのだと気づいていった。ぼくは相即相入《そうそくそうにゅう》を説いた華厳世界観にその特色が濃厚に投影したと思っている。

【第四難問】無我説は成り立つか？

インド・アーリア人を悩ませたのは「輪廻《りんね》」（サンサーラ）だった。しばしば輪廻転生と訳す。業（カルマ）によって生まれ変わりがおこるという循環観念のことだが、再生と再死がずうっとくりかえされるというのだから、これは辛《つら》い。

自分が輪廻転生する以上、死んでも死ねない。けれども自分と死とは切り離せないのだから、逃げようがない。そこで、業をつくっているらしい欲望を滅却すれば輪廻をめぐる苦悩がなくなるのではないか、そのためには苦行をしたり瞑想《めいそう》をしたりするのが有効なのではないかということが模索された。

ブッダが目覚める前にひっかかっていたことも、このことだった。若いブッダは苦行にも瞑想にも励んだのだが、いくら激しい苦行をしても苦しみに耐えられたとしても苦悩はなくならず、いくら瞑想しても瞑想中はともかくも瞑想がおわると欲望が再発してくるのを知って、輪廻を恐れる感情には制御不能・自覚不能な根本的生存欲のようなものが関与していると気が付いた。

輪廻転生が恐いのは、そのように思う自己があるからで、それならそんな自己を実感しなくなればいいのだが、それがなかなかそうならない。この、自己にへばりついて制御不能になっている根本的生存欲のことを、仏教では「渇愛《かつあい》」（タンハー）とか「無明《むみょう》」（アヴィドヤー）という。

渇愛や無明が動き出さないようにするには、どうするか。ブッダはこの根本的生存欲を脱するには「智慧《ちえ》」（智＝ジュニーヤ、慧＝パンニャー）をもつ以外にはないと悟った。人生が苦渋に満ちていることを知り、世の中は無常そのものであると諦《あきら》めること、そう思えることが智慧である。また自己の心身に自己を実感しないように「五蘊非我」（五蘊はすべて我に非《あら》ずという説）を感じられるようにすること、それが智慧だった。

ブッダが入滅してしばらくすると非我観が修正された。心身のいずれも自己でないのなら、そもそも自己なんてものはないのではないかという考え方が台頭したのである。これが「無我」説だ。紀元前二世紀の『ミリンダ王の問い』（平凡社東洋文庫・中央公論社「世界の名著」）に無我説が確立していることが見てとれる。バクトリア国王メナンドロス（ミリンダ）が仏教界の長老ナーガセーナとの問答に感動して仏教に帰依したという顚末《てんまつ》を記したものだ。

『ミリンダ王の問い』で明白になった無我説は、大胆にも輪廻の主体から自己を外してしまった。宮元はこのようなナーガセーナ流の無我説が台頭したため、その後の仏教はブッダの非我を存分に持ち出せず、ついつい無我の説明に終始することになったと説明している。

というわけで、インド哲学的には無我説は成り立たないのである。とはいえ無我説が仏教修行に我執の減退を貫かせることになったのは、ブッダによる仏教が新たな実用力になったからだとも、宮元は説明する。

【第五難問】名付けの根拠は何か？

幼児はものごとの名前をおぼえることからすべての学習を始める。「ワンワン」「お母さん」「おうち」「お菓子」といった名付けを知ることから、世界を知り始める。ということは、世界は事物や現象で埋まっているというより、さまざまな名前でできているということになる。これはむろん唯名論（命名先行主義）による解釈だ。

しかし、世界がさまざまな名前でできているからといって、それを学習すれば世界がわかるかというと、そうはいかない。名付け（ネーミング）はあまりに任意にされてきたからだ。そのためヨーロッパではこれを学問（学知）でカバーすることにした。学科（スクール）を立て、名辞と概念を普遍と特殊に区分けして、そこに生成と発展の段階を与えていくことで、このプロセスを学習できるようにした。オッカムの剃刀を駆使して、唯名論の残響からの脱出を試みたのだ。

これはこれで効果があったのだが、インド哲学では実在論が名付けの混乱にメスをふるった。とくにヴァイシェーシカ学派だ。

世界には無数の個物があって、それぞれに名がついている。すべての個物いちいちに別々の名がつくのではない。「馬」という名は馬という共通の属性をもつものすべてに名付けられた。この共通の属性は普遍的なものだ。しかし、「馬」という名はその名によって「牛」や「鹿」や「虹《にじ》」や「道」とは区別できる機能をもちうる。これは名には特殊化する機能もあるということを示す。そうだとすると、普遍（サマーニャ）と特殊（ヴィシェーシャ）は、最も簡潔な規則（それをラーガヴァと言った）によって結びついているはずなのだ。こうしてヴァイシェーシカ学派は、ヨーロッパのようには普遍と特殊を分けなかったのである。

五世紀のプラシャスタパーダやその著作に注をつけたヴィョーマシヴァは、この普遍と特殊が二重に畳まれているのは、名前に便宜性＝偶有性がひそむからだとみなした。宮元はそうは説明していないが、これは名付けにひそむコンティンジェンシー（当初のものに別様の可能性が包含されていること）の指摘だったのではないかと、ぼくは思っている。

【第六難問】知識は形をもつか？

知識とはどういうものか、残念ながらいまだに定説がない。かつては神々に全知全能が想定されていたので、その神々の知を譲渡されたかっこうで人間の知識が形成されてきたとみなされたのだが、いまではこんなふうに「アダムが知識を盗んだ」というようなことがおこったとは、誰も思わない。

最近では知識は、知覚や思考、判断や行動、経験やコミュニケーション、社会との軋轢《あつれき》などによって獲得された情報知識の全般をさすようになっている。さらに、コンピュータにあらかたの知識が入ることがわかってからは、システムが用意した区分と階層とが「知識の構造」を代用するようになった（とみなされるようになった）。が、今度はこれでは知識がシステムに依存しすぎて、知識そのものの動向は見えてはこない。カーソル・インすればいつでも引き出せることが可能になっただけなのだ。

そこで、とりあえずは形式知と暗黙知、選言的知識と手続き的知識、アプリオリな知識（先験的な知識）とアポステリオリな知識（後天的な知識）、さらには記憶と再生との関連で分類できる知識などというふうに分別もするようになってきたのだが、これとて知識の本源に触れた感じはしない。とくに「不完全な知」や「いくつもの根拠にまたがる知」をどう取り扱っていいか、こうした見方ではなかなか明確にはなってこない。ぼくは『知の編集工学』（朝日文庫）で、「知は編集がもたらした」と宣言したが、このことを研究者たちは検討してくれてはいない。

こういう問題を、インド哲学はどうしたか。どうもしていない。そもそもシステムにあたるものを事実や情報が入る容器とは見ていないのだ。またシステムに入るコンテンツが知識だとも見ていない。

インド哲学では、基本の基本が「世界＝器世間＝システム＝知」なのである。根源的な言語作用によって梵我一如化されたアートマン＝ブラフマン状態が「知」の母型なのである。つまり、インド哲学ではシステムとコンテンツは分かれないのだ。

では、何も分かれないのかといえば、そこは便法で分けた。まずは言葉にならない無分別知と言語化できる有分別知があって、記憶や判断にまわるのは有分別知だとみなした。これを「決知」などともいう。しかし、決知としての有分別知は人間が素朴に選別できるものであってよく、とくに高次な知識になっているわけではない（高次になる必要もない）。それは体験的な現実から判断できる「知としてのアルタ」（知財のようなもの）というもので、そのアルタの知は高次化したり深化したりはしないと見た。ここまでは知識は形をもっている。その知識が高次になったり深まったりする場合は、そこからは知的な作業ではない。解脱《げだつ》のプロセスと一緒になっていく。

仏教では唯識派がそこを強調するのだが、前意識に感知された知識と、意識に感知されたものとを区別する。「前意識」は眼識・耳識・鼻識・舌識・身識の五識のことを、意識のほうを「第六識」という。五識と第六識をあわせて六識または現行という。

唯識は、この六識の奥に「末那識」（マナ識）が、さらにその奥の奥には「阿頼耶識」（アラーヤ識）があると見た。合計で八識になるのだが、この阿頼耶識がまわりまわってすべての意識を動かし、そこに知識を引っ付けてくるとみなしたのだ。

ようするに、知識とはいっても世界の識別をしている知識だけでは、本来の知を会得したことにはならないと考えたのである。それはせいぜい、異熟（行為から判断する知識）、思量（思考によって得る知識）、了別（対象によって識別された知識）などにとどまる。でも、アルタを相手にしているのなら（解脱なんてしたいと思わないなら）、それはそれで十分なのである。

【第七難問】どのようにして、何が何の原因になるのか？

ここで問われているのは、世界を因中有果論で見るのか、因中無果論で見るのかという難問だ。ひらたくいえば「因果応報」とはどういうものなのかということだ。

インド＝アーリア人に因果応報という考え方が蔓延《まんえん》したのは、業《カルマ》による輪廻転生がもたらすものが現実や人生に及んでいるとみなされたからだった。「親の因果が子に報い」と言うように、因果応報説では、いったいどんな原因がどんな結果になるのかということが取り沙汰された。そうした取り沙汰のなかでは、善行を積めば次の世で次善が得られると想定するのは当然のことだった。そこには前世・現世・来世も想定された。「自業自得」も議論された。自分の業が自分にどう回帰してくるのか、自業自得のことは、考えれば考えるほどアタマが痛い。

やがて原因の中にどのくらい結果の種があるのかということ、その関係をどのように見るのかということが、インド哲学の全般でも最大の問題になっていった。

前節で紹介しておいたように、因中有果論はすべての事象では原因の中に結果が包含されることをいい、因中無果論はその逆で因果の関係には必然性がないという見方のことをいう。二つは真逆の関係にあるというより、大半が因中有果を実感するなかで、因中無果を言い放つのにかなり大胆な仮説が必要だということを告げている。

因中有果論はビッグバン理論や進化論のような流出論でできている。時間は強力に一方向に流れ、つねに先行するものが後出するものに含まれる（ないしは排除されたり捨てられたりする）。しかしとはいえ、その前駆性と後発性の関係はけっこう微妙なのである。

インド哲学ではサーンキヤ学派がこのしくみを解明しようとして、宇宙全般にプラクリティ（物質原理）とプルシャ（精神原理）とを二元的に想定して、これらの相互関係で説明した。宇宙的な状態であるプラクリティは、その内なる三つの構成要素としてのサットヴァ（純質）・ラジャス（激質）・タマス（翳質）が平衡状態にあるときは自身で安定しているのだが、ひとたびプルシャからの観照をうけると均衡を失い、決まった順序で開展（パリナーマ）を始める。これが因果応報をつくるというのだ。プルシャから観照をうけるというところに、宇宙に言及しようとした知覚や思考が関与する。

因中無果論を解明してみせたのはヴァイシェーシカ学派のほうである。こちらは実在論的で、多元的だ。そもそも因果や応報を考える前に、世の中にはいくつもの範疇《はんちゅう》（句義）があるのだから、これらが無作為に動くなどと考えては因果応報が勝手に動くように見えて収拾がつかなくなる。そこで、範疇を実体・性質・運動・普遍・特殊・内属・非実在などに分けて、これらが多元的に動いているということを見つめるべきだというのだ。そうすれば、原因と結果は必ずしも部分と全体の関係に還元などできないことが見えてくる。そういう見方だった。

因中有果論と因中無果論の両方から自在になろうとしたニヤーヤ学派もいた。この学派は有効な知覚とは何かを求めて、直接知覚、推論、類比、証言という四つの認識方法が原因と結果の関係に自在な見地をもたらすと見た。

いずれも因果応報をのりこえるというものではないが、インド哲学が「何が何の原因なのかをどのようにして決めようとしてきたのか」ということを、独自に解決しようとしてきたこと、その非ヨーロッパ的方法論にしばしば粛然とさせられる。

第一六四五夜　二〇一七年七月二八日

参照千夜

一〇二一夜：中村元『インド古代史』　一〇四三夜：シュレディンガー『生命とは何か』　九六夜：木村泰賢『印度六派哲学』　七九九夜：プラトン『国家』　一三三四夜：イアン・ハッキング『偶然を飼いならす』

第二章　ブッダの目覚め

ハマラヴァ・サダーティッサ『ブッダの生涯』
リチャード・ゴンブリッチ『ブッダが考えたこと』
並川孝儀『ブッダたちの仏教』
立川武蔵『空の思想史』

王子シッダールタはいつブッダになったのか。
ブッダはなぜ苦行を捨てて、四諦と中道に向かったのか。

ハマラヴァ・サダーティッサ

ブッダの生涯

桂紹隆・桂宥子訳　立風書房　一九八四
Hammalava Saddhatissa: The Life of Bouddha 1976

子供のころ「おシャカさん」とか「おシャカさま」と言っていた。それも四月八日の花祭りか夏休み終わりの地蔵盆のときくらいで、「カンノンさん」や「おヤクシさん」とは別人だろうと思ったけれど、それはお参りする先のちがいで感じていたことだった。「おシャカさん」はシャカシャカした名前なのでおかしかった。父親は「そんなこと言うたら、お釈迦さんのバチがあたるで」と窘《たしな》めた。

四月八日の花祭りがおシャカさんの誕生日であることは母が教えてくれたが、小っちゃなおシャカさんの像に柄杓《ひしやく》で甘茶をかける意味を、伝えてくれなかった。甘茶は甘水・香湯（ソーマ・アムリタ）のこと、花祭りはお寺では灌仏会《かんぶつえ》、降誕会《ごうたんえ》、仏生会《ぶつしようえ》、花会式《はなえしき》などという。

わが家は浄土真宗の「お東」で、阿弥陀《あみだ》さんの画像は仏壇に掛かっていたが、お釈迦さんはない。だから仏教を始めた人らしいということくらいはわかっても、キャラクターとしての実感がない。しかも花祭りではおシャカさんは小ちゃくてかわいい子供（誕生仏）なのだ。遠足で嵯峨野の清涼寺に行ったとき、初めて大きな釈迦如来像を見た。人の高さくらいの三国伝来の釈迦立像だが、おシャカさんがシャカニョライなのか、どうしてシャカとニョライが一緒のネーミングになっているかはわからなかった。如来については、いまもってその本義がつかめない。「如来蔵」という考え方が難しい。

日本の子にとって仏教は遠すぎる。世の中があまりに遠くにしすぎた。

お釈迦さんが「ブッダ」とか「釈尊」と言われたり書かれたりしていることはだいぶんあとで知るのだが、これではなんとも落ち着かない。呼び捨てかよと思ったし、呼び捨てでブッダはなんだか「ありがたみ」がない。とりあえず、オトナになるとはいろいろ呼び捨てができることなのだろうと思うことにした。エスさまやイエス様ではなくイエスやキリスト、吉田首相ではなく吉田・鳩山・池田、お父さんではなくオヤジ、藤原先生ではなくフジワラなのだ。けれども、おシャカさんが呼び捨てのブッダになることで、何かが縁遠くなってしまった。

いまのうちに白状するが、高校時代になって仏教が英語で「ブッディズム」(Buddhism)であるのは「ブッダの教え」だからと納得したが、誰が（もしくは何が）「ブッダ」(Buddha)なのかはほとんど理解していなかった。そのブッダが漢字になると「仏陀」で、こちらは重みがあっていいようにも感じたけれど、ただの音借だった。

そもそもの「釈迦」という呼び名も、生まれ故郷の古代北インド地域の「シャーキャ」一族の呼び名で、これこそが本名か正式名だろうと思っていた「釈迦牟尼《しやかむに》」も実はシャーキャムニの漢字あてはめで、「シャーキャの賢者」とか「シャーキャの聖者」という意味だった。なんだか拍子抜けだった。ヴィンチ村のレオナルドさんなのである。

お釈迦さんの本名はブッダではなかった。ブッダは「覚醒者《かくせい》」「覚者」という一般名詞であって、古代インドでは、お釈迦さん以前から何人ものブッダがいたらしい。それどころか、仏教が確立してからもブッダは複数のままなのだ。過去仏もいるし、未来仏もいる。過去七仏という数え方もあるし、釈尊は二五人目のブッダだという説もある。

北インドに生まれたブッダは、イエスやムハンマド同様のれっきとした歴史的実在者である。紀元前六世紀ころ、ピタゴラスやヘラクレイトスや老子や孔子とほぼ同時期に、活躍していた。王子として生まれ育ったが、悩んでもいた。こういうことは、できれば早めに日本の子供たちに聞かせておいてほしかった。

お釈迦さんの本名はシッダールタ（悉達多）である。これまた高校時代にヘッセの『シッダールタ』（新潮文庫）を読むまで知らなかった。それもシッダールタは「名」のほうで、「姓」はガウタマ（ゴータマ）である。ガウタマ（瞿曇《くどん》）は古代インドの族姓のひとつで、「とびきりの牛」を意味するらしい。青年シッダールタは菩提樹《ぼだいじゅ》のもとに悟りを得てガウタマ・シッダールタからガウタマ・ブッダになったのだった。

ぼくは増谷文雄さんのものか、中村元さんのものか何かで「ゴータマ・ブッダ」とか「ブッダ・ゴータマ」と書いてあるのを見て「姓はゴータマ、名はブッダ」などとも思っていた。ちなみにガウタマはサンスクリット語読み、ゴータマはパーリ語読みだ。

ともかくも、あれこれそうとうに混乱していたのだが、その後、仏教を齧《かじ》ることになって少しずつ辻褄《つじつま》があってきた。しかし、それからのぼくの関心は仏教思想や仏教思想者のほうに向かっていったので、あまり釈尊個人に焦点をあてる学習や思索をしてこなかった。

それが何がきっかけだったか、おそらくは或《あ》る眠れぬ夜に中村元・前田專學の『ブッダの生涯』（岩波「仏典をよむ」1→岩波現代文庫）を気軽に読んでいたときだと思うのだが、ふいに忽然《こつぜん》と感電した。なんだ、仏教思想は仏教学を借りずとも、ブッダその人の生涯にすべてがあらわれているじゃないかと感じた。一言でいえばゴータマ・シッダールタの生きざまに惚《ほ》れたのだ。思想ではない。勇敢だが優美な、ラディカルではあるがちょっとアナーキーな、その男っぷりに惚れた。
それから、すこし心を改めていろいろな「仏伝」や案内書を読んだ。とくに中村元さんに奨《すす》められて『スッタニパータ』(岩波文庫・講談社学術文庫)を読みすすめていくうちに、心がゆさぶられたことがいまは懐かしい。これはかなり古い経典で「ブッダの言葉」を集めたものだ。

今夜はガウタマ・シッダールタがどのようにゴータマ・ブッダになったのか、その基本中の基本の生涯を拾っておきたいと思う。とりあえずハマラヴァ・サダーティッサの『ブッダの生涯』(立風書房)を選んでおいた。著者のサダーティッサはスリランカ出身のイギリス仏教界の中心を担ってきた仏教学者で、主にパーリ語の経典研究をリードしてきた。

仏伝についての本はそうとうにあるが、とくにルナンの『イエス伝』のような定番はない。日本では古くは中村元の『ゴータマ・ブッダ』(春秋社)や『ブッダ伝』(角川ソフィア文庫)、水野弘元『釈尊の生涯』(春秋社)、増谷文雄『仏陀』(角川書店)、早島鏡正『ゴータマ・ブッダ』(講談社学術文庫)などが先行し、最近ならジャン・ボワスリエ『ブッダの生涯』(創元社)、ヴェロニック・クロンベ『ブッダ』(大東出版社)、並川孝儀『ゴータマ・ブッダ考』(大蔵出版)、前田専學『ブッダ』(春秋社)、吹田隆道『ブッダとは誰か』(春秋社)が読まれている。

ともかくもどんな本でもいいので、ブッダその人の一部始終の大枠に一度は溺《おぼ》れるべきである。十二巻あるが、手塚治虫の『ブッダ』（潮ビジュアル文庫）はとてもよく描けているので、そのあたりから入るのもいいだろう。

紀元前六世紀、今日の北インドとネパールの国境近いヒマラヤの麓《ふもと》の一角にシャーキャ族（サキャ族・釈迦族）という王族が治める小国があった。都はカピラヴァストゥ。カピラ城である。南にはコーサラ国が、もっと南にはマガダ国が、東にコーリヤ国がある。カピラヴァストゥはコーサラ国の属国だった。

王はスッドーダナ（浄飯王《じょうぼんのう》）といった。王妃はコーリヤ国から嫁いできたマーヤー（マハーマーヤー＝摩耶夫人《まやぶにん》）である。

紀元前五六〇年あたりのこと、マーヤー王妃がめでたく懐妊した。当時は実家でお産をする習慣だったので、王妃は兵士を従えてコーリヤ国に向かったのだが、途中のルンビニー園で休息をしているときに陣痛が始まり、近くの枝につかまりながら男の子を出産した。脇からの出産だったとも伝えられている。これが四月八日のブッダ降誕《ごうたん》だ。のちの花祭りの「花」はルンビニー園が花園であったことも象徴する（いま現地はかなり〝再生〟されている）。

一行がカピラヴァストゥに戻ると、王子誕生のニュースは広まっていて歓呼のうちに迎えられた。王は王子にシッダールタと名付けた。「望みが叶《かな》えられた者」という意味だ。マーヤー夫人は七日後に没して第三三天の忉利天《とうりてん》に転生した。ブッダは「母のない子」だったのである。このことは重要だ。

マーヤーが出産後七日目で亡くなったとか、ルンビニー園の枝につかまって脇から産んだとかという伝承には、懐妊時のマーヤー夫人が右の脇腹から白い象が胎内に入った夢を見たというバージョンもある。こうした伝承がいろいろあるのは、出産がなんらかの異常出産あるいは例外的な出産だったかもしれないことを暗示するのだろうが、文献からはこれ以上のことはわからない。

王子誕生で宮殿に駆けつけた祝福者たちのなかに、カーラ・デーヴァラ（＝アシタ仙人）がいた。知慧《ちえ》と天眼通で知られる。シッダールタ王子を見たアシタ仙人は大きく微笑み、ついで目を潤ませた。

驚いた王が「何か不吉なことが息子におこるのか」と聞くと、「いえ、私が微笑んだのは将来にブッダとなる御方にお目にかかれたからで、涙がこぼれたのは私が生きながらえてこの御方の教えを聞けそうもないからです。王様、ご子息はこの世で最も偉大な方になられます」と言う。当時流行の「未来を全身から読みとる占相術」による予言だった。古代インドは占術だらけなのである。インチキも多い。ちなみにアシタ仙人の弟子がカッチャーナ（迦旃延《かせんねん》）で、のちに釈迦十大弟子の一人になる。

アシタ仙人の天眼通に驚いた王は、九人の学識深いバラモンを集めて、さらに予言をさせた。七人のバラモンは二つの可能性を提示した。もし王子が俗世にとどまるなら偉大な王になるだろう、俗世を捨てて悟りを求めるならブッダ（覚醒者）になるだろうというものだ。八人目のコンダンニャはもっと鮮明な未来像を提示した。「王子の未来はひとつです。四つの特別な徴証を目にされて俗世を捨て（＝出家して）、悟りを求める旅に出られると、ついには悟りをひらいてブッダになるでしょう」。

さきほども書いたように、ブッダとは「完全に悟りをひらいた者」という一般名詞である。シッダールタだけのことをさすわけではないし、王子がすぐにブッダになったわけでもない。

母を亡くしたシッダールタを育てたのは、マーヤーの妹のマハーパジャパティだ。母親代わりをしたのだが、古代インドの貴族社会は一夫多妻だったので、マハーパジャパティも王の妻の一人だった。ブッダが「母のない子」であったことについて、その後の仏教学や仏教心理学は、あまり深い議論をしていない。

シッダールタは健やかに育ったようだ。仏伝はありきたりな形容で、容姿は端麗、頑健で優しく、礼儀が正しいと伝える。容姿端麗かどうかはべつとして、のちの図像を見るかぎり手足は長かった。

従弟《いとこ》のデーヴァダッタ（提婆達多）とはよく遊んだ。野遊びをしているときのエピソードだが、近くで白鳥が飛びたったのでデーヴァダッタが弓でこれを射た。白鳥が落ちたところへ先に駆けつけたシッダールタは、まだ白鳥が生きていたので矢を抜き、出血を止めた。デーヴァダッタは自分の獲物なのだから白鳥をよこせと言うが、シッダールタは「白鳥が死んでいたら君のものかもしれないが、傷ついてるだけなのだから、私が命を救いたい」と言った。言い争いが続いたのち、この争いは賢者たちの判定でシッダールタの言い分が通った。王子は闊達で思慮深かったのだ。

このデーヴァダッタはのちにシッダールタがブッダとなって僧団を確立したときに、悶着《もんちゃく》をおこすちょっと厄介なコンペティターになる。僧団の方針に反対して、最初にグループを割ったのがデーヴァダッタだったのである。

王子（太子ともいう）は、学校に入ると貴族の子弟と交わるようになった。どの学友より才能があり、格闘技や弓術にも堪能《たんのう》だし、友人たちにも親切だった（と、仏伝は書く）。

七歳のとき、王はシッダールタを鋤入《すきい》れ祭に連れていった。お付きの者たちはホトウの木（ブドウ科の木）の下に長椅子を用意して、王子を休ませた。王子は周囲のお祭り騒ぎをよそにゆっくりと呼吸をしてみた。とても気分がいい。しばらくして瞑想《めいそう》状態になり、多少のトランス（忘我境）に入った。最初の不思議な体験だ。お付きの者が戻ってみると、王子が法悦の心地にいることがわかった。そのあいだホトウの木の影が動かなかったという。時間が停止していたという比喩《ひゆ》である。

王はこうしたちょっと風変わりな息子の成長に目を細めるとともに、コンダンニャが予言した四つの特別の徴証のことが気になってきた。この予言者はシッダールタがブッダになる日を待つために姿を消していたので（国外でその日のことを待っていたので）、別の者たちに予想させたところ、その四つの徴証とは「四人の者との出会いを暗示しています、それはきっと老人・病人・死人・苦行者のことではないか」というものだった。

奇妙な出会いの暗示だ。王は、王子がそのような徴証を見ないようにしなければならないと考えた。監視人を配備し、若い従者をつけて老人や病人や苦行者を遠ざけるようにする一方、至れり尽くせりの贅沢《ぜいたく》と快楽が近づくようにした。夏・雨季・冬に応じた宮殿も用意した。その効果があったのか、シッダールタはますます逞《たくま》しく成長して、結婚をしてもいい年齢に達した。

十六歳になった。そろそろ嫁をとらせて、一人前にしなければならない。王はさっそく国中の適齢期の娘を王宮に集め、シッダールタに花嫁を選ばせると、従妹《いとこ》のヤソーダラー（耶輸陀羅）を選んだ。十三歳だ（同じ歳だったという説もある）。二人は数々の儀式と祝典のうちに結婚した。

けれどもなかなか子供が生まれない。二五歳をすぎても生まれない。この理由は仏伝にはほとんど説明されていないのだが、ぼくはシッダールタが二十代を通してずっと子供に恵まれなかったことが、その知的精神形成に大きな熟成をあたえたのだろうと思っている。関心の大半が「自分と世界の関係」に向かえたのではなかったか。

二九歳の誕生日を迎えるころ（それまでの十年間ほどの王子の事蹟《じせき》の伝承がない。理由はわからないが、一説には遊興や快楽に耽《ふけ》っていたという）、ヤソーダラーがやっと懐妊した。スッドーダナ王は万事が望み通りになってきたことによろこび、遊園を用意したのでそこで英気を養うようにと言った。しかしこれ以降、なぜかシッダールタはしだいに物思いに耽るようになっていく。

ある日、王子は馭者《ぎよしや》であって従者でもあるチャンナ（車匿《しやのく》）を呼んで、父が用意した遊園に出掛けることにした。せっかくなので遠乗りをした。王子は、チャンナが仕立てたシンドゥ産の名馬による四頭だての馬車の手綱をとって東の門を出た。

しばらく行くと、疲れきった様子の老人が路傍に佇《たたず》んでいる。シッダールタは馬を止め、「あれは何だ？　人のようだが髪は真っ白、目は爛《ただ》れ、歯は抜け落ち頬は痩《や》せこけて、肌はガサガサして皺《しわ》だらけだ。どういう者なのか」と訊《き》いた。チャンナは「ご主人さま、あれは老人です。きっと八十年以上も生きてきて、体が衰えつつあるのです。驚くことではありません。みんな歳をとるのです」と答えた。

王子はとても驚いた。心の動揺が激しく、遠乗りなど続けられない。馬の向きを変えると宮殿に戻った。王は「とうとうお前は、私のこれまでの努力をムダにしてしまったな」と嘆いた。あわてて特別の催しや楽団演奏を仕向けたが、王子は何かを考えこんでいる。

のみならずまた外出をして、今度は西の門を出ていったところ、しばらくして道端でふらふらになっている病人に出会った。立ち上がれず、地面に転がり苦しそうに呻《うめ》いている。王子は尋ねた、「これはめずらしいことなのか、誰にでもおこることなのか」。チャンナは「病気にならない人はおりません。でも食事に注意し、体を清潔にしてよく運動すれば健康でいられるでしょう。心配はいりません」と答えた。王子はこんな姿を見て「心配がいらない」とは思えない。

南の門を出た三度目の遠出では葬儀の行列に出会った。会葬者たちは胸を叩《たた》き、声を張り上げて泣いていた。傍らの遺体は彫像のようにじっとしていた。王子の疑問にチャンナは「死ぬ」ということ、生命あるものには必ず死の宿命があることを説明したが、王子はずっと考えこんでいた。

北門をくぐって出た四度目の遠出では、さらに見慣れない光景に出会った。剃髪《ていはつ》した男がオレンジ色の衣を纏《まと》い、鉢を手にして素足のまま立っている。その表情は穏やかで思慮深そうで、まなざしは俯《うつむ》きかげんだった。

王子は馬をとめて「あれは誰だ？　人間なのか、神なのか。まるでこの世の悲しみや喜びと関係がないかのように落ち着いているようではないか」と問うた。チャンナは「あれは苦行者です。老齢や病気や死を人間が苦しむありさまを見て、人生の謎を解明しようと俗世を捨てた人です」と答えた。王子は「どこで暮らしているのか」と聞く。チャンナは「苦行者には洞窟《どうくつ》や森の中の仮住まいのほかに家はありません。食べ物は乞《こ》い求めるだけで、質素な修行生活をしてるのです。瞑想によって俗世の苦悩から解放される道をさがすのです」と申し上げた。

シッダールタは感動したようで、宮殿には戻らずしばらく馬車を走らせたのち、やっと父王が用意した遊園に向かった。そこでは楽団、踊り子、詩人、学者らが待ちかまえていたが、王子はまだ考え事をしていた。「私はあの苦行者のようにならなければならない。出家しなければならないだろう」という内面の声と向き合っていたためだった。

そこへ宮殿からの使者が駆けつけて「たったいまヤソーダラー妃が男の子を出産されました」と告げた。ラーフラと名付けられた。王子は静かに「また私を縛りつけるものができた」と呟《つぶや》いた。

恐れていたバラモンたちの予言がすべて的中してしまったのである。父王はわが子の翻身を願って饗宴《きょうえん》を開くのだが、王子はその途中で眠ってしまった。楽士や踊り子たちは眠っている王子のために演奏していることに気が付き、自分たちもその場に休む。

ぐっすり寝込んでしまった王子が目をさますと、さきほどまで自分を楽しませようとしていた者たちが全員、しどけない恰好《かっこう》で眠りこけていて、椅子や敷物にだらしなく身を投げている。鼾《いびき》や歯軋《はぎし》りが聞こえて、さきほどまでの饗宴の美しさは一変していた。王子はこれが「俗世」というものかと思った。王子は眠っている者たちを起こさないようにそっと抜け出し、馭者のチャンナを呼んで愛馬カンタカ（迦嗟迦）に鞍《くら》をおくように命じた。

以上が「四門出遊《しもんしゆつゆう》」のあらましだ。東西南北の四つの門から四度にわたって外出し、そのつど老・病・死・苦に出会ったと解釈され、こう呼ばれてきた。四門出遊によって、“here”から“there”への脱出、つまり「出家」が決断されたのである。

当時、バラモン教の伝統的価値観や制度を認めたくない者たちには、沙門《しゃもん》（シュラマナ）として自身で選んだ修行僧になることが流行しつつあった。かれらは解脱《げだつ》を求めて苦行を好み、生まれ育った家を出奔した。出家である。

この行動は正統バラモンから見れば外道《げどう》であった。実際にもブッダの時代、「六師外道」と呼ばれる六人の沙門のリーダーが相並んでいた。そこにはジャイナ教のマハーヴィーラなどがいた。王子はこの出家に憧《あこが》れたのである。

城を捨て、出家をする気になっていたものの、シッダールタはまだわが子の顔を見ていない。そこでヤソーダラーとわが子が眠る寝室にこっそり行った。ヤソーダラーは赤ん坊の顔を手で庇《かば》うようにして添い寝をしている。

わが子の顔を見るために妻の手を動かせば、ヤソーダラーが目を覚まして旅立ちをとめるだろうし、何もしないようにすれば、わが子の顔すらわからぬまま出発することになる。どうするか。逡巡《しゅんじゅん》したシッダールタは、しかし決断した。大きな決断だ。妻やわが子には、自分が求めるものを見つけたあかつきに帰ってきて会えばいい。かくしてシッダールタは真夜中にカピラヴァストゥを決然として発《た》ったのである。ジョゼフ・キャンベルの英雄伝説にいう「セパレーション」(旅立ち)だ。

王子はチャンナとともに夜通し馬を走らせてアノーマー(阿奴摩)川に辿《たど》り着く。そこはサキャ国とマガダ国の国境だ。ここからは「外つ国」だ。シッダールタは馬から降りて上等な絹の服を脱ぎ、きらびやかな宝石をはずし、長い髪を切り落として、チャンナにこれらを持ってカピラヴァストゥに帰るように言い渡した。チャンナは号泣しながらも、カンタカを引いて戻ろうとしたが、カンタカは動こうとしない。シッダールタも馬に語りかけるが、なかなか行こうとしない。その目からは涙がこぼれたとも伝える。カンタカはその後、悲しみのあまり死んだという。

ここからシッダールタの放浪と苦行が始まる。キャンベルのいう「イニシエーション」だが、それはぼくがかつて想像していたブッダの生涯より、ずっと柔軟だ。たった一人の修行や苦行ではないし、あまり寂しそうでもない。たしかに自身を責めたてるような苛酷《かこく》なところもあるのだが、仏伝も必ずしも壮絶なものとしては伝えていない。また、多くの英雄たちのように大胆な冒険も闘いもしていない。

それなのに、あれほどの深い覚醒を得た。英雄の冒険修行ではなく、思索と哲学のための冒険修行なのである。

なぜそうなりえたかということは仏教の本質にかかわることなので、ブッダの生涯の全容を議論するしかないが、それについてはゲーテの『ヴィルヘルム・マイスターの遍歴』が代表するようなビルドゥングス・ロマン（教養遍歴）と何が違うか、古代中国の諸子百家のいずれの知的提案とも何が違っているのか、さまざまに検討する必要がある。

ぼくはそこには、シッダールタが生まれついてもっていた資質や知性、さらには身のこなし、気品、言葉づかいなどが大きくはたらいたように思っている。だいたい目の前で会うだけでも何かを感じさせていたのだろうし、お忍びで外にいたところで目立っていたはずだ。何もかもが激しくなく、誇張がなく、優しかったのだ。優美なラディカリズムなのだ。

一人になったガウタマはまずはマガダ国の首都ラージャグリハ（王舎城）のあたりを歩いた。貧しい身なりをしていたが、何かが目立つ。案の定、噂はビンビサーラ王（頻婆《びんば》娑《しゃ》羅《ら》）にとどき、王のほうも隣国のスッドーダナ王の息子にちがいないと見て家来たちに探させ、城内に呼んで語りかけた。思いとどまって国に帰りなさい、マガダ国で暮らすなら土地も家も用意しようというのだが、ガウタマは丁重に断った。

一方、カピラの王子が悟りの旅に出たようだという知らせは、その日を指折り数えて「外つ国」で待っていたバラモンのコンダンニャにも届いていた。コンダンニャはさっそく四人の仲間（バッティヤ、ヴァッパ、マハーナーマ、アッサジ）とともに、ガウタマに合流して従った。六人の旅となった。六人がするべきことは、まず師を見いだすことである。この時代、修行とは師の誰かについて試みることであって、勝手にやれるとは誰も思っていない。紀元前六世紀や五世紀、北インドにはそういうノウハウや修行法や道を説く者がそうとうにいた。

ガウタマは禅定《ぜんじょう》によって解脱《げだつ》を得たいと思っていたし、そういうことをするのにふさわしい瞑想的な体質や気質にも富んでいた。茫然《ぼうぜん》としたり、うとうとしたり、物思いにふけることが好きだったのだ。こうして、マガダ国では瞑想の達人をさがした。

六人はまずアーラーラ・カーラーマを訪れた。アーラーラ仙人は瞑想技能の名人で、言葉に依《よ》らない「無所有処定《むしょうしょじょう》」という境地に達することをめざしていた。一行は入門し、しばらくするとガウタマがその無所有の境地を会得した。アーラーラは「君は卒業だ、私が教えることはもうない。ここにとどまって弟子たちの教育にあたってほしい」と言ったが、ガウタマは「老・病・死の苦しみから脱する方法を知りたい」とせがんだ。アーラーラは「私が知り得ないことは教えられない」とあきらめさせた。

一行は次の師ウッダカ・ラーマプッタを訪ねた。ウッダカは知覚に依らない「非想非《ひそうひ》非《ひ》想処定《そうしょじょう》」という境地に達する方法の名人だった。またしてもガウタマは早々にこの境地に入ったようだったが、それは知りたいこととはちがっていた。ウッダカはガウタマに指導者としてとどまってほしいと言ったが、これも断った。

二人の仙人が提示した「無所有処」定や「非想非非想処」定は、のちの初期仏教にいう「四無色《しむしき》」定《じょう》の三番目と四番目のプログラムに採り入れられている。いずれも「認知や認識の対象には確固たるものはない」という実感を得る瞑想法だ。

のちのち仏教では「戒《かい》・定《じょう》・慧《え》」の三学を重視する。「戒」は戒律のことで自身を律するために自身に課し、「定」では心を鍛練して雑念や妄想でふらつくことがないようにし、これらを総じて「慧」としての智慧に至ることをめざす。このうちの「定」はいわゆる瞑想による禅定のことで、インダス文明期やヒンドゥイズムから始まっていたヨーガに発祥し、のちに座禅や三昧《さんまい》（サマーディ）におよんだ。暑さや動けない雨季を特色とする風土に応じて発達したものだったと想う。

どうやら納得がいく師はいないようだ。ガウタマの一行はネーランジャラ川（尼蓮禅河）の近くのウルヴェーラという村にさしかかって、ここで自分たちなりの修行をすることにした。そこは静かな村で川や水に恵まれ、近くで托鉢《たくはつ》すれば食物をもらうこともできた。一行はそれぞれ庵《いおり》を組み、自分たちなりのプログラムを試みた。

最初は節食だ。一日一食から始め、じょじょに二日に一食、三日に一食とへらした。ついで食物の托鉢もやめて、木の実・草の根などの自然食にしていった。半年がたち、一年二年がたった。ガウタマの逞しい体が痩せ、皮膚が皺だらけになり、目は深い井戸の底に落ちた窪《くぼ》みのようになった。

三年四年がたち、暑い炎天でも極寒の夜間でも瞑想が試みられ、そこから息を止める修行に入ると、頭が破裂しそうになった。それでもガウタマは精神力を試した。新月と満月のときは怪しげなものが徘徊《はいかい》する墓場などに坐《ざ》して恐怖と向き合い、いまだ活発な肉体を卑しむためには、死者や亡者が着ていたボロ切れなどをまとい、自身がどんな極限に向かっているかを見据えた。しかし、すべてにめざましい効果はなかったのである。ガウタマにはそうとしか感じられなかった。真理の感得には至らない。六年目、ガウタマはついに精根尽きて倒れた。

なぜ六年もかかったのかと見るか、いや六年をかけて旧来のステージを打擲《ちょうちゃく》するにいたったのだと見るか、ここが分かれ目だけれど、これを学問や思想の修養とみれば、たとえば大学・大学院・初期研究と六年かかってその限界を見たとしたら、ガウタマの「見切り」の判断はかなり早いほうだと思う。

ぐったりしたガウタマは羊飼いに見つけられ、寝床とミルクをあてがわれ、介抱された。これが仏伝にいう「出山釈迦《しゅっさんしゃか》」である。鬚髪《しゅはつ》がのびほうだい、骨と皮ばかりの痩せ細った姿は、仏教美術では「出山釈迦像」としてあばら骨が見えるように描かれ、彫塑されてきた。

山林苦行は了《おわ》ったのだ。少し回復して仲間たちのところへ戻ってきたガウタマに、五人はショックをうけた。当然だろう。かれらはまだ苦行を続けていたのに、ガウタマは勝手に修行をやめている。やむをえなかった。五人の仲間は去っていった。ガウタマは一人残された。しかし、何か時が熟してきたようにも感じた。ガウタマはしばらく回復につとめた。パーフェクト・リハビリテーションである。おかげで、その体はしだいに黄金色を発するようになっていった。のちに「仏《ほとけ》の三十二相」と総称される特徴が体の各部にあらわれはじめたのである。

そのころ、近所にスジャータという娘がいた。身ごもっていて、もし男の子が産まれたらバニヤンの木に特別なごちそうをこしらえて捧《ささ》げようと思っていた。バニヤンは気根が幹に成長して逞しくなる樹木なので、古代インドでは神聖視されていた。

男の子が産まれたので、スジャータは大事な作業にとりかかった。一〇〇頭の牛から乳を搾り、これを五〇頭の牛に飲ませ、その乳を二五頭の牛に飲ませ、八頭の乳になるまでキーラ・カンマ（乳仕事）という濃縮作業をした。ついでこの乳で米を炊いて金の器に入れる。このキーラ・パーヤーサ（乳粥《にゆうしゆく》）をバニヤンの木に捧げるのである。

最後の準備のため召使いをバニヤンの木のところへ行かせたところ、召使いはそこに黄金色に輝く者がじっと坐《すわ》っているので、驚いた。ガウタマがそこにいる。急いでスジャータのところに戻って、「神がみずから供物をうけるために坐っておられます」と報告をした。スジャータが駆けつけてみると、まさに輝く男がそこにいる。スジャータはさすがに神とは思わなかったが、畏敬《いけい》の念に打たれ、乳粥を捧げた。

「尊者よ、あなたが誰であれ、神であれ人であれ、どうかこの乳粥をお受け取りください。そしてどうか、あなたのめざす目的を達成されますように」。こう言ってスジャータは引き下がっていった。ガウタマは供物を受け取ると、近くのネーランジャラ川へ行き、岸辺に金の器をおいて沐浴《もくよく》のために川に入り、それから岸辺に戻って膝《ひざ》の上に器をとって、仏性《ぶっしょう》を求める者としては最後の食事をとりはじめた。食事がおわると、器を川に浮かべてこう言った。「もし今日、私が悟りをひらくなら、この金の器が川上に向かって流れますように」。

夕方、ガウタマはしばらく歩いて菩提樹のもとに赴いた。菩提樹はアシュヴァッタあるいはピッパラというイチジクに似た樹のことだ（植物学的には日本のシナノキ科の菩提樹とは別種のインド菩提樹）。途中、ソッティアという草刈りの民に、バラモンたちが敷物によく使う吉祥草を分けてもらい、これを菩提樹の根元に敷くと、東の方を向いてゆっくり瞑想に入った。

瞑想は七日にわたって続いた（初禅から第四禅へ）。そのなかで成道を邪魔すべくマーラ（悪魔）に姿を変えた欲望や誘惑が次々にあらわれたが、ガウタマはこれを降魔《ごうま》した。ついで俗世のさまざまなものが立ち現れ、消えていくのを見た。心が浄化されてくると、煩悩たちがやってきて、これが断たれていくさまを見た。「宿命知《しゆくみようち》」「死生知《ししようち》」「漏尽知《ろじんち》」の三明《さんみよう》が過ぎていったのだ。

こうしてウェサク（ヴァイシャーカ：四月～五月）の月の満月の日、月が沈み眩《まぶ》しい朝日が昇るなか、ガウタマはいっさいの迷妄から解き放たれていた。全き歓喜と充実がやってきた。ついにガウタマ・シッダールタは「ブッダ」として覚醒したのである。のちに、「このとき私の輪廻《りんね》がおわった。私にとって俗世はすっかり価値のないものになった」と述べている。

場所はその後はブッダガヤーと呼ばれることになった地の菩提樹のもと、時はおそらく紀元前五一五年のあたり、ガウタマ・シッダールタ、三五歳のときだった。

ブッダが菩提樹での悟りに達したすぐあと、タプッサとバッルカという二人の商人が通りかかり、麦粉と蜂蜜《はちみつ》でつくった食物を供養した。食後、ブッダは自分の体験を話した。二人は弟子になりたいと申し出た。最初の仏教徒は商人だったのである。

この菩提樹での悟りについては、さまざまな仏伝が語られてきた。最も有名なのは「梵天勧請《ぼんてんかんじよう》」のエピソードだ。ガウタマは自分が悟った内容は甚深微妙《じんじんみみよう》なので、とうてい他人には理解されないだろうと感じて、このまま涅槃に入ろう（死んでしまおう）と考えていたのだが、それを知ったブラフマー（梵天）をはじめとする神々が、なんとか思いとどまらせて「ブッダとしての説法」を始めるように勧請（説諭）したというものだ。

むろんブッダ神格化のための後付けの話だが、仏伝というもの、「ジャータカ」（前生譚《たん》）をはじめとして、この手のエピソードがものすごくくっついている。それなら、それらのエピソードを切り離していけばブッダの実像が得られるかといえば、そうではない。「つもり」と「ほんと」が、ブッダ伝承においてはきわめて区別がつきにくくなっているからだ。

ここから先はブッダとしての布教が始まっていく。まさしく「仏＝教」だ。では、誰に伝えるか。おそらく最も早く理解してくれそうなのはアーラーラ・カーラーマかと思われたが、すでに亡くなっていた。ついでウッダカ・ラーマプッタを思ったが、やはり亡くなっていた。それならやはりかつてのコンダンニャらの五人の仲間にこそ説くべきだった。

五人はガンジス河の一角ベナレス近くのイシパタナの、鹿野苑《ろくやおん》（サールナート）というところにいるらしい。ブッダは長い旅にもかかわらずサールナートをめざし、再会をとげた。五人は驚き、あのときの失望と軽蔑《けいべつ》をあらわにした。「名前だけの苦行者だ、禁欲生活に耐えられなかった奴だ、安楽な生活に走ったのだ」と揶揄《やゆ》した。しかし少し話しているうちに、ブッダには名状しがたい威厳と光輝が備わっていることに気が付く。ついつい一人が恭《うやうや》しくブッダの鉢と衣をとり、一人は座席を整え、一人は足を洗う水を用意した。

こうしてブッダの鹿野苑での「初転法輪《しょてんほうりん》」がなされたのである。最初の説法だ。ただちにコンダンニャが理解した。どこまで詳しいものだったのかははっきりしないけれど、「中道《ちゅうどう》」と「四諦《したい》」（四聖諦）が説かれたという。

四諦は苦諦・集諦・滅諦・道諦のことで、世界が四苦八苦の苦に満ちていると知ること（苦諦）、その苦の原因は欲望や存在否定にあってそれらが集まっていると知ること（集諦）、したがって欲望の止滅をめざすべきこと（滅諦）、以上のために八正道《はっしょうどう》をマスターすべきこと（道諦）をいう。このようなことを比喩などを用いて説いたとおぼしい。

八正道は正見《しょうけん》（あるがままに見る）、正思《しょうし》（清らかな心をもつ）、正語《しょうご》（正思を言葉によっても通す）、正業《しょうごう》（さまざまな戒めをもつ）、正命《しょうみょう》（教えに反する仕事をしない）、正精進《しょうしょうじん》（布施・持戒・精進・忍辱《にんにく》によって「心の完成＝波羅蜜《はらみつ》」をまっとうする）、正念《しょうねん》（知的認識を深める）、正定《しょうじょう》（諸法無我・諸行無常を悟るための瞑想を実践する）をさす。四諦八正道は最初の仏教的認識行動原理である。

コンダンニャら五人（五比丘《びく》）はサンガ（僧団）のメンバーになった。五比丘それぞれはそれなりの修行をしてきた探究者であるから、なるほど強力なネゴシエーターになりうるだろうが、偶然にブッダの話を聞いた者も次々にサンガに加わることになった。ブッダの存在と話法にはよほどの魅力が発現されていたのだろう。

鹿野苑にいたブッダのもとを通りかかったヤサ（耶舎）は同業者組合長の息子で、何不自由ない日々をおくっていたが、人生の可能性をまだほとんど知らないぼんぼんだ。しかしブッダの話を聞くとすぐに帰依を申し出た。息子の失踪《しっそう》に驚いた父親が夕方、ブッダのところに文句をつけにきた。ところが父親のほうもすぐに感銘して、ブッダと五比丘を自宅に招いた。そこにはヤサの母親と妻と五四人の友人がいた。請われてブッダが話をすると、全員がサンガに奉仕する優婆塞《ウパーサカ》（信士）や優婆夷《ウパーシカー》（信女）になりたいと申し出た。サンガは一挙に六〇人にふえたのだ。

噂が少しずつ広まっていくと、それまで別の集団を組んでいたリーダーが、傘下の者たちを引き連れて帰依しはじめた。結髪外道とか事火外道と呼ばれて数百人ずつの弟子をもっていたカッサパ（迦葉《かしょう》）三兄弟が加わったときは、まるごと千人がふえた。

決定的なのは、かつてはシッダールタの翻意を促したマガダ国のビンビサーラ王がラージャガハに入ったブッダを迎え、みずから在俗の弟子になることを申し出て、竹林《ちくりん》精舎《しょうじゃ》を寄進したときだ。竹林精舎は仏教史上、最初の精舎《ヴィハーラ》となった。のちの仏教寺院の原型にあたる。

ブッダはインド独得の雨季には好んで「安居《あんご》」をひらいた。集まった者たちと瞑想をし、説法をして議論する。七回目の安居のとき、二人の重要な弟子が参加した。サーリプッタ（シャーリプトラ＝舎利弗《しゃりほつ》）とモッガラーナ（マウドガリヤーナ＝目連）である。

二人は幼い頃から仲がよく、成長すると二人ともが芝居好きになった。ある日「山祭り」という芝居を見ているうちに人生の意味を問うようになり、出家を考えはじめた。

最初、ラージャガハ近くのサンジャヤ（六師外道の一人）の門を叩いてそこのリーダー

になったのだが、満足できない。なかなか出家すべき相手が見つからないうちに、街頭

で托鉢している者に出会った。見るからに、これまでのありきたりな苦行者のようでは

ない。

しばらく後を追い、城門を出たところで声をかけた。「あなたはとても清々《すがすが》しいよう

にお見受けするのですが、師は誰ですか」。声をかけられたのは最初の五人の仲間の一人アッサジ（馬勝）だった。アッサジは控えめにブッダのことを話した。たちまち心が洗われた。二人は望み通りに帰依した。のちに舎利弗は知恵第一、目連は神通第一と並び称される。釈迦十大弟子の二トップになった。

しばらくすると、寄進をする者もふえてきた。布施《ふせ》の流行だ。当然のことながら富豪が多い。竹林精舎に六〇戸の家を建てた商人はブッダを招く宴《うたげ》も用意した。妹が商人に嫁いでいたスダッタ（須達多／須達長者＝アナータピンディカ）は、たまたまその宴の前日にラージャガハに来ていて、この騒動に驚いた。理由を聞いて好奇心をもったスダッタはすぐさまブッダに会って、たちまち心を奪われた。ぜひとも雨季にまた来てほしいと申し出ると、さっそくそのための宿舎をさがしはじめた。

有力な候補があった。ジェータ（祇陀《ぎだ》）王子が所有する遊園だ。ただし王子はいろいろ

難題を言ってくる。それらを解決してあげると、スダッタはすぐさまこの土地の一角に楼門や住居などの施設を建てた。これがのちに仏教の一大センターになるジェータヴァナ僧院、すなわち祇園《ぎおん》精舎になっていく。

サンガのメンバーは多種雑多である。高名な師の弟子がブッダのサンガに移ってくることもあった。有名なのはのちに釈迦十大弟子の一人とされ、持律第一と称されることになるウパーリ（優婆離）だ。ジャイナ教の始祖マハーヴィーラの高弟だった。

その地で布教を任せられた者もいた。プンナはスナーパランタ島の交易商人だが、仕事で祇園精舎の近くに来ていた。大勢の者たちが精舎に向かっている。ふらふらついていくと、ブッダが説法をしていた。それを聞いたとたんに自分のすべてを義兄に譲って出家をする気になっていた。ブッダはプンナの覚悟をさまざまに問い、島に戻って布教につとめることを申し渡した。

ブッダの生き方や在り方に惹《ひ》かれる者には、カースト（ヴァルナ）の下位に属する者たちも、賤民《せんみん》（アウトカースト）の者たちも多くいた。いわゆる不可触民（アンタッチャブル）である。ブッダの思想にはバラモン教から「輪廻」や「業」の概念を借りているところがけっこうあるのだが、カーストの概念ばかりはまったく認めなかった。このためブッダの教えは反体制的（反社会的）であるとみられ、旧勢力からの批判が絶えない。

のちに従者としてブッダに最大の忠実をはたすアーナンダ(阿難陀)が町を托鉢していたところ、あるとき井戸から水を汲んでいる少女がいたので、水を飲ませてほしいと頼んだ。その少女プラクリティは「私は卑しい者で水をさしあげるわけにはいきません」と断るのだが、アーナンダは「私はあなたの家族やカースト(ヴァルナ)を知りたいのではありません。どうぞ水を分けてください」と言った。少女は嬉《うれ》しくなって水を汲み、そのままアーナンダが好きになった。

これを聞いた母親はプラクリティに惚れ薬を持たせ、アーナンダに結婚を迫った。アーナンダも心惹かれるのだが、思いとどまっている。逆にプラクリティのほうが真剣になってきた。そこでブッダが介入して、彼女の期待に入りこみつつ諦めさせた。プラクリティは尼僧(比丘尼)としてサンガに加わった。

ブッダが不可触民の少女を正式な尼僧にしたというニュースは、バラモンや代表的な市民たちを驚かせ、心配させた。コーサラ国のパセーナディ王からの抗議もあった。それでもブッダは譲らず、続いてトリシャンクやスニータといった不可触民たちに応援や説諭の手をさしのべた。

二十世紀になって、不可触民出身のビームラーオ・アンベードカルがヒンドゥ教を捨てて仏教徒となり、議員ともなって不可触民を救済する新仏教徒として活動をしたことはよく知られているが、それはブッダのこの時期の行動に発動していたものでもあった。

アンベードカルについてはいつか千夜千冊してみたい。

ブッダの布教がさらに決定的になったのは、父王のスッドーダナがカピラヴァストゥに招待して教えを説くように設定したことによる。本音は威風と真実を宿したわが子に再会したかったからだろうが、これが果実をもたらした。いろいろすったもんだがあったのち、ここに王のみならず弟のナンダ王子（難陀）、妻のヤソーダラー、母親代わりの叔母マハーパジャパティ、わが子ラーフラ（羅睺羅《らごら》）らがこぞって帰依したのだ。

なかでも従弟のアーナンダの参加はこのあとのブッダを真底から扶《たす》けた。アーナンダはとても献身的だった。つねにブッダに仕え、部屋の世話をやき、鉢や衣を洗い、体をもみほぐした。女性の出家を支え続けたことでもユニークだった。ただあまりに献身的であったため、瞑想の時間が十分にとれず、ブッダの存命中には悟りに達しなかったという。ブッダの死後に悟りをひらき、仏典のための第一結集を準備した。

もう一人の従弟のデーヴァダッタ（提婆達多）には手を焼いた。サンガには加わったのだが、集団の指導をまかせろと迫り、ブッダがこれを断ると、ビンビサーラ王の王子アジャータサットゥ（阿闍世《あじゃせ》）と手を組んで、王子は父王を、デーヴァダッタはブッダを殺す計画をたてた。ブッダ殺害計画は三度にわたって試みられたが失敗した。刺客を選んでもかれらがすぐにブッダの側につくからだ。

そこでデーヴァダッタは改革五項目をブッダに突き付けた。出家と清貧と菜食主義についてのルールを厳格にするように要求したのである。これはある意味ではそこそこ純粋なもののようだったが、ブッダは戒律至上主義には疑問をもっていた。だからこその「中道」なのである。改革案を退け、懲戒処分を断行した。デーヴァダッタは五〇〇人の弟子とともに自分のサンガを創設した。けれども舎利弗らの説得によって、五〇〇人のうちの大多数が復帰した。のちにデーヴァダッタは病を得て、ブッダにふたたび帰依することを宣言した。ブッダはサンガに迎え、「やがてデーヴァダッタは悟りを得るだろう」と弟子たちに語った。

ブッダの布教は順風満帆とはかぎらない。数々のハニートラップもあった。祇園精舎に滞在中にはチンチャーという若くて美しい女性がブッダとねんごろに夜を過ごしたと言いふらし、子を孕《はら》んだことさえ宣言したのだが、結局は籠絡《ろうらく》できなかった。ついでスンダリーという若い女性がこれみよがしに愛人のようにふるまったが、結局は周囲から唾棄《だき》された。

こうして紆余《うよ》曲折をへながらも、ブッダの弟子はだいたい千人前後がコア・コンピタンスを発揮していたのだと思われる。四五年間の布教の成果がこの程度であるのは、決して大きくはない。

しかも際立つ奇蹟《きせき》がおこったわけではなく、英雄や豪傑が出入りしたのでもない。その活動の中心も周辺もきわめて静慮《じょうりょ》に充《み》ちたもので、少数的だった。全貌《ぜんぼう》ははなはだ思索行動的であり行為哲学的だった。それにもかかわらずブッダがおこしたことは古代世界史で群を抜いてユニークだった。かつてブッダの生涯の一部始終をだいたい知ったころ、ぼくはその教えが涅槃寂静《ねはんじゃくじょう》まで及んでいることに痺《しび》れた。

ブッダはペールヴァという村を訪れたとき、かなり体調をくずしていた。それでも苦痛に耐えながら、自分が侍者たちに言うべきことを話し、サンガ（僧団）にしっかりとした別れを告げるまでは倒れられないと覚悟した。

アーナンダには次のように告げた。「サンガはもう私を必要としないだろう。まだ説いていない師拳《しけん》（握りこぶしにかくしておいたもの）など、何もない。私は年老いて八十歳を過ぎた。これからはみんなが自身を島として、法《おしえ》をよりどころとしなさい」。

また、自身や法を「灯」としなさいとも言った（自灯明・法灯明）。こうして雨季の安居がおわると僧団は出発し、チュンダが経営するマンゴーの茂みに着いた。チュンダは教えを乞《こ》い、食事をふるまった。その食事のせいか、ブッダの病気が悪化した（キノコ料理だったとも伝承される）。

それでも旅を続けたブッダは、クシナーラ（クシナガラ）の地に辿り着き、ここで休息した。ヒランニャヴァティー川の岸辺に沙羅双樹《さらそうじゅ》（サーラの樹）が繁っていた。アーナンダが二本の沙羅双樹のあいだに床をしつらえると、ブッダは身を横たえた。右の腋《わき》を下に、北を枕に、西を向いた。いくつかの話をアーナンダにして、そして、最後に一言、こう言った。「一切のものはすべて滅びる。精進努力しなさい」。

ブッダの入滅である。ニルヴァーナ（涅槃）の到来、すなわち涅槃寂静だった。遺骸《いがい》は丹念に茶毘《だび》に付された。焼かれたブッダの体からは八四〇〇〇の遺骨が分かれていったという。

第一六七九夜　二〇一八年七月十一日

参照千夜

一二七八夜：『老子』　四七九夜：ヘッセ『デミアン』　一〇二一夜：中村元『インド古代史』　一六八六夜：並川孝儀『ブッダたちの仏教』　七〇四夜：ジョゼフ・キャンベル『千の顔をもつ英雄』　九七〇夜：ゲーテ『ヴィルヘルム・マイスター』

ブッダはニヒリストではないのか。五蘊《ごうん》を空《くう》じられたのは、どうしてなのか。

ブッダが考えたこと

プロセスとしての自己と世界

リチャード・ゴンブリッチ

浅野孝雄訳　サンガ　二〇一八

Richard Gombrich: What the Buddha Thought 2009・2013

二〇世紀半ばにいたるまで、ヨーロッパで「ブッダの教え」がどのように受けとめられてきたかという事情は、一言でいえば惨憺《さんたん》たるものだった。多少は東の仏教に興味をもった知識人たちの理解すらかなり心もとないもので、おおむねは「仏教は無神論だ」「仏教は哲学であって宗教ではない」「仏教は汎仏論、ないしは汎心論にすぎない」とみなされた。

仏教が宗教ではないというのは、ユダヤ教やキリスト教などの普遍宗教に達していないという意味で、普遍主義（universalism）をカノン（規範）として重視するヨーロッパの宗教者や知識人からすると、仏教は世界認識から退却あるいは撤退しているような思索と行動にとらわれていると見えたのだ。布教力も感じられない。だから消極的にも貧弱にも見えた。東方からローマに向かってシルクロードや海を渡ってヨーロッパに到来したはずの仏教は、ちょうど盛んになっていたキリスト教の圧倒的な力とビザンティン文化の前では色褪《あ》せたものだったのである。

古代中世はともかくとして、近代になって仏教に関心を寄せた連中もけっこう誤解したし、曲解に終始した。ヘーゲルはヒンドゥイズムを「幻想の宗教」と捉《とら》え、仏教を「自己内存在の宗教」とみなし、東洋宗教として儒教とともに仏教を調べたはずのマックス・ウェーバーも「仏教には社会性が欠けている」と批判して、ブッダや大乗仏教が何を構想したのか、また実践したのか、ほとんど考慮しなかった。東西の道徳の源泉に言及しようとしたベルクソンでさえ、きっと後期仏典のフランス語訳をいくばくか齧った程度だったろうと思うのだが、「仏教が神秘主義であるとするのに躊躇《ちゅうちょ》しない」と述べるにとどまっている。

警戒されたのではない。怖《おそ》れられたのでもない。ほぼ無理解だったのだ。少しは仏教の肩をもったとおぼしいショーペンハウアーやニーチェでも、仏教にはペシミズムやニヒリズムがあるが、それは世界や社会に貢献しようとしない消極性によるものであるとみなした。

なかでヤスパースが世界と人間の「限界状況」を哲学して、苦（ライデン）、争い（カンプ）、死（トート）、負い目（シェルト）の四つの限界が人間の逃れられないものとしてあることを強調し、そこから仏教の「一切皆苦」や「空」の考え方に接近したことがあったのだが、一九三五年の『理性と実存』で、この限界状況を脱するには実存から包括者に向かうしかないと見て、仏教の渦中には投じなかった。

民族心理としても注目を惹かなかった。ユングは道教とマンダラに注目したものの仏教心理には及ばず、フロイトは仏教を一瞥《いちべつ》もしなかった。西洋ではアジア人の民族心理にも信仰心にも関心がなかったのだ。思うに、フロイトの弟子で仏教を重視したのは「阿闍世《あじゃせ》コンプレックス」を提案した日本の古澤平作《こざわへいさく》だけだろう。

つまりは西洋の知識人たちには、仏教はひどく厭世《えんせい》的なもの、もしくは消極的なものと映ってきたのである。それでもぼくはショーペンハウアーの「ミットライト・ペシミズム」に仏教との多少の共通性をみとめるけれど、とはいえ大半の西洋哲学は仏教に抉《えぐ》られることなく、ましてブッダを独創的な宗教者や思想者としてみることなく、いたずらに二〇〇〇年を費やしたのだった。思想史として、まことにふがいない。

一九五九年にイギリスで、簡潔だが凝縮された一冊の本が刊行された。ワールポラ・

ラーフラの『ブッダが説いたこと』だ。以来、この本は「英語で書かれた最良のブッダ入門書」と言われてきた。二〇一六年に今枝由郎が訳して岩波文庫に入った。

ラーフラはスリランカ出身で、テーラワーダ仏教（東南アジアに伝播《でんぱ》した南伝仏教＝上座部仏教）で育ち、セイロン大学で仏教史を学んで、カルカッタ大学で大乗仏教の研究に専心したのち、ソルボンヌ大学でポール・ドゥミエヴィルの指導のもとに近代の哲学と科学にもとづく仏教研究に従事した。『ブッダが説いたこと』はソルボンヌ期のあとの著作で、四諦、八正道、縁起、苦（ドゥッカ）を中心にブッダの教えを解説して、西洋人向けにわかりやすく書いている。

わかりやすいだけではなく、それまで西洋思想が摑《つか》みそこねてきた仏教観を大きく訂正した。なによりブッダに戻って解説したことに説得力があった。ブッダは世間（社会）を「苦」とみなし（一切皆苦）、安易な幸福など求めるなと説いたけれど、それはきわめて積極的な思想だったと、ラーフラは書いた。

今夜とりあげた本書は、そのラーフラの弟子のリチャード・ゴンブリッチが著した。ラーフラの『ブッダが説いたこと』に倣って、これを一歩すすめて『ブッダが考えたこと』とタイトリングした。

ゴンブリッチはパーリ語にもサンスクリット語にも明るく、オックスフォード大学仏教学センターの所長などを長く務めた。『インド・スリランカ上座仏教史——テーラワーダの社会』（春秋社）、『仏教はいかにして始まったか』（未訳）、共著の『スリランカの仏教』（法藏館）などの著作がある。リチャードの父親は美術史家また美学者として名高いエルンスト・ゴンブリッチである。息子はその香《かぐわ》しい血をひいたのであろう。なかなか瑞々《みずみず》しい。ちなみに父ゴンブリッチはワールブルク研究所の凄腕《すごうで》として鳴らし、日本語訳があるものでいえば、『シンボリック・イメージ』（平凡社）、『美術の歩み』（美術出版社）、『規範と形式』（中央公論美術出版）などの大著をのこした。ぼくはいずれのお世話にもなった。

本書は、ブッダには超自然的な思考や神秘的な観点に片寄ったところがなかったことをまっこうから論じたもので、ブッダが何を訴え、どのように語ったかというアプローチに絞って議論する。ゴンブリッチはまず、ブッダが善巧方便《ぜんぎょうほうべん》によるメタフォリカル・コミュニケーションをつかって、ソクラテス同様の対機説法（anti-machine sermon）に徹したことを強調した。

知られていることだろうけれど、ブッダには著作がない。読み書きはしただろうが、ひたすら話すだけだった（それがのちに後継者たちによって編集され、厖大《ぼうだい》な仏典群になっていった）。ブッダは語り部型のコミュニケーターなのである。

そういうブッダのコミュニケーションを思想的にいうと、大きくは三つの方法を駆使した。第一には「存在」と「生成」を対義語として、できるだけ対偶的につかった。第二には三法印をうまくつかった。三つの印とはアニトゥヤ（無常、変化）、ドゥッカ（苦・不満足・不足）、アナートマン（我、私、自己）である。ふつうは「一切皆苦・諸行無常・諸法無我」を三法印という。コミュニケーションの中でこの三つがつねに例示されたのだ。

第三には意識（サンスカーラ）の本質に肉薄するため、カルマ（業）と「蘊《うん》」（知覚対象群）をできるだけ一緒に解釈した。蘊についてはあとで説明するけれど、当時すでに五つの蘊、すなわち五蘊のとりくみのうち、このサンスカーラの正体をめぐる思索や議論がいちばんヘビーだったと思われる。

ゴンブリッチはブッダがこれらに着目し、今日の科学哲学や複雑系科学の一端にくいこむノンランダム・プロセスによる思索に達したのではないかと見た。

ブッダの時代、信仰社会ではバラモン教と初期インド哲学と六師外道がとりまいていた。そこでは、ブラフマン（梵）とアートマン（我）の合致が至上のものとされていた。いわゆる梵我一如だ。

当時はマクロコスモスとミクロコスモスがなんらの情報処理もなく合体できると信仰され、合体によって汚染されている魂を浄化することが求められていた。汚染によって魂に煩悩やカルマ（業）がまとわりついているとみなされ、その浄化のためには梵我一如が理想とされ、そのためには苦行（タパス）が役に立つと考えられたのだ。しかしブッダはこのことに大きな疑問をもち、あえて別様の可能性に挑んだ。

すでにブッダは三十代に、バラモンたちの修行の仕方やインド哲学の真理の説明に不満を感じて、マクロコスモス（宇宙原理）とミクロコスモス（個我原理）のあいだには、この世を実感している身体意識をもつ厄介なメゾコスモスがあると実感していた。メゾコスモス（メゾスコピックなコスモス）とは中間体としての身体《からだ》まわりのことだ。あるいは生活身体のことだ。

身体意識は一瞬にして変化するものではない。日々の生活や欲望によって少しずつ変化する。遠い過去から生成されたものが変化しながら、現在の自分という意識に及んでいる。ブッダは、そうであるのならマクロとミクロのあいだにいる自分の変化する実感こそ律するべきだと感じていた。

ヨーロッパ哲学では、古代このかた「何が存在するのか」、および「われわれは何を知りうるのか」という主題が一貫して流れてきた。しかし、ブッダは「何を知りうるのか」とは考えなかった。むしろ知りえないものがあったっていいと思っていたのだ。これを仏教では「不記」という。記せないものや記すべきではないことがあっていいという意味だ。

それよりブッダは「生から生に連続するものとは何か」という新たな問いのほうに向かった。その「生から生に連続するもの」がメゾコスモス（メゾシステム）としての身体意識である。もしもカルマが絡まるアートマンの解放（ヴィムクティ）があるとすれば（それがのちに「解脱」という用語になるのだが）、ブッダはそこに「存在」と「生成」をめぐる思考を挟みこんだのである。これがゴンブリッチの新たなブッダ論の骨格だった。

ブッダが「生から生に連続するもの」という問題意識をもったのは、古代インドにおいてはサンサーラ（輪廻）とカルマ（業）が大半のインド人にとっての通常観念になっていたからだ。

サンサーラは「輪廻転生」と訳されるように、生きとし生けるものがもつ宿命のようなものである。生けるものが死ねば別のものに転生するという観念だ。古代インド人はここから抜け出せないでいた。このことはヴェーダ信仰が進むなか、ブラーフマナ文献やウパニシャッド初期文献に言及されて、当初は「五火説」として説明されていた。死者は月にいったんとどまり、雨となって大地に戻り、植物がこれを吸収して雑穀となり、それが雑穀を食べた男の精子となって女と交わって胎児になり、そして生者として誕生（再生）するという考え方だ。それがくりかえされる。くりかえされるだけでなく、転生のたびに植物や動物になる。

なぜこんなふうな輪廻転生がおこるかということは、生きとし生けるものがもつカルマのせいだとみなされた。古代インドのカースト（ヴァルナ）が宿命的に決まっているのも、このカルマとサンサーラによるものとされた。

これらはまとめて「因果応報」の出来事だと解釈された。因（原因）によって果（結果）が決まる。因果応報によって善因楽果、悪因苦果、自業自得がおこるのである。自業自得とはカルマが付着しきった状態のことをいう。

当初、青年ブッダにも因果応報という見方は大きく投影していた。いったいどうしたらそうした因果の循環から脱却できるのか。ブッダはわれわれがサンサーラの循環にあることそのものを「苦」の本質と捉え、輪廻転生の観念からの根底的な離脱をはかっていくことにした。それが仏教の最初のコンセプトになった「一切皆苦」（世界は苦でできている）である。しかしながらそう感じられるようにするには、もともと輪廻の主体になっているものとしてのアートマンを、またアートマンにもとづいて確立したかに見える「我」のようなものを、できるかぎり想定しないようにしなければならない。

こうしてブッダは「無我」を持ち出す。「我がない」のではなく、「無我というものがある」とみなした。それとともに「我」のルーツともいうべきアートマンに別れを告げたのだ。

ブッダの決断は、とんでもない思想あるいは行動思想に向かおうとしていた。アートマンを認めないということは、そのとたん、ガウタマ・シッダールタという本人自身が全世界に対してのいっさいの責任を負うことを、ただちに意味するからだ。のみならず、この決断の先の思想あるいは行動思想では、つまり「仏教」としては、それに奉じる者たちにはカルマが通用しないことも、示さなければならない。これは難問だった。シッダールタがブッダ(覚者)になるときがあるとしたら、そのブッダとはサンサーラやカルマから自由な者であるということになるからだ。

カルマは「生から生に連続するもの」を妨げ、ジーヴァ(生のモナドのようなもの)にまとわりついてくる。そのカルマから自由になり、輪廻の悪夢から脱却する方向や状態を示すには、どうするべきなのか。青年から壮年にかけて、ブッダはこの問題のブレークスルーを見つけださなければならなかった。

いずれも途方もない難問ではあったが、ゴンブリッチは、ブッダがこれらにとりくむにあたっては、同時代のジャイナ教にヒントを得たのではないかと推理している。ジャイナ教はマハーヴィーラ(=ヴァルダマーナ)が大成した教義に則《のっと》って結ばれた信仰集団だが、そのころすでにバラモン教の教えを批判し、ヴェーダの権威を否定し、世間の価値はすべて相対的であろうという見方を提示していた。真理は多様に言いあらわせると言っていたのだ。

はたしてどのくらいブッダがジャイナ教からヒントを得ていたか証拠はないのだが、本書はその可能性にさまざまな角度でアプローチしている。ぼくは埴谷雄高がジャイナ教に関心をもっていたことを知ってからというもの、ひそかにジャイナ教に親近感をもってきたのだが、本書を読んで、あらためてやっぱりそうだったんだろうなと思えたものだ。

しかし、ジャイナ教からの取捨選択ではままならないところも多かったはずである。かれらは苦行を辞してはいなかったのだ。ブッダは以上のことを苦行(タパス)抜きで実現したかった。

梵我一如ではない覚醒をめざすには、同時期に少しずつ深化をとげつつあったインド六派哲学の考え方とも刺し違える覚悟が必要だった。どのようにしてか。これも難問である。サーンキヤでは知識による洞察をもって、ヴァイシェーシカでは自然に対する観照をもって、それぞれ特有の解脱(覚醒)の方法が模索されていた。それらは当時、そうとうに雄弁になりつつあった。

けれども壮年ブッダは頑としてこれらに与《くみ》しないことにした。与しないためには、まずもって知識洞察や自然観照を作動させる元の元にある「自己」から離れるしかないと思った。そこでなんとしてでも「無我」に徹することが最大の眼目だろうということに気づくのだが、それだけではこれらの哲学的成果の影響を排除しきれず、きっとなんらかの侵襲もうけるだろうから、一方ではヴェーダ思想や六派哲学が持ち出した概念力

（言葉の意味と意図の力）を変更させておかなければならないとも決断したはずである。

どうすればサーンキヤらの考え方を〝脱構築〟できるのか。そこでブッダがとりあげたのが「五蘊《ごうん》」の扱いだったのである。五蘊をインド哲学的な特徴をもつ概念の牢獄《ろうごく》から解き放って、あくまで覚醒のためのプロセスとして扱い、そのプロセスを通して「実体のなさ」を確証できるようにした。本書はその試みについてそこそこ詳しい説明をする。

五蘊とは色蘊・受蘊・想蘊・行蘊・識蘊のことをいう。「蘊」（スカンダ）は活性するものの集まりや炎の束やクラスターのことだから、五蘊は「色《しき》・受《じゅ》・想《そう》・行《ぎょう》・識《しき》」という知覚作用と意識作用すべての因果の総体のことをさす。

色蘊は認識の対象となる「もの」の総称で、一定の空間や場所を占め、たえず変化する。受蘊は肉体的で生理的な感覚がとらえる感受的な作用のことで、根（六根）・境（六境）・識（六識）を孕んで、われわれに苦楽の印象をもたらす。想蘊は表象作用の全般で、概念が想起させるものはすべて想識になる。行蘊はわれわれの意識にはたらきかける意志作用全般のことで、心が何かに向くことをいう。識蘊は区別によって得られるすべての認知作用をあらわしている。

この「色・受・想・行・識」の五蘊は、もともとヴェーダ以来のインド哲学の基本になってきたすこぶる知覚論的な構成原理だったのだが、ブッダはそのようにあらかじめみなすことがわれわれに深い苦しみ（ドゥッカ）をもたらしているのだとして、五蘊がそもそも「煩悩がらみ」になっていることに警鐘を鳴らしたのである。

五蘊がないと言ったのではない。五蘊にとらわれるな、五蘊をプロセス（過程的変化）にもちこんでしまえと言ったのだ。

近代以降の日本人は仏教史や仏教思想には詳しくないが、なぜか『般若心経』には親しんできた。玄奘《げんじょう》が『般若経』のエッセンスを特別に濃縮編集した。みごとな手際の、とても短いエッセンシャル・スートラだ。

『般若心経』は「観自在菩薩《かんじざいぼさつ》、行深般若波羅蜜多時《ぎょうじんはんにゃはらみったじ》、照見五蘊皆空《しょうけんごうんかいくう》、度《ど》一切苦厄《いっさいくやく》」というふうに始まる。そのあとに「色不異空、空不異色、色即是空、空即是色」という有名なフレーズが続く。冒頭三句目に「五蘊皆空《ごうんかいくう》」と出てくる。冒頭二句は「観自在菩薩が、深く般若波羅蜜多を行じたまいし時」というのだから、タイトリングのようなもので、その観音が「五蘊はみな空なり」と照見し（見通し）、「一切の苦厄を度したまう」と報告されているのである。

『般若心経』はブッダの言葉をあらわしているものではない。初期仏典の大般若思想をのちのちになって濃縮したものだ。けれども玄奘の翻案力によってすばらしいメッセージにまとまった。観音菩薩（観自在菩薩）がブッダの弟子だった舎利弗（舎利子）に語ったメッセージというかっこうをとっている。そのメッセージが冒頭で「五蘊皆空」を謳《うた》っていた。

　五蘊皆空とは何だろうか。「五蘊はすべて空だ」という意味ではない。五蘊それぞれをそのつど空じてみれば世界と自分が変わって見える、だから五蘊をそれぞれそのつど空じてみなさいという意味だ。これはブッダの実感だったろう。そうすれば、一切の苦厄から解き放たれるだろうとメッセージした。

　以上が「照見五蘊皆空、度一切苦厄」の意味である。五蘊を皆空と照見していけば、一切の苦厄が度されていくだろうというのだ。度されるというのはプロセス処理されるという意味だ。ぼくなら編集していくと言い換えたい。

　ゴンブリッチは、ここに五蘊をノンランダム・プロセスにもちこんでみせたブッダの方法の際立ちがあると見た。そのことによってサンサーラやカルマからの解除が可能になることを示したと見たのである。

　ブッダが説いた仏教は、世界と自分が余分な知識によって「無明」（アヴィドヤー）に陥っていることに注目し、実は世界と自分をちゃんと見れば、それぞれが「縁起」（プラティートゥヤサムットパーダ＝十二縁起）によって相互関係をおこしていることがわかるはずだという見方から始まっている。こうしてブッダは四つの基本的なスタンスを説くにいたったのである。苦諦、集諦、滅諦、道諦の「四諦《したい》」である。

苦諦はこの世は迷いばかりなのだから、なにもかもを苦（ドゥッカ）と感じるだろうことを、集諦は苦の原因が煩悩や妄執や渇愛が集まってくるということを、滅諦はだから世の中を無常だとみなさい（変化するものとみなさい）、執着を断ちなさいということを、道諦は以上のことを諦められる心をもちなさいということを、説いている。

まとめて「一切皆苦」「諸行無常」「諸法無我」の三法印にあらわし、それらが実感できれば、きっと「涅槃寂静」に導かれるはずだと諭した。

ゴンブリッチは五蘊のプロセス処理の方法に、「ブッダが考えたこと」の基本を析出させた。もっとも、このような見方はゴンブリッチの指摘を待つまでもなく、東方の仏教界ではずっと大前提になっていたことだ。しかし、欧米の知識界に仏教をブッダの原点に戻って説明するには、このことをできるだけ明快に強調する必要があった。

本書は、ゴンブリッチがラーフラ以降の欧米や東南アジアの仏教研究者の最新成果を引きながら、独自のブッダ思想論をまとめたものである。

だからジョアンナ・ジュレヴィッチ、スー・ハミルトン、ウィル・ジョンソン、エーリッヒ・フラウヴァルナー、ガナナート・オベーセーカラ、マイケル・ウィリス、ジュリア・ショー、ピーター・ハーヴェイらの研究成果や見解がさまざまに引用されているのだが、随所にゴンブリッチの興味深い推理が盛りこまれていてユニークなブッダ論になった。

ぼくは今夜の冒頭で、西洋思想史が仏教を看過してきたことを書いておいたけれど、ワールポラ・ラーフラのブッダ論以降はけっこう多くの仏教研究者が登場してきて、それなりの高揚を見せるようになった。ゴンブリッチはその一人だ。

ちなみに翻訳者の浅野孝雄は東大の医学部出身の脳神経学の研究者で、ウォルター・J・フリーマンの『脳はいかにして心を創るのか』(産業図書)に出会ってからは(浅野はこの本の翻訳もした)、仏教の唯識思想や古代インド哲学を渉猟《じょうし》するようになって、ゴンブリッチの本書の翻訳をへて、自身で『心の発見』(産業図書)を上梓するにいたった。仏教と心脳理論と複雑系とを重ねて書いたもので、たいそう意欲的な論考である。「複雑系理論に基づく先端的意識理論と仏教教義の共通性」という勇ましいサブタイトルが付いている。

はたしてブッダの思想に脳科学やカオス理論をあてはめたほうが、その特色がうまく説明できるかどうかは、なんとも言えない。なんとも言えないけれど、フリーマンが脳の大域的アトラクターが自身を更新しながら意識をつくっていると仮説したことは、ブッダが悩みながら考えたことに関係がないとは言えない。

戦後になって、西側の仏教理解は急激に変化していった。仏典の各国語訳がふえたこと、パーリ語による研究が進んだこと、欧米に仏教センターができていったこと、ヒッピーやニューエイジ・サイエンティストが仏教に関心をもったこと、認知科学や脳科学が仏教的瞑想の解明に向かったこと、身体思想としてヨーガや禅が注目されたことなどが大きい。

しかし、それでも「ブッダを考える」ということは、あまり深化しなかった。最近になって、たとえばケネス・タナカの『アメリカ仏教』(武蔵野大学出版会)やロバート・ライルの『なぜ今、仏教なのか』(早川書房)などが話題になっているけれど、あいかわらず禅メソッドや瞑想心理学の観点にとどまるものが多く、その主張の多くがイマイチ、いやイマサンなのである。仏教的自覚の全体がマインドフルネス(気づき)に噴霧化されたかのようなのだ。

ぼくはいっとき日本の哲学者たちが提唱した比較思想学に期待したけれど、こちらのほうも、残念ながら中村元の『比較思想論』(岩波書店)から峰島旭雄の『西洋は仏教をどうとらえるか』(東京書籍)まで、ぐっとくる成果をほとんどもたらしてくれなかったと感じている。

世界観の脱構築をめざしたポストモダン思想も、まったく仏教を考慮しなかった。ひどい手抜きだった。ぼくは機会あってフェリックス・ガタリに二度にわたってそのことを強く訴えたけれど、通じなかった（ガタリには「菩薩」の行為的身体について考えるべきだと言った）。そこで日本側の井筒俊彦、秋月龍珉、鎌田茂雄、末木文美士《ふみひこ》、中沢新一、仲正昌樹、佐々木閑《しずか》、下田正弘らに期待したものだったが、その後はどうか。

何かが欠けたままなのだ。おそらく「ブッダを考える」ということがずこっと欠けてきたのである。西側の諸君はブッダの観照力にもっともっと着目したほうがいい。さもなくばいったんラーフラやゴンブリッチ以降の研究成果を覗《のぞ》くべきだろうし、一方、われわれ日本人は日本仏教が中国仏教をへてどういう世界観や人間観をもったのかということに、もっと深い関心をもったほうがいいだろう。

もうひとつ気になることがある。それはなぜ仏教は本家本元のインドで廃れ、ひとつは東南アジアでテラワーダ仏教となり、もうひとつはシルクロードをこえて中国化した五時八教となり、さらに日本化した浄土教で専修念仏化していったのかということだ。またインドに発した仏教は、なぜヨーロッパに定着しなかったのか、なぜヨーロッパの地で変化しなかったのかということ、あるいは、異種配合されなかったのかということだ。

この問題はユーラシアの文化圏を大きくまたぐので、さすがに容易にはまとまらないことだろうけれど、やっと「人新世」(アントロポセン)の発動に気がついた二一世紀の今日では、そろそろ本気でとりくむ問題になっているはずである。

このうちのユーラシアに広がった仏教の意外な変容については、彌永信美《いやながのぶみ》の『幻想の東洋』(青土社→ちくま学芸文庫)や、その後の仏教神話学をスケッチした『大黒天変相』『観音変容譚』(法藏館)などに詳しいのだが、あまり注目されてこなかった。日本側も彌永が何を議論したかったのか、まともに検討していない。

このあたりにもそろそろ光が当たってほしいのだが、禅ブームや密教ブームなどのちょっとした流行がありながら、ほとんど日本人が仏教議論に関心をもたないままでいるのは、やはりブッダに注目できないからなのだろう。日本の現代思想が仏教に無頓着《むとんじゃく》すぎるのも、解けない理由だった。

ブッダの思想は、その後の大乗仏教の思想とは同じではない。密教や禅の成果をそのままブッダにあてはめられるわけでもない。法然や親鸞や道元や日蓮の日本仏教とも異なっている。ぼくは仏教が二一世紀思想の新たな「中道」のコアコンピタンスになることに大きい期待をもっているけれど、そのためにもあらためてブッダの原始仏教に(できればインド六派哲学とジャイナ教にも)、あえて獰猛《どうもう》な関心を寄せたほうがいいのではないかと思っている。

第一七五七夜　二〇二〇年一一月三十日

参照千夜

一七〇八夜：ヘーゲル『精神現象学』　一二一二夜：ベルクソン『時間と自由』　一一六四夜：ショーペンハウアー『意志と表象としての世界』　一〇二三夜：ニーチェ『ツァラトストラかく語りき』　八三〇夜：ユング『心理学と錬金術』　八九五夜：フロイト『モーセと一神教』　九五一夜：小此木啓吾・北山修『阿闍世コンプレックス』　九三二夜：埴谷雄高『不合理ゆえに吾信ず』　九六夜：木村泰賢『印度六派哲学』　一〇二一夜：中村元『インド古代史』　一〇八二夜：ドゥルーズ&ガタリ『アンチ・オイディプス』　一七〇〇夜：鎌田茂雄『華厳の思想』　九七九夜：中沢新一『対称性人類学』　一四二八夜：リチャード・C・フォルツ『シルクロードの宗教』　一二三九夜：法然『選択本願念仏集』　三九七夜：親鸞・唯円『歎異抄』　九八八夜：道元『正法眼蔵』

ブッダは多身多仏になって、
法身とも報身とも応身ともなった。

ブッダたちの仏教

並川孝儀

ちくま新書　二〇一七

仏教は二一世紀の世界思潮のいくばくかの思考領域や行動領域に食いこんで、何事かを少しずつおもしろくさせていくだろうと思いたい。セカイ事情の改変を迫る可能性もある。きっと、そうなると思う。そうなって、ほしい。仏教資本主義のようなことも、どこかで（東南アジア？）試みられるような気もする。

けれども現状では、その兆候はまだ少ない。仏教界そのものが隘路《あいろ》を突破できていない。日本にいると、そのことを負担のように感じる。仏教がどういうものかということについて、寺や仏像や坊さんに囲まれている日本人にこそ、肝心なところが理解されていないのだ。

もともとわかりにくいところが多いからだと思う。むろん宗教にわかりにくいところがあり、神秘主義やオカルトに流れるところがあるのは当然で、そういうミスティシズムを含めて宗教の真骨頂があるのだが、現代仏教は世界的にも大きな潮流になっているわりに、仏教関係者による説明不足が目立つのだ。説明の順序もヘタッピーだ。

うまく説明されていないところはいろいろあるが、仏教の大筋が説明しにくいと思われすぎているのだろうと思う。

たとえば世の中を「一切皆苦」と捉えるところや「空」を重視するところは、西洋からは過ぎたニヒリズムと感じられるだろうが、これはそう思われようとかまわない。西の連中のほうの認識が甘いのだから、かれらにベンキョーさせればいい。ヒンドゥイズムから継承した「輪廻」(サンサーラ)や「縁起」(プラティートゥヤサムットパーダ)は、西洋神秘主義でも、最近のネットワーク社会観からでも類推がつくはずだ。だから、このへんも自信をもって〝東の説明〟をすればいい。

それより、大きくはユダヤ＝キリスト＝イスラム教が「一神教」で組み立てられてきたのにくらべて、東のヒンドゥ＝ブッディズムは徹して「多神多仏」であることが最大のわかりにくさになっている。これがうまく説明できていない。

ユダヤ＝キリスト＝イスラム教にも「預言」「約束の地」「処女懐胎」「復活」「啓示」「三位一体」など、ふつうのジョーシキ理解では納得できないところが多々あるのだけれど、それをかれらは一神教的ヒエラルキーとロジックで巧みに充塡《じゅうてん》してきた。どんなふうに充塡したのかということについては、千夜千冊でもオリゲネスやアウグスティヌスなどを例にして、角川の千夜千冊エディションでは『文明の奥と底』や『神と理性』（角川ソフィア文庫）で、そのあたりのことを解説しておいた。

実は仏教だって、仏教史をみればわかることだが、そうしたわかりにくさをさまざまなヒエラルキーとロジックで乗り越えてきたのである。そう、思ったほうがいい。だから経典もべらぼうにある。旧約、新約、クルアーン（コーラン）どころではない。こんなに経典が多い宗教はめずらしい。ただし、そのヒエラルキー（三界や三身説）は仏教独自のものであり、その説明のためのロジック（縁起や般若）はかなり独特になっている。

独特なのは宗教の教説だから当然だが、日本人にはそれらを読む（理解する）ための大きなブラウザーがちゃんと据えられていないようなのだ。このブラウザーは広がったり縮まったりするスコープだ。そのようなスコープをもった仏教ブラウザーが示すべきは、ブッダその人が多神多仏ならぬ多身多仏だということなのである。

ブッダは一人とはかぎらない。ブッダは多身で、多仏なのである。そのことをこのあと説明するが、この、ブッダの捉え方が多身で多仏になっているというスコープがわからないと、仏教の深みは摑みにくいだろうし、そこを前衛的なソフトウェアのアプリのように説明してきた仏教のよさが見えてこない。

　仏教学にはブッダ論という領域がある。仏教を興した宗祖ブッダをどう見るかということ、そこを議論していくのがブッダ論だ。仏教史的には時代ごとにたくさんの議論があった。あまりに議論点が多いから整理をすると、その中身は大きくは二つの見方になってきた。ひとつはA「ブッダによる教え」をもたらしたブッダをどう見るか、もうひとつはB「ブッダになる教え」を体現するブッダをどう見るかという議論だ。その話からしてみる。

　Aの「ブッダによる教え」というのは、ブッダその人が覚醒したことを追う。歴史上の一時点に北インドで生まれたゴータマ（ガウタマ）・シッダールタという実在者が、修行のすえに菩提樹のもとでゴータマ・ブッダとして覚醒を遂げたのである。この歴史的な出来事と、そのブッダが説いた教えを探求する。

　これが、大文字のブッダ（Buddha）自身によって示されたブッダの教えをめぐるブッダ論になる。A「ブッダによる教え」だ。

　Bの「ブッダになる教え」のほうは、そのゴータマ・ブッダによって到達されたブッダ（buddha）という心身状態が、仏教的にどんな様態をとりうるか、修行者や信仰者がどうしたらそこに達することができるかということを広く議論するブッダ論だ。

この小文字のブッダのほうは「覚醒するもの」「真理を悟ったもの」という意味で、原則的には誰もがなりうる高くて深い精神的な状態をさす。仏教成立以前の『ヴェーダ』や『ウパニシャッド』でも、聖者・賢者という意味での「ブッダ」という言い方がされていた。仏教最古の経典『スッタニパータ』や詩集『テーラ・ガーター』では、ゴータマ以前からブッダと呼ばれていた修行者が何人もいたのだということを伝えている。多くの者がブッダへの道をめざしたのだ。

したがって、こちらのブッダ論はA「ブッダによる教え」というより、B「ブッダになる教え」なのである。「よる」と「なる」ではいろいろの見方が異なってくる。後者Bの「なる」ためのブッダ論はたいへんに幅が広い。

本書『ブッダたちの仏教』は、この「ブッダによる仏教」と「ブッダになる仏教」がどのように議論されてきたかを、さまざまな証拠を並べてまとめた。タイトルがいい。仏教がいくつもの「ブッダたち」、すなわちいくつもの「ブッダ状態」によって成立してきたことを、うまく象徴している。

著者の並川孝儀《なみかわたかよし》は京都生まれの佛教大学のセンセーで、「正量部の研究」で文学博士となった。『ゴータマ・ブッダ考』（大蔵出版）、『ゴータマ・ブッダ―縁起という「苦の生滅システム」の源泉』（佼成出版社）、『スッタニパータ　仏教最古の世界』（岩波書店）などの著作がある。岩波の『スッタニパータ』は若い日本人や一般読者に迎えられた。

仏教学では、ブッダが在世中に説いた仏教のことを「原始仏教」という。まだまだ未熟ではあったが、原始仏教教団もできた。サンガ（僧団）である。そこにブッダとその「教え」を理解した仏弟子《ぶつでし》たちがいた。ブッダの教えを最初に聞き、最初に実践したのが仏弟子（サーヴァカ、シュラーヴァカ）だ。漢訳では「声聞《しょうもん》」と呼ばれる。

原始仏教期のブッダによる教えはひっくるめて「仏説《ぶっせつ》」（ヴァチャナ）という。仏説はブッダ自身が生存中にさまざまな機会に法（ダルマ）と律（ヴィナヤ）と教え（シャーサナ）を説いたことをまとめたもので、当初のものは『大般涅槃経』などに散文的に載っている。仏弟子のアーナンダ（阿難）が「法」を暗誦《あんじゅ》でき、ウパーリ（優婆離）が「律」を記憶していたので、長老たちはカーシュヤパ（迦葉）を統率者としてこれらをまとめることにした。ゴータマの語りが、これで少し物語になった。仏教史ではこの最初期の編集作業を第一結集《けつじゅう》と言っている。

そのなかには修行者たちが聞いた言葉が雑然と集められているものも、少なくない。ほんとうにブッダ自身がそういうことを言ったのかどうか、訝《いぶか》しいものもある。そこで原始仏教教団は、それらの言葉とのちに経典（スッタ／スートラ）としてまとまったものとを照らしあわせ、相互に齟齬《そご》がないかどうかをラフにチェックした。このチェックに合格したものが仏説にふさわしいものとなった。

この作業が第二結集で、アーナンダの弟子の八人の長老たちがかかわった。アーナンダは新約聖書の大編集を指導したパウロにあたると思えばいい。


ブッダが亡くなって一〇〇年ほどすると、教団はお硬い上座部と柔らかい大衆部《だいしゅ》の二つに分かれて「部派仏教」の時代に入った。どんな組織にも思潮にもこういうことはおこる。まして古代信仰集団だ。いっときは説一切有部をはじめ、二〇グループ前後の部派が林立した。

部派仏教では「ブッダになる」ことではなく、もっぱら阿羅漢（アルハット／アラハント）になることがめざされた。学ぶべきものがない境地に達した者が阿羅漢だ（略して羅漢ともいう）。かれらは熱心な修行者ではあったが、他者の救済よりも、もっぱら自己の探求を極めるほうに関心があったため、のちに大乗仏教がおこってからは、あんたたちはあまりに小さな乗り物にこだわったねという意味で「小乗仏教」の活動者だったとみなされた。そのため、それまでは仏弟子全般を声聞と呼んでいたのだが、大乗仏教側はかれらをこそ声聞と呼び、大乗仏教者を「菩薩」と呼ぶようにした。

一方、阿羅漢にも徹底した修行や思索をした者たちがいたので、のちにすぐれた阿羅漢を総称して「十六羅漢」などとして称揚した。羅漢さんである。

部派仏教の各部派は、自分たちの考え方こそが仏説に近いんだということを主張しあっていた。それぞれ理論化を工夫していったので、どこの部派の主張が仏説からずれているとは言いがたい。しかし、すべてを同じように認めていっては混乱を呼ぶ。どうするか。論師たちは、仏説にはそもそも「了義」と「未了義」があったのだというふうにした。了義というのはブッダの教え通りのもの、未了義はブッダの教えが推測されるものではあるが、真意は完全にはあきらかになっていないものをいう。

こんな判断をしたのは、当時勢いを増していた仏教ムーブメントの機運を損なわないように、論師たちがやむなく振り分けたせいなのだが、これによって各部派はかえって、なぜブッダが完全な言葉で真意をあらわさなかったのか、そこにはどんな意図があったのかということに興味をもった。

こうして部派仏教は未了義の研究に打ちこんでいったのである。これが「アビダルマ仏教」というものだ。アビダルマの論師たちはブッダの教えの解釈や研究に耽った。やがてそのような解釈研究が論書というかたちになり、そのアーカイブを「論蔵」と名付けるようになると、経典を集積した「経蔵」よりも、むしろ論蔵のほうが仏説の中身を伝えるものだと位置づけられるようになった。

紀元前後に「大乗仏教」が立ち上がってきた。ブッダが説いた救済の思想をとくに重視して、自己の解脱よりも他者の救済をめざすムーブメントが大きなうねりをもちはじめたのである。いわゆる「菩薩道」だ。利他行をめざした。この救済型の菩薩道を提唱した大乗仏教が、このあとのブッダ観に大きな転換をもたらしていく。

大乗仏教は東洋文化史全般のなかでもかなり新しい思潮なので、その特色は多彩なのだが、今夜強調しておきたいのは、宗祖ゴータマ・ブッダを永遠の存在とみなすべく、複数に仕立てたのがとても大きいということだ。ブッディズムにとっては大転換だった。遥《はる》かな過去の時空にも未来永劫《えいごう》の時空にもさまざまなブッダ（ブッダたち）がいらっしゃるとみなしたのだ。この構想は「過去仏」や「未来仏」の想定につながった。

たとえば『相応部経典』の第六章「梵天相応」には次のようにある。「過去に悟ったブッダたち、未来に悟るブッダたち、現在において多くの人々の憂いを取り除くブッダ、これらブッダはすべて正しい教えを重んじて、過去にも現在にも未来にもいるのである。これがブッダと言われる方々の法則である」。

実際にも、その「ブッダと言われる方々」の名前もあきらかにされた。毘婆尸《びばし》仏（ヴィパシン）、尸棄《しき》仏（シキン）、毘舎浮《びしゃぶ》仏（ヴィシュヴァブー）、拘留孫《くるそん》仏（クラクチャンダ）、拘那含牟尼《くなごんむに》仏（カナカムニ）、迦葉仏（カーシュヤパ）という六ブッダが想定されて、これにゴータマ・ブッダを加えたブッダたちが「過去七仏」に認定されたのだ。

わかりやすくいえば、大過去のブッダ（覚醒者たち）と永遠存在としてのゴータマ・ブッダが時間と空間をこえて概念的に同一視されたのである。

過去七仏は同一人物ではない。しかし、そんなアサンプション（想定）をした以上、何かの深い共通性があってしかるべきだった。そこで七仏たちは「諸悪莫作《しょあくまくさ》、衆善奉行《しゅうぜんぶぎょう》、自浄其意《じじょうごい》、是諸仏教《ぜしょぶつきょう》」（悪をなさず善を行い、みずからの心を浄《きよ》めることが諸々《もろもろ》の仏の教えである）を共通の教えにして、世界の救済を確信していたのだとみなされた。この共通のコモンセンスを「七仏通戒偈《しちぶつつうかいげ》」という。

インドからセイロン（スリランカ）をへて南方に伝承したパーリ語の聖典系では（南伝仏教＝テーラワーダ仏教）、過去仏の見方がさらに広がって、過去になんと二四ものブッダたちがいて、ゴータマ・ブッダはその二五番目だったというような、過去二五仏説が提唱されるまでになった。あまり知られていないことかもしれない。

一方、未来仏についても『転輪王経』で、今後の荒廃した時代にサンカという転輪王が出現して正しい法を求めることになるのだが、そのときゴータマ・ブッダはかねての計画通り、弥勒《みろく》（マイトレーヤ）という世尊を正等覚者として世にさしむけるはずだと説いたとされた。『増一阿含経《ぞういちあごんきょう》』も、未来久遠《くおん》の時代に兜率天《とそつてん》にいた弥勒菩薩《みろくぼさつ》（菩薩行をしていた弥勒）がこの世に編まれた無上道を悟って弥勒仏になると説いたのだ。

遠い未来に弥勒仏が想定されたのである。このような見方はのちに『弥勒下生経《みろくげしょうきょう》』といった偽経にまで発展する。菊地章太『弥勒信仰のアジア』（大修館書店）を読まれたい（千夜千冊一三一三夜・本書所収）。かなりおもしろい。なぜ、こんなアクロバティックな見方をしたのかといえば、おそらく過去仏といい未来仏といい、大乗仏教はブッダをなんとかして永遠の存在として絶対化したかったのだ。宗教としては当然の編集構想だったろう。

ふえすぎたブッダをめぐっては、さまざまな議論が噴出した。やむをえないことだ。なかで、もともとのゴータマ・ブッダはそんなにも広大な過去・現在・未来をまたぐ時空で、いったいどんなような在り方で君臨しているのかという問題が浮上した。ブッダがマルチバースになったことをどう説明するかという問題だ。ここに新たに「仏身論」という見方が登場する。

仏身《ぶっしん》とはブッダの体のことである。実際の肉体のことでもあるが、むしろ理想化された身体のことをいう。しかし、何人ものマルチバースなブッダがいるとなると、話はややこしい。まずはゴータマ・ブッダが涅槃《ねはん》に入ったからには、その身体をどう解釈するかという問題があった。死者なのである。磔刑《たっけい》になったキリストの身体が長らく議論の対象になったように、死んだブッダの身体は容易には語れない。

そこで初期経典の『如是語』（イティヴッタカ）では、なんと二種類の涅槃が説かれた。涅槃（ニルヴァーナ）とは「吹き消す」という意味の言葉で、煩悩を吹き消した状態が涅槃なのだが、その涅槃にもともと二種類があったとしたのだ。ひとつは「有余依涅槃《うよえねはん》」というもので、ブッダは修行のうえ煩悩を滅して解脱したけれど、いまだ五種の感官はのこっていて、そのため楽と苦を感じている涅槃の状態にあるとするという見方である。もうひとつは「無余依涅槃《むよえねはん》」というもので、解脱をしたのちはなんらの執着《しゅうじゃく》の束縛をうけていない涅槃状態になっているということにした。

あまりにも便宜的ではあるが、執着の残余によって涅槃を区分することにしたのである。肉体に束縛をうけた涅槃と、その束縛をこえた涅槃的身体とがあるとしたわけだ。これは肉体には不完全性があるという見方の強調でもあって、このあとの仏身論にさまざまな影響を与える。この工夫もキリスト教における三位一体論などに匹敵するもので、ぼくはどうしても必要な仮説だったろうと思っている。

少し解説を加えておくが、ブッダ在世時の原始仏教では涅槃は死とは関係なく、生存中に存分に体得できると考えられていた。けれどもブッダの現実の死に臨席した仏弟子たちは、その死がたいへん感動的なものだったので、ブッダの涅槃（死）を永遠的な涅槃であったとみなすふうになった。

そういう死に方を、当時は「般涅槃《はつねはん》」とか「大般涅槃」と言っていた。「般」とは完全を意味する接頭辞で、煩悩を完全に滅却させたという意味をもつ。弟子たちはブッダの死（＝涅槃）こそがその完成だとみなしたのだ。いいかえれば、ゴータマ・ブッダにあっても、生きているあいだは肉体が煩悩への執着を切り離せなかったとみなしたのだ。

さあ、そうなると、ここにゴータマ・ブッダの体は最低でも二つあるということになる。「生身《なまみ》の仏身」と「解脱《げだつ》された仏身」の二つである。これはゴータマを分断したといえば、分断したのだ。それなら、この二つの分断をどのように説明するか。

そこでついでは、生身の仏身を「色身《しきしん》」とみなし、深い真理に到達して涅槃となった仏身のほうを「法身《ほっしん》」とみなすことにした。そう見れば、過去にも未来にもブッダの法身はあまねく広がれる。ということは法身が複数に遍在しているということになる。

そのうち、そんなふうにあまねく遍在する数々の法身にまったく区別がないままでいいのか。みんな同じ法身なのか。そんなことはあるまいという議論が出てきた。

大乗仏教に『法華経』や『華厳経』などの大乗経典が生まれ、四～五世紀になると、華厳の巨大なビルシャナ仏（ヴァイローチャナ）などが崇《あが》められる信仰が発展していったのだが、その影響も大きかった。では、そういうビルシャナ仏とは誰なのか。仏身だとしたら、どういう変化をおこした仏身なのか。

こうして仏身には、法身のほかに「報身《ほうじん》」と「応身《おうじん》」があるということになった。法身は法性《ほっしょう》ともいうべき真理体そのもので、人格を有しない仏身だ。報身はブッダになろうと修行を重ね、それによって完全な功徳を備えた仏身のことだ。応身は衆生《しゅじょう》の救済のためにこの世にあらわれた人格をもった仏身のことをさすというふうにした。このように法身・報身・応身というふうに仏身が変化する見方を「三身説」という。苦肉の策のようだが、これがみごとに功を奏した。ほかに「法身・解脱身・化身」に分ける説、「自性身《じしょうしん》・受用身・変化身《へんげしん》」に分ける説も唱えられるに至った。少々レトリカルにもアナロジカルにも見えるだろうが、むしろ、ぼくはこのあたりの仏教編集力による説明こそ二一世紀にもっと露出するべきだろうと思っている。

仏教はインドでのみ発展していったのではない。さまざまな土地と時代で信仰され、そのつど編集されていった。南伝して東南アジアで編集され、北伝して西域・中国・朝鮮半島をへて日本でも編集された。

西域から中国に向かった信仰の中からは浄土教のムーブメントがあらわれた。浄土教はもともとはインドで編まれた『無量寿経』と『阿弥陀経』にもとづいた信仰なのだが、これに西域あたりで編纂された『観無量寿経』が加わって（浄土三部経と総称される）、新たに阿弥陀仏と西方極楽浄土と往生思想をアピールしたのだ。浄土信仰はこれまでにない仏教動向だった。

ついに「他方仏」と「他方世界」をもったのである。詳しいことは一四二八夜のリチャード・C・フォルツの『シルクロードの宗教』（教文館）などで紹介しておいた。

浄土信仰や阿弥陀信仰は、のちの密教の出現とともにかなり斬新《ざんしん》な動向を生んだ。もともと仏教には「三千大千世界」や「須弥山世界」という世界観があった。ヒンドゥイズムから継承したところもある。その三千大千世界のすべてに普遍的に君臨するとみなされたのが華厳のビルシャナ仏である。日本では東大寺の大仏がその姿をあらわしている。大仏（盧舎那仏）は蓮弁《れんべん》に坐しているのだが、その蓮弁にはことこまかに三千大千世界や須弥山のディテールが毛彫りされている。

のちに密教はビルシャナ（ヴァイローチャナ）をさらに巨大化して、さらに普遍的な大日如来（マハー・ヴァイローチャナ）を登場させた。

これらは全世界に君臨する仏で、各方面にいらっしゃる仏もあるのだと考えられたのだ。それが東方の薬師仏や西方の阿弥陀仏になった。それぞれ東方瑠璃《るり》光《こう》浄土、西方極楽浄土をマネジメントしているとした。これを「他方仏」という。地方仏ではなく、他方仏だ。ブッダたちはついに近所の山の向こうにおはしますことになったのだ。

浄土教は敦煌《とんこう》などの遺跡に代表される浄土観とともに中国に入り、さらに日本にやってきた。阿弥陀信仰はとくに日本で重視される。浄土教や浄土真宗だ。千夜千冊では、法然などを通して説明しておいた。そこからは「往生」という「向こうへ行って生きる」という見方が普及した。一人一人の衆生、すなわち個人が浄土に行けることになったのだ。それも南無阿弥陀仏という称名念仏を唱えるだけで約束された。日本仏教にこのような特色があらわれたことも、正真正銘のブッディズムなのである。きわめてソフィスティケートされた仏教だ。

というわけで、仏教は「たくさんのブッダたち」を、時間と空間をともなって、また数々の仏身をともなって、つくりだしてきたのだった。仏教関係者たちはこのことについての説明を、もっともっとダイナミックに、もっと痛快に擬《もど》けるようにしていったほうがいい。

第一六八六夜　二〇一八年九月二八日

参照千夜

三四五夜：オリゲネス『諸原理について』　七三三夜：アウグスティヌス『三位一体論』　一三〇〇夜：『法華経』　一七〇〇夜：鎌田茂雄『華厳の思想』　一〇二一夜：中村元『インド古代史』　一三一三夜：菊地章太『弥勒信仰のアジア』　一四二八夜：リチャード・C・フォルツ『シルクロードの宗教』　一二三九夜：法然『選択本願念仏集』

ブッダの色即是空。ナーガルジュナの空即是色。
それでも「空」の理解はむつかしい。

立川武蔵

空の思想史

講談社学術文庫　二〇〇三

色即是空、空即是色——。

玄奘が彫琢《ちょうたく》した『般若心経』のこの言葉は誰もが知っている。おそらく日本で最もよく知られた仏教フレーズだろうが、なかなかその真意がわからないフレーズだ。英語では『般若心経』は「Heart Surta」という。ハート・スートラはわかりやすい。英訳冊子もいろいろ出ていて、「色即是空、空即是色」は、“Matter is void, All is vanity”とか“Form is Emptiness, Emptiness is Form”とか訳されている。「色《ルーパ》」はマターやフォームで何とかなっているが、「空《シューニャ》」がヴォイドやエンプティやヴァニティとなって、落ち着かない。そう、「空」が落ち着けないのである。

ブッダが「色即是空、空即是色」と言ったわけではない。言ったわけではないが、そう主旨を言わなかったわけでもない。『スッタニパータ』の一一九偈には「世界を空なりと観ぜよ」（中村元訳）という言葉がのこっているし、『ダンマパダ』一七〇偈には「世の中は泡沫《うたかた》のごとしと見よ、世の中はかげろうのごとしと見よ」（中村元訳）という言葉がある。

『スッタニパータ』はパーリ語でのこされたブッダの言葉をまとめたものである。スッタ（Sutta）は「経」のこと、ニパータ（Nipāta）は「集まり」のことだから、たんに「経集」というタイトルなのだが、ブッダのナマの言葉を伝えるものとしては、貴重な経集になっている。中村元さんの『ブッダのことば』（岩波文庫）としてたっぷり読める。『ダンマパダ』もパーリ語で伝えられたもので、こちらは韻文だけでできている。中国訳はいずれも『法句経』という。日本語訳は友松円諦《ともまつえんたい》のものが有名だ。ブッダの「真理のことば」が歌うように集まっている。「諸行無常」「一切皆苦」「諸法無我」は『法句経』の漢訳の言葉だ。

ただし、ブッダがのこした言葉を調査して、「色即是空、空即是色」のエビデンスとしようというのは、いささかさもしい。ブッダが考えていたこと、行《おこな》ってみせたことから連想すべきだ。

ふつうに「色は即ち空なり」「空は即ち色なり」と読んでいるかぎりは、どういうことなのか、よくわからない。「色《しき》」は物質的な実在のことで、「空《くう》」はそれがないことをいうのだが、その言葉通りでは「世の中、なんにもありません」となるだけで、本当にそういう意味なのか、気になってくる。何も言ってないじゃないか、仏教はそんな「空」や「無」を持ち出してどうするつもりだったのかとも思えてくる。

有名なお経なのだから、何も言ってないということはないだろう。だったらこれは東洋のニヒリズムなのか、まったく西洋が気がつかなかったものなのか。それとも翻訳可能のものなのか。仏教にしかないものなのか。その仏教が先行するヒンドゥイズムを苗床にしているなら、そこにはインド＝ヨーロッパに共通する分母みたいなものがあるものなのか。きっといろいろの憶測をしたくなるだろう。

かつてぼくは、ブッダが「諸行無常」と「諸法無我」と「一切皆苦《いっさいかいく》」という三法印を説いたことを初めて知って、いったいこの空漠たる思想は何なのか、人間はこんな空虚と苦渋に耐えられるのかとひやひやしたものである。そして、それでもなおブッダの教えを「空観」におよばせた仏教というのは、なんとラディカルで、なんと強引で、なんとアナーキーな否定性に富んでいて、なんと論理において自在なのかと感じた。ブッダの智慧はおそろしいとも感じた。

ブッダの考えていたことや行ってみせたこと、すなわち「ブッダの教え」を組み立てていったのが「仏教」だ。その仏教のごく初期の経典に「般若経」（大般若経）があった。般若というのはサンスクリット語のプラジュニャーやパーリ語のパンニャーから採った用語で、すべてに通じる「智慧《ちえ》」のことをいう。ブッダの知恵が般若なのである。般若経はひとつの経典ではない。いくつもの経典をまとめて般若経という。すべてを集めると『大般若波羅蜜多経』六〇〇余巻になる。そこに最初期の『八千頌般若経』、クマーラジーヴァ（鳩摩羅什《くまらじゅう》）の訳した『摩訶般若波羅蜜経』（大品般若経）、『金剛般若経』などがあり、七世紀になって玄奘の『大般若波羅蜜多経』とその超圧縮版の『般若心経《ハート・スートラ》』が加わった。

注釈書や解説書もたくさん出た。なかでナーガールジュナ（龍樹）の『大智度論』がすばらしく、般若の本質がブッダの「一切皆苦」に発すること、それが「縁起」と「空」という大きな智慧に到っていることを明らかにした。ナーガールジュナを知って、ぼくは初めて三法印の意味と「縁起と空の関係」と、そして玄奘の「色即是空、空即是色」の狙いを察知できた。それとともに、これはとんでもないものだ、ブッダの智慧はただならない、とも肝に銘じた。なかでも「空」の扱い方である。ヴォイドやエンプティの動かし方である。

実際の仏教の歴史のなかで、「空」という概念や「空」という意味は、時代によってかなり動いてきた。仏教史は「空」をどのように解釈してきたかという歴史なのである。ヨーロッパ思想史でいうなら「本質」や「存在」にあたるほどに変遷した。

それほど重要な「空」であるのだが、このような「空」をひたすらめぐって各時代を一気に貫いて語る書物は、あるようで、なかった。日本中世にもない。江戸思想にもない。だいたいが「無」を相手にした。西田幾多郎や鈴木大拙も「無」だった。ブッダその人が「諸行無常」「諸法無我」と説いたのだから、しかたないだろう。

中国にはあった。ぼくが「空」に惹かれたのはナーガールジュナと天台智顗《ちぎ》と華厳によるところが大きいのだが、これらを串刺《くし》しにして議論しているものも、ほとんどなかったのである。ナーガールジュナについても、中村元の名著『龍樹』(講談社学術文庫)をはじめ、それなりの取り組みがあるのだが、時代を貫くものはあまりない。一方、外国語の研究文献は軒並み、ヴォイドやエンプティやヴァニティに引っかかっていて、おもしろくない。だから本書は(わかりにくいところも多いけれど)、得がたい一冊だったのである。

著者によると、本書は二〇〇二年の愛知学院大学と名古屋大学の講義をもとにした。それを推敲《すいこう》したようだ。ぼくもかつては千葉大学の特別講義を『情報の歴史を読む』(NTT出版)として、また最近は『帝塚山講義』というブックレットを「松岡正剛編集セカイ読本」(デジタオ)に五冊にわたって入れているが(のちに『17歳のための世界と日本の見方』春秋社)、ときに講義というのは執筆よりも大胆な試みをすることがある。つい一ヵ月ほど前の涼しい真夏の夕刻に読んだばかりだが、本書からもさまざまな示唆を得た。

著者は空をひとまずカラッポということから議論していく。ブッダが世界はカラッポだから空しいなどと言ったのではないとすると、仏教における空は、すべての実在性を空《くう》じて、いっさいがカラッポだと言っているのだろうと、すすむ。

ふつうなら、これはかなり無謀な議論だ。われわれはすべての実在とともにあるのであって、どう考えても机も眼鏡も音楽もあるとしか感じられない。それらを燃やしても灰がある。CDの音楽が耳から消えてもCDはあり、CDを捨てても楽譜が残る。人も実在だが、その人が死んでも物質は残る。宇宙ですらカラッポではない。ダークマターに満ちている。それらを空《くう》じても、話は変わらない。そう、思われる。

しかし「般若経」は「五蘊皆空」と言った。世の中のものを空と観よと言ってのけたのだ。そればかりか、神の存在も自己の存在も空じなさいと言った。神もなく自己もなく、世界すらない思想、それが「空の思想」を全面に持ちだした仏教なのである。

ここを、キリスト教のように神の存在を認めたら、どうなるか。他のすべてのものも実在することになる。神を別格に扱えば、世界をキリスト教のように実在の階層で説明したくなる。ヒンドゥ教もそのようにした。けれども仏教はある時期からそれを拒否し、否定したのだ。そして、神もなければ、人もないというふうに考えた。そのあからさまな全否定に身を乗り出した。それが「空じる」ということだ。そのようにすることで何かが変わると考えた。

それにしても、そんな「空漠の連打」を修行や思索にもちこんだ思想がどうして成立したのかということになると、いまひとつはっきりしない。「色即是空、空即是色」と言えばそれですむのかというあたりが、詰められない。西側の知識人がそれはニヒリズムにすぎないとみなしたことを覆す考え方や行為力がそこに堂々とあるとは、すぐには思いつけない。

ブッダの教えは上座部から大乗に向かって展開していった。「空」はその転換期に確立した思想概念である。ナーガルジュナの思索が深かった。とはいえ、「色即是空、空即是色」で何かが覚悟できるというような、そんな稔《みの》りのなさそうな発想を、もともとブッダが確信していたと言えるのだろうか。そこを考えようというのが、まさに大乗仏教の本懐なのである。

空の思想を眺める前に理解しなければならないことがある。空は概念として孤立（自立）していないということだ。わかりやすくいえば空は「空じる」という動作的な過程によってあらわれる意味作用であって、すなわち思惟《しい》の発動であって、つまりは行為の着手だということだ。

インド思想はインダス文明やヴェーダの時代より、基体と属性を一対で考える特徴をもっていた。たとえば「この本は重要だ」というメッセージは、「本」という基体に、「重要」という属性が載っていると考える。「この紙は白い」というのも、「紙」という基体に「白」という属性が加わったというふうに見る。こういう考えのあらわし方はサンスクリット語やパーリ語の語法そのものから派生した。本書で立川武蔵が何度も強調したことだ。

この基体をサンスクリット語で「ダルミン」(dharmin 有法)といい、そのダルミンに載った属性のほうを「ダルマ」(dharma 法)という。インド思想において存在というときは、もっぱらこのダルマのほうをさすことが多い。実在がダルマなのではない。

ただし、ヒンドゥ哲学(バラモン正統派＝六派哲学)では、たとえば「本」という実在をどんどんなくしていこうとすると、いったい何が残るかという議論をして、最後に基体のダルミンが残ると考えた。そこを仏教ではすべてがなくなっていくと考えた。この違いがあとになって大きな意味をもつ。

もうひとつ、インド哲学と仏教を分けた見方がある。基体《ダルミン》と属性《ダルマ》のあいだにどのような区別があるのかという議論のとき、インド思想一般では、明確な区別があるという実在論の立場と、それは名前の付けかたのちがいだとする唯名論の立場とがあった。インド六派哲学は、ミーマンサー、ヴァイシェーシカ、ニヤーヤが実在論派、サーンキヤとヴェーダーンタとヨーガが唯名論派の立場をとっていた。大乗仏教はそのうちヴェーダーンタ派の唯名論をおおまかには踏襲する。踏襲するのだが、そこにまったく新たな展望を加えていった。「空」はそこから出所した。

ヒンドゥ哲学から仏教が出てきて発展していったインド仏教思想の前半史は、おおざっぱに三段階が設定できる。第I期はブッダから一世紀くらいまで、第II期が一世紀から六〇〇年くらいまで、第III期はインド大乗仏教の消滅までである。

このうち第I期の前期のアショーカ王までの時代をふつう原始仏教といい、後期の大乗仏教成立までの仏教思想を部派仏教あるいはアビダルマ仏教（さらには上座部仏教）という。原始仏教での特徴は、『ヴェーダ』の権威を認めなかったことにある。したがってブッダは、ブラフマン（梵）もアートマン（我）も否定した。だからブッダの弟子たちは、この考え方を前提に三蔵（経・律・論）をつくっていった。それが後期の部派仏教では、宇宙原理としてのブラフマンについてはあいかわらず認めなかったのだが、小さな多数のブラフマンを認めようとした。いわば個我宇宙のようなものを認めた。これがその後に上座部仏教になる。自我を含んだ認識仏教だ。しかし、いくつもの多数の個我宇宙というのは、へたをすると言葉の数だけの個我宇宙になりかねない。

そこで、これを痛烈に批判する仏教思想家があらわれた。天才ナーガールジュナ（龍樹）だ。ナーガールジュナに始まる空の思想を「中観」という。「中」とは物象や仮象を空じたのちの境涯をさしている。

続いてマイトレーヤ（弥勒）やヴァスバンドゥ（世親）が出て、「唯識」をおこした。唯識はどこかで個我宇宙とも絡んだが、中観はいっさいを空じた。ナーガールジュナの中観思想は、「空」と「縁起」の思想を同時化した。これがすこぶる独創的だった。

そもそも「空」は、サンスクリット語の形容詞「シューニヤ」（śūnya）と抽象名詞「シューニヤター」（śūnyatā）の合成的な訳語である。漢訳では「空性《くうしょう》」と訳されることも多い。シューニヤは、「あるもの（y）において、あるもの（x）が存在しない」という意味である。それゆえ「yはxに関して空である」とか「yにxが欠けている」「xがyにない」というふうに使われる。こうして「空」とは、いったんは「xがyにない」ということになる。

一方、「縁起」とは、「yはxに依《よ》っている」という意味をあらわしている。「xはyの原因にあたる」という意味だ。ナーガールジュナはこれをさらに、「xはyに依り、yはxに因っている」というふうに相互同時に見たけれど、ともかくもそこにはなんらかの因果（因縁）関係がある。

さてそうだとすると、「空」と「縁起」はどのようにxとyの関係をあらわすことになるのだろうか。縁起しあっているxとyが、互いに空じあっている関係になるはずだ。その説明がナーガールジュナの『中論』では次のような偈になる。

（1）どのようなものであれ縁起なるものは、
（2）われわれはそれを空性とよび、
（3）それゆえそれは仮のもの（仮に言葉で述べたもの）で、
（4）だからそこには中なるものがある。

これではわかりにくいだろうから（ナーガールジュナの書き方は、ふつうのヨーロッパ的論理ではわからない。とくにテトラレンマとよばれる四句否定法を駆使していた）、ざっとした結論をいうのなら、ナーガールジュナはxとyの空の在りかたも、xとyの縁起の有りかたも、言葉についての過信を捨ててかからないかぎりは議論できないことを見抜いたのである。すなわち、「空」を感じるにはその「空」をめぐる言葉を捨てながら進むしかなく、そのときなお、仮の言葉の意味を捨てながらも辛うじて残響しあう互いの「縁起」だけに注目すれば、本来の「空」を感じる境地になるだろうと説いたのだ。

これは、仏教思想において初めて言語の虚飾を払った哲学として特筆される試みだった。中観とは「空の思想」であって、「言葉を空じる試み」であったわけである。「色はすなわち空、空はすなわち色」とは、そういう言い分なのである。

仏教の「空の思想」は、ナーガールジュナの時代に累々と編集されつつあった『大般若経』や各種般若経典によって澎湃《ほうはい》と立ち上がっていった。インド般若思想の時代だ。この般若思想が漢訳されて中国の仏教に入ってきたとき、「空」はナーガールジュナとは異なる方途で苛烈《かれつ》になってきた。それは、中国語の「空」が「空《す》いている」という意味をもち、漢訳仏典はこの「空《す》く」という語感をもつ「空」をこそシューニヤの訳語に選んだことを関連させた。

それで何がおこったかといえば、ちょっとはしょっていえば、玄奘が漢訳した『般若心経《ハート・スートラ》』において、「五蘊皆空《ごうんかいくう》」（照見五蘊皆空）という大胆きわまりない表現に達したのだった。空の思想史における大きな飛躍だった。ここがわからないと、インド仏教と中国仏教が切断され、かつまた日本仏教における空の思想が見えなくなってくる。

玄奘の「五蘊皆空」を字義通り訳してみると、世界と人間を構成する五蘊《ごうん》（色・受・想・行・識）は五種にすぎず、それはしかしそれでも本来は空である、というふうになる。五蘊は人間が感知できるすべてを五種に分けてあらわしている。だからそれは感知された対象と知覚にすぎないはずなのだが、それでいて空でもあろうとしているというのだ。

いったい何を意味しているのだろうか。

そこでまたまた「色即是空」を持ち出せば、「色即是空」すなわち「色はそのまま空である」は、もともとは「色」と「空」とが近づくためには相当相応の修行が介在していたのに、この両者も一挙に近づくことによって、つまり「色即是空」の「即」が「色」と「空」とのあいだに入ることによって、「空」の速度は俄然《がぜん》高速になったということなのである。「空」はじっとなどしていないと言っているのだ。「空じる」とはつねに高速で動きまわれる思惟の発動であって、行為の着手なのである。

このように『般若心経』で空のイメージが高速になったことについては、玄奘の卓抜な編集解釈があずかっていた。実は玄奘は、サンスクリット語の「スヴァバーヴァ」を「自性《じしょう》」と訳さずに、「皆」というふうにした。「自性」をすっとばしたのだ。これが大きかった。ここでインドにおける空は中国における空として、新たな相貌に入っていったのである。

余談になるが、日本の坊さんの多くは、この「なくなった自性」のほうにばかりとらわれていて、はなはだ「色即是空」の説明がつまらない。反省を促したい。ともかくもこうして「空」は中国において新たな発展をとげたのである。

中国仏教における「空」は、さらに天台と華厳と禅においていっそう独得のものになった。

天台では北斉の慧文《えもん》がナーガールジュナの『中論』を読んで愕然と悟り、「一心三観」を会得した。われわれの心にはつねに瞬間ごとに三つの観点が集中しているという、またまた高速な着想だ。これが天台大師智顗《ちぎ》をへて、「空・仮《け》・中」の三諦止観や三諦円融《えんにゅう》の思想になった。「空」から形やはたらきがあらわれるときは、それは「仮《け》」となり、形やはたらきが隠れるなら「空」となり、この両者が融和しているときは「中」になるという、有名な摩訶止観《まかしかん》である。止観というのは、「止」が三昧《さんまい》を、「観」が智慧をあらわすので、三昧に入ったまま諸現象・諸想を空じていくことをいう。「仮のまま空、空のまま仮、仮のまま中」などという。

華厳の法蔵による「空」の議論はさらに大胆で劇的だ。「色即是空」の話を例にすると、法蔵の『般若心経略疏《りゃくしょ》』は「色即是空」を二別して止揚するという方法をとった。『般若心経』の「色即是空」の経文の展開は、よく知られているように次の四段階を踏んでいる。法蔵はこの四ステップそのままに「空」の議論をそこへ内蔵してみせたのだ。

（1）色不異空（色は空に異ならず）
（2）空不異色（空は色に異ならず）
（3）色即是空（色はすなわち、これ空なりて）

（4）空即是色（空はすなわち、これまた色なり）

法蔵はこの四句を「空をもって色をのぞむ」と「色をもって空をのぞむ」に分けて考察し、そこにそもそも自と他の関係が、「合わせれば全部となるような関係」のように潜在して、その自他を補償しているとみた。まるでメルロ＝ポンティの「間主観性」かベイトソンの相補的分裂生成である。

その考察ぶりを集約すると、（1）では、自は「空」を他は「色」をさす。こうすることで法蔵は自である空を否定することが、他である色を成立させると考えた。（2）では他である色が眠っているとみなし、自としての空があらわれると考えた。それが（3）では、自と他、すなわち空と色とが同時に成立し、（4）では、その自他がともに眠るとみたのである。

ようするに、最初に空が隠れて色が現れ、色が隠れて空が出現し、色と空がともに顕《あらわ》れ、ともに縮退していくという展開を想定した。この色即是空が相即相入して出没するところが、華厳にいう「法界」になる。華厳の空観はインドの中観とはちがっている。むしろ属性《ダルマ》に応じる基体《ダルミン》をあえて復活させて、その基体そのものに対応力をもたせた。華厳はそのような〝一対〟の相互的な柔構造の提案によって、その後の空の思想をダイナミックなものに変えていったのである。

華厳の影響を初期に強くうけたのが中国禅だった。最初こそボーディ・ダルマの面壁坐禅に始まった禅林も、五祖の弘忍《ぐにん》から一方に慧能《えのう》が出て、他方に華厳禅ともいうべき神秀《じんしゅう》が出たことで、一方では中国独自の「無」の思想（老荘思想など）の仏教化をもたらすとともに、他方ではつねに空観をともなう天台禅と華厳禅の併走をつくっていった。こうして華厳禅の登場は、たとえば日本における明恵《みょうえ》のような、また道元のような、すぐれて「空」に放下《ほうげ》した逸材を輩出させることになった。禅の坊さんが「色即是空」が好きなのは、以上の事情によっている。

とはいえ一方において、禅の坊さんたちも鈴木大拙大好きなアメリカン・スピリチュアリズムに傾く諸姉諸兄も、そこそこ「色即是空」のニュアンスには遊んでも、いっこうに「五蘊皆空」には向かわないとも感想せざるをえないのだ。なかでも現代思想派が「空」を相手に奮闘しようとはしないままにあるのは、どうしたことか。ニーチェ、ドゥルーズ、ナーガールジュナなのに、だ。

以上、本書は「空の思想」が仏教史をどのように進捗《しんちょく》していったかを開示してくれたのであるが、やっぱりこのような解説だけでは二一世紀ブッディズムの「空」の理解は広まらないかもしれないとも感じた。あらためて強調しておくべきは、ブッダその人に「空じる方法」が一挙に芽生えたということなのである。そのことを、何度でも考えたほうがいい。

第八四六夜　二〇〇三年九月九日

参照千夜

一〇二一夜：中村元『インド古代史』　九六夜：木村泰賢『印度六派哲学』　一一三夜：メルロ＝ポンティ『知覚の現象学』　四四六夜：ベイトソン『精神の生態学』　九八八夜：道元『正法眼蔵』　一四二九夜：横超慧日・諏訪義純『羅什』　一〇二三夜：ニーチェ『ツァラトストラかく語りき』　一〇八二夜：ドゥルーズ＆ガタリ『アンチ・オイディプス』

一人のブッダの教えが、無数のブッダを生み出した。
インドからシルクロードを経て中・韓・日へ、セイロンから東南アジアへ。
変奏するブッダのイメージが、多身多仏世界を拡張していった。

Bridgeman Images/Aflo

右上から純インド様式で描かれたアジャンター石窟寺院の壁画、ヘレニズムの影響をうけたギリシア風ブッダ、ブッダの誕生と入滅の場面が掘られた石のレリーフ。左ページ右上から菩提樹と一体化したアユタヤ遺跡の仏頭、スリランカの古代仏教都市ポロンナルワに鎮座する大仏、バンコクのワット・ポー寺院の全長46mの巨大涅槃像と108の図が描かれた仏足、四門出遊や成道のエピソードが散りばめられたチベット曼荼羅、狩野元信による出山釈迦図を勝園が模したもの、パキスタン・ラホール美術館の名宝 Fasting Buddha、山頂でタイの絶景を見下ろすタイガーケーブ寺院の黄金ブッダ、手塚治虫の描いたブッダ。

元信／出山釈迦図（*https://colbase.nich.go.jp/collection_items/tnm/A-2721*）

New Picture Library/Aflo

ColBase（部分）

©手塚プロダクション

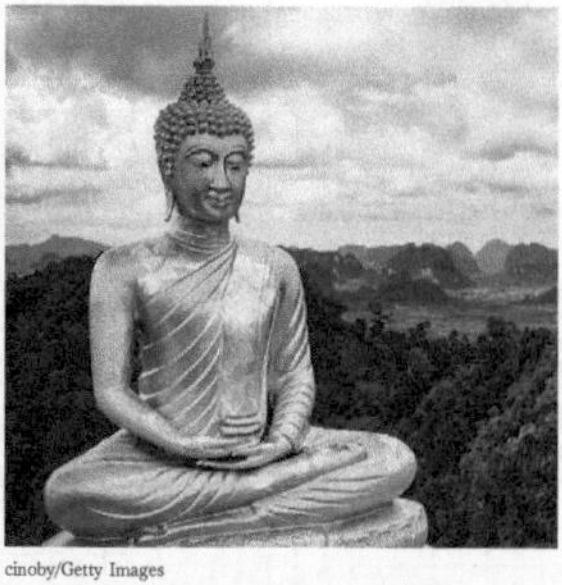

cinoby/Getty Images

第三章 仏典の編集的世界像

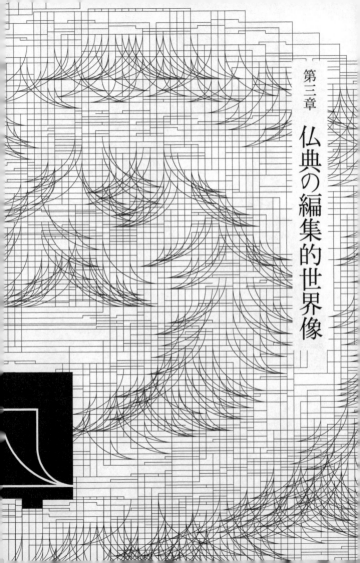

三枝充悳『大乗とは何か』
梵漢和対照・現代語訳『法華経』
鎌田茂雄『華厳の思想』
長尾雅人 訳注『維摩経』

「縁起」と「空」の大乗仏教が、
慈悲をもつ菩薩道に向かっていった。

三枝充悳

大乗とは何か

法蔵館　二〇〇一

別番　お呼びですか。

火元　困ったときの別番だのみ。

別番　火元《ひもと》からのお呼びじゃしかたないですね。いつでも、どうぞ。それでお聞きしますが、松岡さんはいつから「火元」なんですか。だいたいどうして火元なんてネーミングになったんですか。

火元　かつてぼくは「炭男《すみおとこ》」と称していたことがあるんだね(笑)。「半巡通信」というたった八ページのパーソナルメディアを、最初は三〇〇人に、最後は四〇〇〇人に無料で送っていたころのことです。七年ほど続けたかな。その「半巡通信」のなかで、「ぼくは炭男だ」と書いた。その炭男が発火すると火元になる(笑)。

別番　へえ、炭男？　火元以上に変ですね。

火元　炭男というのは、お望みならぼくを使っていつでも火をおこしていただいて結構、ときには消し炭になってマッチ一本で火がつくように準備しつづけて進ぜようということで、ふだんは真っ黒けの炭化物だという意味だね。ただの炭。折ったり割ったりしようとすれば、すぐ粉々になるフラジャイルな奴。でもその炭でドローイングもスケッチもできる。そんな気分をあらわしている。その炭男がいつのまにか火元になった。じっと黙っているときが炭男の松岡正剛、点火されているときが火元の松岡正剛……。熾火《おきび》こそ、ぼくの理想だからね。

別番　ああ、熾火……。そういうことですか。でも、ちょっと危険な火元ですね。放火魔みたい（笑）。

火元　そんなところだよ。「黙って炭男、放《はな》って火元」だもんね。そのことを知っている諸君がかっきり一〇〇人か一五〇人くらい、いるはずです。いまのところはそれ以上はいないけど。でも、これはヒ・ミ・ツ。

別番　はいはい、わかってます。で、その炭男の火元が、今夜とりあげる本は何なのですか。

火元　今夜は、三枝充悳《さいぐさみつよし》さんの『大乗とは何か』という一冊をとりあげようかと思っている。熾火の本です。

別番　いよいよ大乗仏教ですか。

火元　そうなんだけれど、この本は大乗仏教を大上段に解説したものじゃない。どちらかといえば大乗エッセイという感じ。だからこそとりあげたくなった。

別番　どういうことですか。

火元　三枝さんはちょっと変わった仏教学者です。大正末期（一九二三）に生まれて、一部始終をインド哲学と仏教哲学の研究に捧《ささ》げた。初期仏教に詳しく、大乗仏教を徹底して解明しようとされていた。集約すれば「空と縁起」の思想についての本格派です。「空」というのは『般若経』を基本テキストとした中観派のナーガールジュナなどの哲学のことだよね。八四六夜の『空の思想史』にも概観した。「縁起」は知ってのとおり、大乗仏教思想のメインコンセプトです。

　三枝さんは東京大学の印哲（インド哲学科）に入り、宇井伯壽や宮本正尊に傾倒して、こういう中観思想や縁起思想を主に研究されたんだけれど、ところがね、本書もそうだし、本書の直前に上梓《じょうし》された『縁起の思想』（法蔵館）もそうだったんだけれど、三枝さんはどこかに「切ない仏教観」を持っておられる。今夜はその三枝さんの香りを含めて話したいなと思っているんだね。

別番　「切ない仏教観」ですか。

火元　ぼくは縁あって三枝さんのお宅に伺うことになって、幸運にもまさに空や縁起についての手ほどきを受けることができたんだけれど、その当時の三枝さんはなぜか「自身の危機」のようなものをしきりに語られていた。仏教研究者がフラジャイルな自己を語るなんて、ちょっと意外だった。それが何であるのか、当時のぼくにはよくわからなかったのだけれど、それでも切々とした三枝さんの哲人ぶりを〝ゆらぎのある霊波〟のように感じさせたんです。そうか、仏教もやっぱりフラジャイルな出発点を何度ももつのだろうなと思った。それから三枝さんの本を読むたびに、その「切ない仏教観」とでもいうものにひとしきり共感するようになったんだね。

火元　じゃあ、三枝さんがもともとの炭男じゃないですか。

別番　うんうん、そうかもしれない。三枝充悳こそ、ぼくなんか足元にも及ばない真剣な炭男だったかもしれないね。

火元　松岡さんはいろいろな僧侶や仏教研究者とは何人も出会われているんですよね。

別番　少ないですよ。深くお付き合いできたのは、華厳の鎌田茂雄さんが早かったかな。それから禅の秋月龍珉さんとか、いま高野山の管長になられている松長有慶さんとか。みなさん、炭男のまま何かを貫徹しようとされましたね。しかし、ぼくはいったん事を構えれば、落花狼藉《ろうぜき》の火元にもなってきた。

別番　ラッカローゼキ（落花狼藉）、ジユーローゼキ（自由狼藉）。

火元　そこで炭男としては三枝さんに倣《なら》いつつ、その思想研究の一端を、火元松岡正剛からちょっとばかり照らしたいというわけです。

別番　どこから話してもらえますか。

火元　東大寺三月堂（法華堂）に不空羂索《ふくうけんじゃく》観音像があるでしょう。ぼくが学生時代に最初に打ちのめされた仏像です。けっこう大きな仏像で、最初に見たときから、何か偉大なものを感じてきた。去年も未詳倶楽部の面々と、この観音像の前で「ものおもい」に耽《ふけ》ったものです。小島伸吾は直立して仰ぎ、相京範昭はオペラグラスで眺め、中野由紀昌は潤んだ目で見上げ、中道明美はアンリ・ミショーしていたね。で、本書の冒頭で、三枝さんはその不空羂索観音像を昭和十七年八月の夕刻に訪れたときのことを書いているんです。ぼうっと見ていたら、年輩の僧侶に「あんたはんも戦争に行かれるんかいな」と言われ、「いえ、まだ二十歳になっていませんから」と青年の三枝が答え、そのまま黙って観音像を見上げつづけていたという話です。

別番　イミシンですね。

火元　燠火のスタートだよね。それで三枝さんはそのときのことを思い出しながら、いったい観音って何なのかという話に入っていく。

別番　ふーん、なるほど。そういう本ですか。

火元　観音ってどういうものか、わかる？

別番　「音を観る」なんて、カッコいいですよね。男か女かわからない超越的なところも感じます。モノセクシャルで、バイセクシャルで。

火元　観音はね、サンスクリット語ではアヴァローキテーシュヴァラ（avalokiteśvara）というんです。漢訳すると観世音菩薩《ぼさつ》。なんともすばらしい名称だけれど、もともとはどういう意味をもっているのかというと、接頭辞のavaは「離れて、遠く」という意味でね、lokitaは「光る・輝く」のlokから派生していて、これは「見る、受けいれる」という意味になっている。ということは、ここまでで「離」をもって見る、その光景を受け入れるということなんだね。次のiśvaraは「響く」の語幹が変化したもので、声とか音という意味です。ということはね、avalokiteśvaraとは、「離」をもって遠くに響きを見て受け入れるとなって、それを縮めれば「遠くに音を観る」となるわけです。それゆえ「観音」とか「観世音」とかと漢訳できることになる。だから観音は、遠い音でも聞きとどけてくれるイコンなんです。世阿弥の「離《り》見《けん》の見《けん》」を思わせもするよねえ。

別番　観音は「離見の見」ですか。

火元　でも、これまたかんたんじゃない。仏教では、観音が聞く音は妙音とはかぎらないからね。むしろ仏教が重視した本来の音は「苦」の音です。

別番　「苦」の音？

火元　仏教は、まず「苦」の音を聞けるかどうかから発進するんだと思う。これを「一切皆苦」といった。世界はすべて「苦」でできていると見た。でも、その苦境も単純なものじゃない。「四苦八苦」というように、いろいろの苦があった。四苦というのはちゃんと名前がついていて、「愛別離苦《あいべつりく》・怨憎会苦《おんぞうえく》・求不得苦《ぐふとくく》・五蘊《ごうん》盛苦《じょうく》」という四つの苦です。それを放っておくと八苦にさえいたる。人生、苦ばっかりなんだよね。

別番　もともとブッダの原始仏教の出発点に謳《うた》われた「四諦《したい》」（苦諦・集諦・滅諦・道諦）のトップに、苦諦が上がっていたほどですよね。

火元　そうだね。では、その苦って何かといえば、むろん苦しみのことです。苦しみのことではあるけれど、仏教ではどういうことを苦しみと見るかというと、「うまくいかない」「望みどおりにならない」と思ってしまうことが苦しみなんです。

別番　望みどおりにならない苦しみ……。

火元　三枝さんに『宗教のめざすもの』（佼成出版社）という本があって、そこに、サンスクリット語で「苦」をドゥフカ（ドゥッカ）というのだが、ドゥフカは自分の内部に自己矛盾がおこってしまうことなのだという説明がある。これはまことに深い解

別番　釈ですよ。「私が私自身で背いてしまっている」ということ、それが苦しい。ドゥフカとはそれなんだというんです。

火元　自分で勝手に自己矛盾をおこしていることが、「苦」の本質なんですか。

別番　そうです。つまりはいっとき「欲」をもってみたのに、それを自分で達成できなかったことが苦しみなんだね。これって、よくあることだよね。

火元　よくあるどころじゃないですよ。しょっちゅうです。このことこそ、古代インドじゃなくて今日の社会でも一番の問題ですよ。「アイデンティティ・クライシス」も「引きこもり」も「癒《いや》しの社会」も。

別番　そうだよね。つまり「苦」の問題は「欲」の問題と裏返しの関係にあるんだね。それが仏教の基本的な見方です。けれども仏教なんて、ふつうは高度資本主義にも高度情報社会にもまったく無縁だと思われているため、今日のわれわれは「欲望が苦悩をつくっている」とはほとんど感じられなくなっています。その欲望はほとんど商品になり、その商品にわれわれはびっしり囲まれていて、しかも資本主義社会の大半がドゥルーズ＝ガタリのいう「欲望機械」になっているわけだから、処置なしだ。だからこそ、ときにはそろそろ仏教を、観音とともに本気で見たほうがいいということです。仏教では欲望に関知しない苦しみなどないというほどに、「欲」と「苦」の関係を突き刺して見つづけたんだから。

別番　「欲」と「苦」はくっついていた。

火元　そうです。そして、そういう世の中の苦境の声を、観音は聞くんだね。遠くからの声も「離」において聞く。

別番　観音って、そもそもはどういう仏さんなんですか。

火元　『法華経』の第二五章に「普門品《ふもんぼん》」があるでしょう。観音がよく出てくるので、別名を「観音経」と呼んできた。三枝さんも昭和四九年に『法華経』の現代語訳を出されたのだけれど、これはクマーラジーヴァ（鳩摩羅什）が漢訳した『妙法蓮華経』の現代語化だった。それはともかくとして、「普門品」には十三回も同じフレーズが出てくるんです。何だか、わかる？

別番　「念彼観音力《ねんぴかんのんりき》」ですか。

火元　そうだ、「念彼観音力」というフレーズだ。かつて泉鏡花が好いた言葉だったよね。最近では美輪明宏さんが「私、苦しいときはいつも念彼観音力を唱えるの」と言っている。

別番　でも、意味はわからない。

火元　念彼というのは「彼方《かなた》を念じる」ということで、there を感じることです。here には苦境のわれわれがいる。there に観音さんがいる。だから念彼観音力とは、

別番　「彼方におはします観音の力を念じる」という思いをあらわしているわけだ。では、もしもその観音さんがわれわれの声を聞きとどけてくれるとすれば、どうなるか。すぐに救ってくれるんじゃない。観音はまず魔物を退散させる。闘ってくれるんですか。

火元　そうなんだ。魔物を相手にしてくれる。障害を取り除いてくれるんだね。それが観音力なんです。一種の浄化作用力と言っていいかと思うけれど、その力がきわめて多様で、ダイナミックで、変幻自在なんだね。いざとなれば苦境の元凶との戦闘を辞さないし、ときには姿をいろいろ変えて障害を取っ払うために協力をしてくれる。そういう力。

別番　ということは、観音さんはわれわれ世間の者たちの苦境の声を聞いて、それがまっとうな叫びなら苦境の対象を打ち砕いてくれるというわけですか。アキハバラでダガーナイフをふるう前に、観音さんに会うべきでしたね。

火元　面妖《めんよう》を取り払ってくれたかもしれないね。どのように破砕《はさい》してくれるかというと、「普門品」には、時と所に応じて三十三の姿に変化《へんげ》して救済に乗り出すとある。

別番　変化する。姿を変える。ヘンシーン！ですね。

火元　それがなんとも驚くべき変身力なんです。化けものじみているとも言えるし、それこそが念彼観音力の正体だとも言える。だからこそ観音さんは泉鏡花のお気にいりだったんだよね。鏡花にとっては化けものこそが神聖だったからね。今夜の話に我田引水すれば、観音こそふだんは炭男で、変じて三十三の火元にならんというわけです（笑）。

別番　どういうふうに三十三変化するんですか。

火元　三十三変化するだけじゃなくて、実はもっといろいろ変身する。たとえば『千光眼観自在菩薩秘密法経』では二十五化身が、『首楞厳経《しゅりょうごんきょう》』では三十二応現が、『阿《あ》娑縛抄《さばしょう》』では二十八化身が語られている。それがいつしか、『法華経』の普及と根本経典化がすすむにつれて、「普門品」の三十三変化が定着した。

別番　見た目も変えてる。

火元　もちろん、見た目が大事。三十三観音には楊柳《ようりゅう》観音・白衣《びゃくえ》観音・魚籃《ぎょらん》観音・水月観音・岩戸観音から蛤蜊《はまぐり》観音・一葉観音・滝見《たきみ》観音までがズラリとあるね。これでは、まるで何でも合体ロボのごとく観音さまになってしまっているとおぼしいんだけれど、そうなったというのも、きっと庶民に愛されたベーシックな救済のシナリオが曲がり角にさしかかったときに、そこで転換をはかるべく何かが出てきそうなトポスやキャラクターに応じるような変更をかけたんだろうね。それがいつのまにか三十三の観音の変化《へんげ》として定着した。

別番　魔界の曲がり角に、姿を変えた観音さんが待ってくれているわけですか。

火元　大禍時《おおまがとき》にね。そうして、こういうふうにいったん変化が定着すれば、そこからはいくつもの発想や企画が生まれていったんだね。その企画の代表例が、ひとつは三十三観音のヴァージョンで、もうひとつは三十三の観音霊場でしょう。中世の僧侶たちは案外、PDS（プラン・ドゥ・シー）が好きなんですよ（笑）。

別番　そうか、観音霊場はそうやって企画されたんですか。

火元　観音霊場が三十三ヵ所になるのは、十二世紀に園城寺《おんじようじ》（三井寺）の覚忠《かくちゆう》というお坊さんが西国の三十三ヵ寺を選んだことから広まった。それまでは、そんなものはなかったんです。覚忠は藤原忠通の子で天台座主《ざす》にも園城寺のトップ（長吏）にもなった。熊野那智から御室戸《みむろと》まで、実際に巡礼したらしい。そのうち観音霊場はどんどん拡張されて、西国三十三所、坂東三十三所、秩父三十三所などというふうに、各地にいろいろ組み上がっていった。すでに一〇〇ヵ所をこえているとも聞いてます。

別番　観音さまだらけ。

火元　君たちもいろいろ企画するといいよ。「三冊屋」だけじゃなくて「三十三冊屋」とかね（笑）。それらが札所《ふだしよ》となったのは近世になってからです。もっとも『梁塵秘抄』にはすでに、「観音誓ひし広ければ、普《あまね》き門より出《い》でたまひ、三十三身に現じてぞ、十九の品にぞ法《のり》は説く」などと歌われている。平安期には、熊野や長谷寺や清水寺が観音信仰の霊験あらたかな霊場だった。

別番　観音には千手観音とか如意輪観音とかもありますね。あれは三十三変化とはちがうんですか。

火元　六観音とか七観音とかいうものだね。もともとの観世音菩薩のイコンとしての母型です。日本では七観音が篤《あつ》く信仰されてきたよね。これは聖《しょう》観音、千手観音、馬頭観音、十一面観音、准胝《じゅんてい》観音、如意輪観音、そして東大寺三月堂の、あの不空羂索《ふくうけんじゃく》観音。その七観音だね。

別番　なぜ六体とか七体なんですか。

火元　三枝さんは、観音にこういう多様性が与えられたのは、天台智顗《ちぎ》の『摩訶止観』に六観音の功徳《くどく》が説かれているからだと言っている。なぜ六観音かというと、六は「六道」の六に照応しているんだね。六道は、わかる?

別番　六道輪廻《りんね》の六道ですよね。

火元　六道は「地獄界・餓鬼界・畜生界・阿修羅界・人間界・天上界」という六つの段階にいる衆生《しゅじょう》の境遇のことです。衆生って、ぼくたちのことだよ。これ、六凡ともいいます。この境遇にいる者たちは、何かに救われないかぎりはいつまでも六道輪廻する。先へ進めない。どこかで慈悲に出会わなければ、のたうちまわる。

別番　つまりわれわれは放っておかれれば、みんな、ひたすらのたうちまわる六道の者たちなんです。

火元　はい、そうです。のたうっている。

別番　そこで、観音の慈悲によって六道抜苦されることを希《ねが》う。もちろん切に希わなければならないけれど、一心にそう祈っていれば、その衆生の苦境に応じて、六観音が声を聞いてくれる。念彼観音力は、この六道をも引き上げる。

火元　六道にいても、まだ大丈夫？

別番　いやいや、そういう横着はダメだ（笑）。本当は自分で六道を脱さなきゃいけない。そして、それを切に希わなきゃいけない。そうすれば、なんとか次の段階に進める。

火元　次の段階？

別番　ネクストステップがある。次の段階というのは、声聞《しょうもん》、縁覚《えんがく》、菩薩、仏（如来）の四つです。この、以上の、六道の六つと次の四つの段階をまとめて「十界」という。「地獄界・餓鬼界・畜生界・阿修羅界・人間界・天上界、声聞界、縁覚界、菩薩界、仏界」という十界。そのうちの前六段階が六道で、後の四段階が四聖です。これ、「六凡四聖《ろくぼんししょう》」ともいうね。

別番　一〇段階のマインドステップ。

火元　四聖のうちの声聞と縁覚が上座部で、菩薩と仏（如来）が大乗にあたる。

別番　だんだん向こうに近付いていく。

火元　いまさらいうまでもないだろうけれど、観音の変化《へんげ》は、魔物退散や障害物除去のためだけではなかったんです。そもそもは「慈悲」の無償提供だった。男性的な観音が女性的な観音としてトランスジェンダーふうになっていったのも、「慈悲」のキャラクターの変化です。詳しいことは、ぼくがリスペクトしている彌永信美さんが『観音変容譚』（法藏館）という、とても分厚い研究成果を発表したので、それを読むといい。『大黒天変相』（法藏館）に続く〝仏教神話学〟という、彌永さんならではのニュージャンルの成果です。

別番　「慈悲」って仏教の根幹ですよね。

火元　そうです。無償提供の慈悲。この無償の慈悲を仏教では「憐愍《れんみん》」ともいう。仏教の眼目って、そもそもが「智慧《ちえ》」と、そして「憐愍」です。

別番　憐憫《れんびん》じゃなくて、憐愍か。いいなあ。

火元　で、ここからがやっと今夜の本論になっていくのだけれど、こういう念彼観音力のルーツのことをよくよく考えていくと、これは大乗仏教そのものがもっていた根本思想だったということになってきたわけです。いいかえれば、念彼観音力は観音だけがもっていた力ではなかったんだね。これは「菩薩道」のあらわれだった。つまり観音は大乗仏教の根本思想を、最もわかりやすく暗示するための先兵のイコンだった。

別番　観世音菩薩とか観音菩薩とか、観音も菩薩ですよね。じゃあ、観音の正体は菩薩ですか。

火元　菩薩です。いっときは観自在《かんじざい》菩薩とも光世音《こうぜおん》菩薩とも漢訳された。菩薩というのはいったい何かというと、もともとはボーディサットヴァ(bodhi-sattva)を漢訳した「菩提薩埵《ぼだいさった》」の略語です。まあ、今夜は菩薩でいきましょう。でもわかりやすい話にしておこうね。大乗思想もそうとう深いからね。三枝さんも、この本ではそうされている。

別番　菩薩っていろいろいらっしゃいますよね。観音菩薩だけじゃなくて、弥勒《みろく》菩薩とか文殊菩薩とか。普賢菩薩も地蔵菩薩も菩薩ですね。日光菩薩も月光《がっこう》菩薩も菩薩だ。ああいう菩薩は仏なんですか。

火元　そこが微妙でね。菩薩の正体は何かというと、それこそ三枝さんが一貫して求められてきたことであるんだけれど、ボーディ(菩提)とは「悟り」そのもののことで、サットヴァは「気持ちがある人」という意味をもつ。だから菩薩というのは、まとめると「悟りを求める人」ということになる。そういう気持ちをもった者ですね。それが菩薩の原義。

別番　気持ちをもつ、か。魂胆とか覚悟とか。

火元　その「そういう気持ち」のことを、仏教ではサットヴァ、訳して「有情《うじょう》」ともいう。そこでボーディにサットヴァ（有情）をつけて、ボーディサットヴァ、すなわち「菩提薩埵」と綴《つづ》った。まとめていえば菩薩は「悟りを求める有情の人」ということになる。最高のマインドステップのためのライセンスをもったサットヴァだね。そして、このような菩薩の気持ちをもつことが、大乗仏教の根本にある行動理念ともいうべきものになった。ということは、大乗仏教は「菩薩の仏教」だということだ。それに尽きます。もうちょっと説明が必要かな。

火元　仏教では、悟りを求めて覚醒《かくせい》しきってしまえば、「如来」という名がつくことになっています。釈迦如来とか阿弥陀如来とか薬師如来は、そうした如来だね。もう向こうへ行っちゃった人。ところが菩薩は、如来になるほどの本格的な修行も覚醒もちゃんと果たしているにもかかわらず、つまり最高のライセンスをもっているにもかかわらず、あえて如来にならずに菩薩にとどまった。なぜ、とどまったのか。衆生を救うためにとどまった。それが菩薩です。その菩薩とともに衆生に向けて活動していこうというのが大乗仏教。

別番　菩薩と如来は仏さんというふうに一くくりにできないんですか。

火元　できないね。このことは仏像としての如来像と菩薩像をくらべてみても、察しがつきます。如来像はほとんどが裸に一枚の法衣《ほうえ》をつけているだけだよね。すっからかんだし、重ね着もしない（笑）。西郷隆盛や中西悟堂や山下清のように、ハダカ同然。これが如来としての仏さんのほうです。いわゆる本来の仏像。ところが菩薩像は、さまざまな道具や法具や装飾や武器をつけている。のみならず十一面になることもあれば、千手をのばすこともある。その手にいろいろのものも持っている。千眼もつけるし、武装していることもある。これは衆生の救済のための行動をおこそうとしているからなんです。だから菩薩像にはそういう手立てが残っている。

別番　なるほど、そういう違いですか。以前、松岡さんから如来の指には水掻《か》きがあるとも聞きました。

火元　それは二河白道《にがびやくどう》を渡るからだね。穢土《えど》と浄土のあいだの川を泳ぎきる。でも、菩薩は浄土に住んではいないんです。みんなと一緒にいる。菩薩の行動理念は、一言でいうなら「上求菩提《じようぐぼだい》・下化衆生《げけしゆじよう》」というものになる。上も求めるが、下にも向かう。ただ座しているだけではなかったわけだ。これを現代思想のほうからいえば、菩薩にはたえず「他者」というものが想定されているということになるだろうね。自他を同時に覚醒しようとしている者なんです。

別番　でも、そのような「菩薩の仏教」はブッダのころからあったわけではないですよね。だいぶんあとに大乗仏教がおこってからですね。

火元　ブッダによって創始された仏教は、まだリテラルな仏教じゃないよね。ちょっとずつのグループがオラリティ(話し言葉)のなかで信仰していたにすぎない。そこで、しばらくはブッダが語ったことを伝承しつつ、マスター・エディティングを進めていたんです。これをまとめていうと、経蔵・律蔵・論蔵の「三蔵《さんぞう》」(トリ・ピタカ)があったというふうにいう。これが原始仏教段階です。

別番　三蔵は最初からですか。

火元　そうです。ブッダの教えのアーカイブの仕方やメディア化の仕方が三蔵だね。経蔵はブッダの説諭をまとめる、律蔵は僧たちのルールをまとめる、論蔵は議論や注釈をまとめる。そのうち紀元前の三世紀にマウリヤ朝のアショーカ王が登場して、仏教の国教化が進む。そうするとそのころになると、出家者たちが出家集団をつくり、それなりの部派に分かれていった。部派教団はブッダの教えを「アーガマ」(伝承コンテンツ)と呼び、そのニューアーアーカイブ作りにとりくんだ。

別番　アーガマって「阿含《あごん》」ですよね。

火元　漢訳すると阿含。ついでそのアーガマに詳細な注解と編集を加えていって、「アビダルマ」(論)を作成し、切り出していった。仏教史ではここまでが初期仏教です。仏教経典としては、この時期のものを初期経典という。『阿含経』がそうだし、『法句経』やブッダの前生《ぜんしょう》を語った『ジャータカ』などがある。

別番　そして、分裂がおこった。

火元　部派仏教がそれぞれ勢力を増していくと、どんな世界宗教史にも必ずおこることだけれど、大きな分裂がおこったわけだよね。二派に大別するとすると、いささか保守的な「上座部」といささか革新的な「大衆部《だいしゅ》」だ。まあ、自民党と民主党みたいなものかな。

別番　それは古代仏教に悪いですよ(笑)。

火元　あっ、そうか。カトリックとプロテスタントでもないしね。だいたい宗教改革として分かれたんじゃなくて、世界認識の方法のちがいで分かれたんだからね。そりゃ、そうだ。で、これらはさらに離合集散をくりかえして、およそ二十部の分派となった。これが上座部の「小乗仏教」です。これは蔑称で、大乗仏教派が上座部のグループを小さい乗り物に乗った人たちと貶めて名付けたんだね。部派仏教ともいう。

別番　さっきの十界でいうと、声聞《しょうもん》と縁覚《えんがく》の段階ですね。でも上座部ってけっこうおもしろいですよね。

火元　おもしろいどころか、すごいところもいっぱいある。ぼくはけっこう夢中になった。だって「自己」の問題はすべてここに議論されているからね。でも「他者」のこととなると、そうはいかない。いずれ千夜千冊しようと思っていますが、ヴァスバンドゥ（世親）なんていう大哲人は、だからこそ上座部から大乗にまで移っていったわけです。コンヴァージョンだ。

別番　『遊学』（中公文庫）でとりあげられていましたね。

火元　うん、あれはヴァスバンドゥのほんの序の口です。で、そういうふうに上座部の教義があまりに細分化されていくと、仏教に帰依しようとする者たちはこの理屈っぽい動向を疎《うと》んじて、むしろ仏教全般の連携を求めるようになったわけです。そこには「他者」がいた。こうして、これに呼応する中期仏教がおこってきて、「大乗仏教」というムーブメントになった。まあ、ざっとはそういうことだね。

別番　大乗仏教の発展ってけっこうダイナミックだし、それにものすごい編集力を駆使していますよね。

火元　そうだねえ。大乗仏教の出発そのものが、まずはブッダ以降の伝承アーカイブの大掛かりなディコンストラクション（脱構築）とリロケーション（席替え）によって発進したからね。それで、二世紀初頭にクシャーン朝のカニシカ王が即位するでしょう。そうすると多くの編集グループが組織され、また自主的に再編集を開始する者たちもいて、その結果、大々的な仏典結集が次々におこります。それが『般若経』『維摩経』『法華経』『華厳経』、そして「浄土三部経」の『無量寿経』『観無量寿経』『阿弥陀経』などになっていった。一〇〇年とか二〇〇年くらいかけての大編集だね。これらが連発された。すごいねえ。どのスートラも完璧《かんぺき》なほどに、よくできている。これをぼくは、初期大乗経典のナラティブ・スートラ化と言っているんですが、これって、わかりやすくいえば大乗仏教エンジン群の勢揃いですよ。

別番　大乗仏教というシステムを動かすエンジン。

火元　いつも思うんだけれど、こういうスートラ型のエンジンって、すこぶる物語性に富んでいる。徹底した部立《ぶだて》と文巻《ぶんかん》と式目《しきもく》をびっしり内在させている。まさに絶品のナラティブ・スートラですよ。これらの経典の一貫性と多様性を見ると、そのみごとなアルス・コンビナトリア（結合的編集術）に、ほとほと感心させられる。いずれ、このうちの『法華経』か、それとも『華厳経』か『維摩経』を千夜千冊したいねえ。

別番　韓国の高銀の『華厳経』はとりあげられましたね。

火元　あれは現代小説です。でも、やっぱり原典のスートラをとりあげなくちゃね。

別番　大乗仏教のエンジンって、そんなに性能がいいんですか。いわばナラティブ・エンジンですよね。

火元　抜群によくできている。『旧約聖書』もナラティブとしてよくできているけれど、それ以上でしょう。ただしこの時代、これらの大乗仏典のすべてを連携させ、総合するマザーシステムは、まだ生まれてはいなかったんです。もしそういうものがあるとしたら、それはおそらく「縁起のマザーシステム」ともいうべきものだろうけれど、仏教はその後もついにそうしたマザーシステムを完成させなかったと、ぼくは思っている。したがって、これらのナラティブ・スートラとしてのエンジンはあくまでも、その後の仏教史のどんな時代にも火を噴くごとく活用されつづけた大乗仏教エンジン群なんです。

別番　エンジンを相互につなげるという発想がなかったんですか。一個ずつのナラティブ・エンジンの出来がよすぎたからですか。

火元　そういうことになるかもしれないね。そのかわり、これらの運用のなかから、どんな思想を結晶させるのかという研究がしだいに高まっていった。それをまとめて大乗仏教思想というわけだが、仏教史はここからこそ本格的な思想段階に突入していくんです。つまりは三枝さんの出番ですね。燠火です。

別番　ちょっと怖《おそ》れずに言いますが、大乗思想って一言でいえば「色即是空・空即是色」ですよね。

火元　菩薩の般若波羅蜜多の行から観ずればそうとも言えるし、「生死即涅槃《ねはん》・涅槃即生死」とも言える。「有」と「非有」を行ったり来たりするからね。でも、もっと決定的なことをいえば、意識とか認識の「識の境」が「識」そのものになっているような思想ということだろうね。

別番　えっ、どういうことですか。境界そのものが意識ということですか。

火元　うん、「識の境」が「識」にほかならないということ。対象領域をもたないめざめが大乗なんです。

別番　それって、めざめていくと境界がなくなるということですか。

火元　そうじゃなくて、境界そのものがめざめる。それを唯識哲学ではかっこよく「唯識無境」と言ったりする。境にめざめがジゲンする。

別番　ジゲン？

火元　示現。似て現れるという似現でもあるよね。その「示現」や「似現」が境界においてあらわれる。ということは境界は気がつけば実は〝無境〟だったということです。ついつい唯識論のとっかかりを説明しはじめちゃったけれど、これ、ちょっと難しいよね。だからこのへんのことは、いずれヴァスバンドゥをとりあげるときに話そう。それより順番でいえば、大乗仏教の思想化はね、まずはエンジン『般若経』にもとづいてグループ中観派が「空思想」を進捗《しんちょく》していったところから立ち上がっていくんだね。諸君、知ってのとおりの、「空《くう》」をメインコンセプトとした思想の形成です。「空思想」は「中観《ちゅうがん》思想」とも言いますね。

別番　最初の成果は、二世紀のナーガールジュナ（龍樹）によって大成されますよね。八四六夜の『空の思想史』にまとめられていました。

火元　そこで、仏教史ではここからを中期仏教というのだけれど、ここに新たな大乗経典を生み出したり、作成したりするというオーサリングの活動が活発になるんですね。めんどうくさい呼び方だけれど、これを仏教史では中期大乗経典第一期という。経典でいえば『勝鬘経《しょうまんきょう》』『如来蔵経』『大般涅槃経』『解深密経《げじんみつきょう》』『大乗阿毘《あび》達磨経《だつまきょう》』などだ。これはさっきの初期大乗仏典より、一層も二層もディープになっている。

別番　いつごろですか。

火元　だいたい三世紀あたりからの成果。なかでニューエンジンとしての『解深密経』にもとづく一派が登場して、そこに、かの「唯識思想」が組み立てられた。この一派を瑜伽行《ゆがぎょう》派といいます。ヴァスバンドゥの唯識はここから出発した。その最高到達点がアーラヤ識だよね。三島由紀夫が『豊饒の海』でコンセプトにしましたね。これは井筒俊彦さんから清水博さんにいたって、いま日本でも深まりつつある議論になっている。いずれとりあげましょう。清水さんはとりあげたから、井筒さんかな。

　ついで中期大乗経典の第二期がやってきましてね、これは五世紀後半くらいにとりかかっていて、そこに『薬師如来本願経』『地蔵菩薩本願経』『金光明経』『金光明最勝王経』『楞伽《りょうが》経』『密厳経』『孔雀王呪《くじゃくおうじゅ》経』、そして最近のぼくが気になっている『大乗起信論』などが結実した。だいたいここまでが大乗思想のムーブメントです。

別番　そういう大乗思想を、三枝充悳という先生はどう説明されているんですか。

火元　一言でいえば「一人から一切へ」と言われている。

別番　いい言葉ですね。「一人から一切へ」。

火元　一切というのは五蘊《ごうん》（色・受・想・行・識）のすべてということだね。これをいいかえれば、つまりはその一切合切を「空と縁起」の思想、「智慧と憐愍」の思想で説くのが大乗ですよ。それなら、なぜ大乗が「空」を重視したかといえば、部派仏教が実体をいじりすぎていたからです。そこでナーガールジュナがごつんとやった。実体を空じろと言った。そのごつんの「空」を、三枝さんは「カラ」だというふうに見るといいと言っている。

別番　カラッポのカラ。ウツのウツツ。

火元　たとえば、このコップを例にすると、コップがカラになっているところがコップである〝ゆえん〟なわけだけれど、そういうふうに事象や存在の〝ゆえん〟をカラのほうから見るのが空観だ。三枝さんの説明はそういうふうになっているんだね。

別番　空隙《くうげき》の存在学？

火元　そうそう、そのとおり。次の「縁起」については、三枝さんはずばり「関係の同時性」だと思えばよろしいと言われる。三枝さんはまたコップを例に持ち出して、コップをガラスとか容器とか日用品とか物体とかと見られるように、さまざまな関係を同時に感じられるかどうか、それが縁起思想の根本になると言う。

別番　えーっ、それは編集工学そのものじゃないですか。

火元　そうだよ。いけなかった？

別番　いえ、いけないとかじゃなくて、編集の「言い換え」って大乗思想だったんですか。

火元　大乗じゃいけない？

別番　ダイジョーぶ(笑)。編集乗なんですね。それにしてもコップは大乗にも編集乗に

火元　もなるんですね。

別番　なるほど編集乗か。それもいいね。ちょっと畏《おそ》れ多いけれど。で、あとは「智慧」だけれど、これは般若波羅蜜の「般若」のことだね。般若といっても般若のお面の般若ではなくて、サンスクリット語ではプラジュニャーの、パーリ語ではパンニャーの訳です。プラジュニャーはどういう意味かというと、プラというのは「あまねく」で、ジュニャーが「知る」だから、プラジュニャーとしての般若というのは、「知るもの」と「知られるもの」を分けない智慧ということだね。

火元　シニフィアン（あらわすもの）でもシニフィエ（あらわされるもの）でもない智慧、ですか。鍵《かぎ》と鍵穴が一緒になっているんですか。

別番　そうだね。そこにはヴァイツゼッカーの言う知覚の回転扉がまわるだけ。それで、般若波羅蜜の「波羅蜜」のほうは原語がパーラミターなんだけれど、これは英語の訳をみるとすぐわかる。パーフェクションという意味なんだね。ということは般若波羅蜜というのは「最高の智慧」ということになる。菩薩道というのは、こういうふうに、般若を波羅蜜にもっていく作業に没頭するということです。

火元　それが六波羅蜜の六つのパーラミターというわけですか。いままで一番わかりやすい般若波羅蜜の説明でした。やっぱり編集乗なんですね。

別番　ところで三枝さんは、このような般若波羅蜜を行ずる菩薩道は、結局は「他」のほうへ行こうとするという意味にほかならないとも言われています。

別番　他のほうへ。浄土かどうかわからないけれど、そのほうへ。

火元　如来がいるかもしれない、その燠火のほうへ、だね。

別番　それって、ひょっとすると『般若心経』の最後の「故《こ》説《せつ》般若《はんにゃ》波《は》羅《ら》蜜《み》多《った》呪《しゅ》、即《そく》説《せつ》呪《しゅ》曰《わっ》、羯諦《ぎゃてい》羯諦《ぎゃてい》、波《は》羅《ら》羯諦《ぎゃてい》、波《は》羅《ら》僧羯諦《そうぎゃてい》、菩提《ぼじ》薩婆訶《そわか》」ですか。あの最後で、「行ける者よ、彼岸に行こう」と言っているのと同じですよね。あの、ギャーティ・ギャーティが……。

火元　ギャーティ・ギャーティがね。うん、そうだね。「行こう、行こう、他のいる向こうへ行こう」です。今年の冬の二月二四日の「感門之盟」で、アメリカから帰ってきた夕凪《ゆうなぎ》アルケミストの渡辺恒久君が、そのことを静かに絶唱していたよね。あれは、よかったね。

別番　たいへん印象的でした。胸がつまった。

火元　これは、いいかえれば「到れり、到れり、ここに到れり」でもあるんだね。さらにいいかえれば、「ここまで来たね、ここまで来たね」ですよ。これって、「離」をもって遠くに響きを見て受け入れるという、観音さまの意味と同じなんです。そして三枝さんは、これをずばり一言、「これがあるとき、かれがある」とも言われた。何ともいえない表現だ。大乗菩薩道とは、きっとこれなんだろうね。ぼくは菩薩に暗示されているアナザースタイルの可能性が大好きなんです。

別番　アナザースタイル？

火元　「これがあるとき、かれがある」別様の可能性だね。

第一二四九夜　二〇〇八年六月二五日

参照千夜

八四六夜：立川武蔵『空の思想史』　一七〇〇夜：鎌田茂雄『華厳の思想』　一一八夜：世阿弥『風姿花伝』　一〇八二夜：ドゥルーズ&ガタリ『アンチ・オイディプス』　九一七夜：泉鏡花『日本橋』　五三〇夜：美輪明宏『ああ正負の法則』　一一五四夜：『梁塵秘抄』　一一六七夜：『西郷隆盛語録』　一二四七夜：中西悟堂『かみなりさま』　一五三〇夜：長尾雅人訳注『維摩経』　六八一夜：高銀『華厳経』　一〇二二夜：三島由紀夫『絹と明察』　一〇六〇夜：清水博『生命を捉えなおす』　七五六夜：ヴァイツゼッカー『ゲシュタルトクライス』　一四二九夜：横超慧日・諏訪義純『羅什』

迹門《しやくもん》から本門に劇的に転じていく法華経というドラマを、
「地湧の菩薩」に注目して読んでみる。

梵漢和対照・現代語訳

法華経

植木雅俊訳　岩波書店　全二巻　二〇〇八

法華は仏の真如なり　万法無二の旨《むね》を述べ
一乗妙法聞く人の　仏に成らぬはなかりけり

今夜は千夜千冊一三〇〇夜にあたる。すぐる日曜日の早朝は近しい羅漢さんたち数十人で表沙汰「陶夜會」を打ち上げた。そしてモンゴル力士日馬富士の初優勝があけての一三〇〇夜になった。なんとなく記念したい。そこで以前からとりあげようと思っていた法華経にした（今夜は繁雑になるので『法華経』というように『×××』の二重カギ括弧でくらない。他の経典名もそうする）。

法華経だけでなく、般若経や華厳経も維摩経も浄土三部経も、また大乗起信論や理趣経などもとりあげたいのだが、やはり法華経からだろう。

テキストは梵漢和対照の『法華経』上下巻にした。植木雅俊さんが訳したばかりの最新版だ。梵漢和が対照されて一般書になったのは初めてなのではないか。植木さんは九州大学の理学科の出身で、一転、東洋大学をへて中村元さんの東方学院で研鑽《けんさん》されたのちは、仏教にひそむ男性原理と女性原理の研究などに勤《いそ》しむかたわら、法華経サンスクリット原典の現代語訳と解明にとりくんできた。

ぼくはまだ親しく話しこんでいないのだが、福原義春さんの紹介で「連塾」に来られてもいる。そんな縁もあり、本書は植木さんから恵送された。

妙法蓮華経　書き込み持《たも》てる人は皆
五種法師と名づけつつ　終《つい》には六根《ろっこん》清しとか

日本人は長らく法華経を、僧侶ならば漢訳経典を音読で、在家の多くはその漢訳を読み下して読誦《どくじゅ》してきた。しかし、もともと法華経はサンスクリット語で書かれていた。いまはそのうちのネパール本・中央アジア本・カシミール本の写本が残る。原題は『サッダルマ・プンダリーカ・スートラ』で、すなわち「白い蓮華《れんげ》のように正しい教えの経典」だ。それが漢訳・チベット語訳・ウイグル語訳などをへて、近代になると英訳・仏訳・日本語訳などとなってきた。

漢訳は「六訳三存三欠」とよくいうのだが、竺法護《じくほうご》や鳩摩羅什《クマーラジーヴァ》らの六種類の翻訳となり、そのうちの三種だけが現存する。『妙法蓮華経』というのは鳩摩羅什の訳だ。竺法護は『正法華経』とした。

日本人は長きにわたって漢訳仏典に従ってきたが、これはさしずめシェイクスピアや ゲーテを最初から漢訳で読んできたというようなもの、いったんはシェイクスピアの英語やゲーテのドイツ語の原典に当たったうえで、日本語訳もそこからの訳で読んだほうがいいに決まっている。仏典にあっても、サンスクリット原典からの法華経日本語訳がゼッタイに重要になるのだが、これを最初に試みたのは南条文雄（一九一三）だった。ただしこの訳文は、ぼくも覗《のぞ》いたことがあるけれど、漢訳文語調でそうとうに硬い。これをもう少し現代日本語に近づけたのが岩本裕のものなのだが（一九六二）、やはり漢文読み下しふうだった。それが長らく、岩波文庫版として流布していたので、たいていの法華経ファンはこれを読んできた。

それよりずっと現代語っぽいのは、レグルス文庫の『法華経現代語訳』三冊（第三文明社・一九七四）で、三枝充悳《さいぐさみつよし》さんの思いきった訳だった。ぼくはこちらでやっと法華経の大概を知った。最初は漢文読み下しにくらべると格調がないのが気になったけれど、理解は進んだ。ほぼ同時期、中央公論社の『法華経』Ⅰ・Ⅱ（松濤誠廉・長尾雅人・丹治昭義訳・一九七五）も出た。以来、その他の試みもいろいろ出たが、今度、植木さんの満を持しての徹底したサンスクリット原典からの現代語訳がいよいよお目見えしたわけだ。

むろん経典の字句を点検しようとするわけではないのだから、おおざっぱな法華経議論をするならどのテキストでもいいのだが、本書のような梵漢和対照訳を見ているとやはり何かがちがう。何がちがうかというと、字句の問題をべつにすると、熱砂の時空をいいい越えてきたという実感が湧く。

一乗妙法説く聞けば　五濁《ごじょく》我等も捨てずして
結縁《けちえん》久しく説き述べて　仏の道にぞ入れたまふ

新宿番衆町のローヤルマンション一〇階でのこと、ぼくが「聖者はオートバイに乗ってやってくる」と言ったら、ちょっと間をおいて津島秀彦が「うん、松岡さん、それなら法華経に速度を与えよう」と応《こた》えた。ついでに「釈迦とマッハをつなげたいね」とも加えた。なんと鮮烈なことをズバリと言うものかと驚いた。

一九七五年に二人で対話した『二十一世紀精神』（工作舎）の冒頭だ。ぼくは瘦《や》せぎすの三一歳。そういうふうに津島さんと出会って、もう三十年以上がたっているのだが、このときに「法華経に速度を与えよう」と言った津島さんの言葉は、その後も川辺で聞こえてきた異人の口笛のように忘れられない。いまでもときどき思い出す。今夜、好んで見出しにつけている『梁塵秘抄』法文歌や、また宮沢賢治の「月光いろのかんざしは・すなほなナモサダルマ・フンダリカ云々」の詩句のように。

そのころ津島さんは、アメリカ仕込みの生体量子力学をひっさげて大陸書房でいろいろ本を書くかたわら、「エコノミスト」誌上で何人もの新宗教の開祖や二代目との対話シリーズを連載していた。それが一段落したところで、ぼくと対話したいということになった。おかげで、津島さんのせいで風変わりな法華経ファンになった。仏教経典として読むというより、最初から高速の思想テキストとして読む。いや、ちょっと気取っていえばハイパーテキストとして読むようになった。

一方、ぼくの法華経がらみの好奇心は、そのままいったんは日蓮や宮沢賢治に、天台本覚や北一輝に向いていった。とくに日蓮である。しかし、こんなふうな法華経の読み方をするようになったのも、ひとえに〝法華経の速度〟に引っ張られたせいだったろうと憶《おも》う。

それにしても、生体量子力学と法華経を一緒に語るだなんて、そんな無謀なことを平気で言うような科学者や仏教学者は、そのころまったくいなかった。たとえば、松下真一が『法華経と原子物理学』（光文社）を書いたのは一九七九年で、その前にわずかにフリッチョフ・カプラが『タオ自然学』（工作舎）で華厳経とタオイズムと量子物理学を交差させているのがやや目立っていた程度だった。津島さんはそういう〝流行〟の先頭を走っていた。

カプラのものも松下のものも、当時のぼくにはたいへん刺激的だった。そこでぼくはカプラとはサンフランシスコ・バークレーで会うことにしたのだが（そして『タオ自然学』を工作舎で翻訳刊行することにしたのだが）、残念ながら松下さんとは出会えなかった。そのかわり、さまざまな音楽をたっぷり聞いた。

松下真一は中学校のころからバッハ、ドビュッシー、オネゲル、ストラヴィンスキーに親しみ、十二音技法のヨーゼフ・マティアス・ハウアーの思想に傾倒するような早熟者だった。数学者としては、ハンブルク大学理論物理学研究所の位相解析学の研究員だった。だからヨルダン代数にも詳しい。作曲家としては声明《しょうみょう》や和讃《わさん》に早くからとりくんで、東西本願寺・高田派・光明寺派などが真宗連合を結成したときにはオラトリオ《親鸞》を作曲し、さらに阿含経《あごんきょう》にもとづいたシンフォニー《サムガ》なども作曲していた。レコード九枚におよぶ《妙法蓮華経》という超大作もある。けれども、あまり理解されないままに一九九〇年のクリスマスに亡くなった。

津島さんも今日にいたるまで、ほとんど理解されてはいない。本格的な著書もない。そのうえあろうことか、津島さん自身がいつのまにか行方不明になった。まるで中世の禅僧や歌僧のようだけれど、そういうことをしかねない信条の持ち主でもあったように思う。そういう人って、いるものだ。十数年後、娘さんがお母さんに連れられて訪ねてきて、ぜひ松岡さんのもとで働かせたいと申し出られた。お母さんは「だってこの子にとっては松岡さんが津島の代わりなんですから」と言う。デザインが好きな娘さんだったので、しばらく手伝ってもらった。

法華経このたび弘《ひろ》めむと　仏に申せど許されず
地より出でたる菩薩達　その数六萬恒沙《ろくまんごうしゃ》なり

津島さんの「法華経に速度を与えよう」で始まったぼくの風変わりな法華経青春縁起は、その後はちょっとばかり落ち着いて、そのかわり日蓮や北一輝の影響も手伝って、だんだん質的に変化しはじめ、いつしか自分でも手に負えないほど巨《おお》きくなっていた。理由ははっきりしている。大乗仏教における「菩薩」や「菩薩行」とはいったい何かということが気になってきたからだ。

このことに関してはいまならいろいろのことが言えそうなのだが、それを今夜はとりあえず端的にいえば、法華経が演出した「地涌《じゆ》の菩薩」の満を持した覚悟の意味と、「常《じよう》不軽《ふきよう》菩薩」の不思議なキャラクタリゼーションの意図を追いかけたいということ、このことに尽きている。

地湧の菩薩は法華経の15「従地湧出品《じゅうじゆしゅっぽん》」に登場する。その名の通り、大地を割って出現した六万恒河沙《ろくまんごうがしゃ》の菩薩たちをいう。ブッダが涅槃に入ったのち、その教えが伝わりにくくなり、その信仰の本来の意図の布教が躊躇《ためら》われていたとき、待ちかねたかのように地面から出現したのが地湧の菩薩たちだった。劇的なことには、この地湧の菩薩が出現してくる瞬間、法華経全巻がここで大きく転回していくのである。

この構成演出がすばらしい。それとともに、ここに菩薩の意味が明示されていた。かれらは「知っての通りの待機者」だったのだ。

お恥ずかしいことに、ぼくは長らく仏教における菩薩とは何者なのか、何を担っている者なのかということがわからなかった。なぜ悟った如来にならないで、あえて菩薩にとどまっているのか。そこにどうして「利他行《りたぎょう》」というものが発生するのか。そこがいまひとつ得心できていなかった。こんな宗教はほかには見当たらない。菩薩はエヴァンゲリオンではない。他者に近寄っていく。凹部をもったものなのだ。

そういう謎が蟠《わだかま》っていたのだが、それを払拭《ふっしょく》したのが法華経の「地湧の菩薩」だったのである。いや、法華経における「地湧の菩薩」の巧みな登場のさせかただった。これは、法華経におけるブッダが示した鍵に対する凹《へこ》んだ鍵穴だった。

実際には菩薩（ボーディ・サットヴァ）とは、ブッダが覚醒する以前の悟りを求めつつある時期のキャラクタリゼーションをいう。法華経においては、その格別特定のブッダの鍵がカウンター・リバースして、いつのまにか菩薩一般という鍵穴になったのだ。

不軽大士《ふきょうだいし》ぞ　あはれなる
我深敬汝等《がじんきょうにょとう》と唱へつつ
打ち罵《の》り悪しき人も皆　救ひて羅漢と成しければ

一方の常不軽菩薩《じょうふきょう》のほうは、法華経20の「常不軽菩薩品」に登場する。鳩摩羅什《クマーラジーヴァ》の漢訳では「常に軽んじない菩薩」（不軽）という漢名をもっているのだが、サンスクリット原典では一見、「常に軽蔑《けいべつ》されている菩薩」とも読める。

植木さんはそこを、こう訳した。「常に軽んじないと主張して、常に軽んじていると思われ、その結果、常に軽んじられることになるが、最終的には常に軽んじられないものとなる菩薩」というふうに。うーん、なるほど、なるほど、よくわかる。ネーミングの意図を汲《く》み上げた訳になっている。そうであるのなら、この菩薩は鍵と鍵穴の関係からさらに出て、菩薩と世界の、菩薩と人々との〝抜き型〟そのものになったのだ。フォン・ユクスキュルふうにいえば、その〝抜き型〟のトーンそのものになったのだ。

常不軽菩薩がこのような、比類なくアンビバレントな名前をもっていること自体も意味深長なのだが、そのうえでこの菩薩は何をするかというと、乞食《こつじき》のような恰好《かっこう》のままで、誰だって成仏できますと言い歩く。そこがまたもっと不思議なのである。だいたい、そんな安直なことを急に言われても、誰も納得するはずがない。かえってみんなに罵《のの》しられ、石を投げられ、打たれたりする。それなのに常不軽菩薩はあいかわらず誰に対してもひたすら礼拝をする。あるいはひたすら菩薩の気持ちを述べる。それしかしない。それればかりする。

こうして常不軽菩薩のキャラクターは法華経全巻において燻《いぶ》し銀のごとくに光る。これはズバリいって「愚」なのである。あるいは「忍」なのである。いわば常不軽菩薩は「誰も知らない菩薩者」として法華経に登場してきたのだった。それゆえ、ひっくりかえしていえば、この菩薩こそ「何の説明もないすべての可能性」だったのだ。もしもドストエフスキーやトーマス・マンが常不軽菩薩のことを知っていれば、すぐに大作の中核として書きこんだはずである。そのくらい、断然に光る（なぜ日本文学はこの問題をかかえないのだろうか）。

というわけで、ぼくはいま「地湧の菩薩」と「常不軽菩薩」のあいだを行ったり来たりしているのだが、それはそれ、今夜は法華経という構造がもっている本質的な編集構成の妙義について、以下、ちょっとだけのピクニックをしてみたい。

釈迦の誓ひぞ頼もしき　我等が滅後に法華経を

常に持《たも》たむ人は皆　仏《ほとけ》に成ること難《かた》からず

世界宗教としての仏教（ブッディズム）にはいくつもの特色があるが、そのひとつにキリスト教やイスラムなどの宗教では、教典はバイブル一冊やコーラン一冊に集約されているのに、仏教が多くの経典をもっていることがあげられる。俗に「八万四千の法門」という数だ。べらぼうだ。

法華経は、そういう多種多様な経典を生み出した仏典のなかで、「万善同帰教《まんぜんどうききょう》」というふうにみなされ、「諸経の王」といわれてきた。すべてのブッディズムの教えはことごとく法華経に入っているという見方である。そう、法華経はみなされてきた。

そもそも仏教は、ブッダ亡きあとに長い時間と多くの信仰者と人士をもって複合的に組み立てられた宗教システムである。当然、経典もさまざまな編集プロセスをもって成立していった。それゆえ、のちには「万善同帰教」とみなされた法華経もその出自からすると、もとより一筋縄ではありえない。

仏典結集《けつじゅう》の試みは、ブッダ入滅の直後からオラリティ（話し言葉）をもっておこなわれていた。二〇〇年間ほどは口伝のままだったろう。ブッダが喋《しゃべ》っていたのはマガダ語というものなのだが、それがどんなものであるかは、さっぱりわかっていない。それがしだいにリテラシー（読み書き力）をともなって、紀元前二五〇年前後のアショーカ王のころの第三結集に及んだ。ここで初めてサンスクリット語とブラフミー文字（アショーカ王碑文文字）が使われた。ほかにカローシュティー文字も使われた。

このことは決定的である。記録にのこるリテラルな文書性が交わされたことは、ついついリテラシーの対立を生み、それが思索の対立にもなった。アショーカ王の時代、すでに仏教教団の内部や信仰者たちのあいだには議論や論争や対立がたえず、仏教活動は激しく分派していった。ブッダの教えを守るのか教団の規律を重視するのかという、よくあるコンプライアンス問題による対立がきっかけで、大きくは伝統遵守派の上座部《じょうざ》と時代適応派の大衆部《だいしゅ》に分かれた（＝根本分裂）。

その対立部派が紀元前一世紀ころは二〇くらいの部派になって定着して（＝枝末分裂）、いくつものアビダルマ（論書）が編集された。これを「部派仏教」（のちに小乗仏教と蔑称される）というのだが、それぞれのリテラル・ロジックはそれなりに強烈だった。ぼくも興味深く読んでいた時期がある。

ただ、そうした部派仏教はもっぱら自己解脱をめざしていて、そのようになるために自己修行をし、自己思索を深めていくことを主眼としていたので、やがてそのような態度を批判する連中が出てきた。自己意識を乗りこえようとする動きが出てきた。

これが大乗のムーブメントだ。そのムーブメントがもたらした大乗仏教のあらましは、大筋の流れを一二四九夜の『大乗とは何か』でもふれておいたので省略するが、ここに般若経から法華経をへて浄土三部経におよぶ大乗経典の執筆編集にとりくんだわけである。

けれども、この執筆編集は決して容易なことでは組み立たない。当然、それまでの部派仏教とは異なる解釈や展望がなければならないし、部派仏教の信徒やアビダルマの研究者たちだって、むろんのことブッダの教えにもとづいた熱心な者たちなのである（かれらの理想は羅漢になることだったのだ）。そういうかれらを排斥するわけにはいかない。

そこで大乗ムーブメントの推進者たちは、かれらをひとまず「声聞《しょうもん》」と呼ぶことにして、そこからさらに解脱をめざしながらも独り立ちしている者たちを「縁覚《えんがく》」として位置づけて、その二乗（声聞・縁覚のこと）をさらに開いて「利他行」に転じていった者を「菩薩」と位置づけることにした。そのようにしたうえで、法華経の編者たちは大乗以前の考え方と大乗以降の考え方を、コンセプトにおいてもリプリゼンテーションの方法においても、うまくつなぐことを試みた。

法華のまします所には　諸仏神力拝みつつ
皆これ仏の菩提場　転法輪の所なり

かくて西暦五〇年ころ、奇《く》しくもキリスト教が確立していった時期にちょうどあたるのだけれど、今日の法華経構成でいう2「方便品《ほうべんぽん》」から9「授学無学人記品《じゅがくむがくにんきほん》」までの三分の一くらいが書かれ、いったん流布していったのだ。

しかしこれだけでは、上座部から大乗への転換はまだまだうまくはたせない。折しも時代状況の変化やヒンドゥイズムとブッディズムの確執もあった。そのため西暦一〇〇年前後に、さらに10「法師品《ほっしほん》」から22「嘱累品《ぞくるいほん》」と「序品《じょほん》」が加わり（ここに15「従地湧出《じゅうじゆじゅつ》品《ほん》」や16「如来寿量品《にょらいじゅりょうぼん》」が入る）、最終的には一五〇年前後あたりで23「薬王菩薩本事品《やくおうぼさつほんじほん》」から28「普賢菩薩勧発品《ふげんぼさつかんぼつほん》」が添加編集されて、ほぼ今日の構成にできあがった。途中さまざまな書き換えも着替えもあったろう。

ざっとはこういう多様な編集プロセスがあったのだが、これらのなかでの最も重要な転換は、なんといっても「菩薩行」としての大乗思想を提案することだった。これを法華教学では「一仏乗」の思想達成というのだが、ただしその達成がおこるには、思想の提案だけではなく、その担い手の仏法的な意味をあきらかにする必要がある。

ここに登場したのが「地湧《じゆ》の菩薩」だったのである。総称して菩薩群、あるいは菩薩団、その一般化の試みだった。

これよって声聞・縁覚のブッディズム理解を「一仏乗」に向かって一挙に止揚することになった。大乗仏教以前と大乗仏教以降は、まさに菩薩行の関係的介在によってなんとかつながりそうになった。

しかしながら、それだけではまだ不具合もおこる。副作用がおこる。たとえば、なぜブッダが教えを説いたときからそのような菩薩たちは登場していないのか。なぜ声聞や縁覚は出遅れたのか（つまり自己発見プログラムの開発ばかりに向かったのか）。どうしたら自分の覚醒と他者の救済を同時にできるのか。それらについての説明はできてはいない。だからこのままでは経典中でのブッダの教えが上座部時代の説法と大乗時代の説法とで変節しているように見える。実際に変節しているのだとしても、その理由を説明できない。

それなら、どうするか。ここにおいて「ブッダの方便」という格別の編集術が披露されるのだ。あるいは「法華の七喩」（法華経には有名な七つの譬喩《ひゆ》が用いられている）といわれる数々のメタファーが駆使された。こうして、ここからが法華経編集独特のアブダクティブ・アプローチになっていく。

　空より花降り地は動き　仏の光は世を照らし
　弥勒文殊は問ひ答へ　法華を説くとぞ予《かね》て知る

よく知られているように、法華経にはいろいろのレトリックがある。メタファーがある。それを総じて「方便《ほうべん》」という。現在の日本人には方便は「嘘も方便」というようにあまりいい言葉と映っていないようだけれど、ぼくはそれを編集思想のたいへんよくできたラディカルきわまりない概念工事だと思っている。

そもそも方便のない思想なんてありえない。古代このかたアナロジーのない編集はなく、メタファーのない表現はない。法華経はそこを存分に活用した。なかでも方便活用の最大の編集思想の妙は、ブッダの歴史性と永遠性とをどのように関係づけて説明するかというところにあらわれた。

ブッダの教えが永遠なものだと伝えるために、人手をつかい時間を費やして法華経が書かれたのは当然である。ただし、その生身《なまみ》のブッダ自身には永遠性はない。ブッダは八十歳前後で死んだのだ。だからこそ信徒もふえたのである。一方、壮年期にたどりついたブッダの悟りはまさしく成仏・成道であるのだから（これを疑ったら何も始まらない）、そこには「仏としての永遠」もあるはずである。では、この、いささか接ぎ木のようになっている二つのことを、うまくつなげて説明するにはどうするか。

そこで、ブッダが菩提樹のもとで成仏したというのは方便であって、ほんとうのことをいえばブッダはずっと昔の久遠《くおん》のときに成仏していたのだというふうに、法華経は後半部に進むにしたがって説き方を変えるようにした。

衆生《しゅじょう》を救済するために、私（＝ブッダ）はいったん涅槃に入る姿を示すけれど、実は実態としての涅槃に入るのではありません。それが証拠に、この法華経をいま説いているリアルワールドの霊鷲山《りょうじゅせん》にあって（法華経の序品はこの霊鷲山でブッダが説法をしている場面で始まっている）、ほれ、ブッダはいまもなおこのように説教しつづけているのですよ、というふうにした。

これは驚くべき解釈視点の転換だ。いわば〝意図のカーソル〟とでもいうものを大きく動かした。法華経は文脈が進むにつれて、説得のコンテンツが相転移をおこすようになったのだ。それを法華経は、15「従地湧出品《じゅうじゆじゅっぽん》」に続く16「如来寿量品《にょらいじゅりょうぼん》」のところで説明してみせるのである。しかも、その方便活用のメソドロジカルな下地は、2「方便《ほうべん》品《ぼん》」や3「譬喩品《ひゆぼん》」でちゃんと用意されていた。かくしてここに、「久遠仏」としてのブッダの存在学が確立していくことになる。

三身仏性　珠《たま》はあれど　生死《しょうじ》の塵《ちり》にぞ汚れたる
六根清浄《ろっこんしょうじょう》得てのちぞ　ほのかに光は照らしける

いささか教学的な用語をつかうけれど、歴史上のブッダのことを生身《しょうじん》という。これに対して永遠のブッダは「法身《ほっしん》」である。しかし、ブッダは生存中に成仏・成道し、偉大な智慧を獲得した者でもあったのだから、その、至高の智慧となったブッダという覚醒の内容は生身でも法身でもない。これを「報身」という。

だったら、生身でなくなったブッダとは何者か。たしかに死んで涅槃に入ったようだった。けれどもそれは、たんなる死ではないはずだ。悟ったまま涅槃に入ったからである。そこで、そのブッダを「応身」というふうにする。

そうすると、生身としてのブッダは法身・報身・応身の三身にわたって過去・現在・未来をまたぐ時空を変化していたということになり、そのように変化するためには、もともとそのような変化を見せる永遠性がすでにどこかで準備されていたのだろうということになる。このように、法華経はブッダに編集的相転移がおこるようにしていったのだ。それで、どうなったのか。「久遠仏としてのブッダ」という、フィクショナルではあるけれど、しかしとんでもないアクチュアリティをともなって巨変しつづける偉大なブッダ像を示現させた。

こんなアクロバティックな説明はすぐには納得できないだろうとも予想された。実際にも、この説明を聞いていた者たちはなんとなく疑問をもった。想定される疑問は、こうだ。釈尊が菩提樹のもとで悟りを開いてから教えを広めて、そこから数えて四十年程度にしかならないのに、どうして久遠の昔から教えを説けるということになるのでしょうか。

そこで当のブッダがいよいよその意味を証《あか》していくというのが、法華経の後段になったわけである。「従地湧出品」とそれに続く「如来寿量品」は、そのブッダ存在学の核心部にあてられる。法華経はみごとに前半部と後半部を並列処理できるように構成されて、いよいよ大乗仏典の「万善同帰教《まんぜんどうき》」として君臨することになったのである。

法華経八巻《やまき》は一部なり　拡げて見たればあな尊《とうと》　文字ごとに
序品第一より　受学無学作礼而去《じゅがくむがくさらいにこ》に至るまで
読む人聴く者皆仏《みなほとけ》

法華経は二八品で構成されている。品は「ほん」と読む。ただし二八品であることにはそれほどの意味がない。あれこれ書き換えや着替えをして入念に仕上げてみたらこうなったというものだ。

次のようになっている。ふつうは「序品第一」「方便品第二」「薬草喩品第五」というふうに示すのが日本の仏教学の慣習になってはいるが、すでにそうしてきたように、わかりやすく算用数字をあてた。

1「序品」、2「方便品」、3「譬喩品」、4「信解《しんげ》品」、5「薬草喩品」、6「授記《じゅき》品」、7「化城喩《けじょうゆ》品」、8「五百弟子受記《ごひゃくでしじゅき》品」、9「授学無学人記品」、10「法師品」、11「見宝《けんほう》塔《とう》品」、12「提婆達多品」、13「勧持《かんじ》品」、14「安楽行《あんらくぎょう》品」、15「従地湧出品」、16「如来寿量品」、17「分別功徳《ふんべつくどく》品」、18「随喜功徳《ずいきくどく》品」、19「法師功徳品」、20「常不軽《じょうふきょう》菩薩品」、21「如来神力《じんりき》品」、22「嘱累《ぞくるい》品」、23「薬王菩薩本事品」、24「妙音菩薩品」、25「観世音菩薩普門品」、26「陀羅尼品《だらにほん》」、27「妙荘厳王本事品《みょうしょうごんのうほんじ》」、28「普賢菩薩勧発品《かんぼっ》」。

この構成が大きくは前半と後半に巧みに分かれるのである。前半の1〜14品までを「迹門《しゃくもん》」、後半の15「従地湧出品」からを「本門《ほんもん》」とした。ここに法華経の最も特徴的な構造があらわれる。

そのほかいろいろ複雑なタグがついているけれど、いまはこれらの区分けは無視しておかれたい。大事なことは全体が15「従地湧出品」のところで劇的に分かれるようになっているということだ。そのため16「如来寿量品」からが後半の本論になる。ブッダ存在学になる。

こうすることによって、前半の迹門で説いたブッダは歴史的現実のブッダだが、後半の本門のブッダは理念的永遠のブッダだというふうになった。そこがまことにうまくできている。これがもし詭弁《きべん》的構成でないのなら、まさに超並列処理というものだ。

ぼくはこの絶妙を知ったときには、感嘆した。キリスト教がマリアの処女懐胎《かいたい》やイエスの復活を説いたことには、たとえその後の三位一体論などの理論形成がいかに精緻《せいち》であろうと、どうにも釈然としないところがのこるのだが、このブッダの歴史性と永遠性を〝意図のカーソル〟によって跨《また》いだところには、それをはるかに凌《しの》ぐものがある。なにより、語り手のブッダが聞き手の菩薩たちにこのことを自身で説いているというドラマトゥルギーとしての根性がいい。

いったい誰にこういう文巻テキスト編集作業ができたのか。もはやその当初の担い手の名はのこらないけれど、おそらくは当初の文巻というものが下敷きになって、そこに多くの「加上」と「充填《じゅうてん》」が重なっていったにちがいない。

仏は霊山浄土にて　浄土も変へず身も変へず
始めも遠く終はりなし　されども皆これ法華なり

こうして、菩薩行の本来とブッダの永遠の性格を説明する後半は「本門」に集中させることができ、それにあたって使われる方便は前半部の「迹門」でも存分にアイドリングしておけるようになったわけである。その前半のアイドリングを示す恰好なところはいくつもあるので、ひとつ、ふたつを示しておきたい。

4「信解品」に、仏弟子たちが〝あること〟を告白している注目すべき一節がある。仏弟子たちが、私たちは世尊が説いた教理をすべて「空・無相・無願」というふうにあらわしてきたが、私たちは耄碌《もうろく》したのかもしれません。そう言っている一節だ。

この仏弟子たちというのは上座部の教徒たちである。「空・無相・無願」というのは、悟りにいたる三つの門のことを、すなわち「三解脱門」をさす。三つの門はのちに寺院の「三門」（山門）に擬せられたものでもあるが、無限定・無形相・無作為にいたることをいう。ところが、これを私たちはどうやら虚無的に理解した。だから耄碌したのかもしれないなどと自分たちのことをニヒルに語った（法華経の編者がわざとそう語らせた）。〃あることゝの告白とはこのことだ。

そこでブッダは有名な「長者窮子《ちようじやぐうじ》の喩《たと》え」をもって、窮子たる小乗的ニヒリズムの徒たちの迷妄を解き、大乗の可能性をひらく。子供のときに家出をした息子（窮子）を見つけた富豪（長者）の父が、最初は便所掃除をやらせ、ついで経営の手伝いをさせ、子の成長を見て資産管理を委《ゆだ》ねて、臨終の床で自分の子であることを明らかにして一切の財産を与えたという話をしてみせたのだった。この一節は、そのようなメタファーによる小乗から大乗への転換を示している。

法華経の編者たちは、ブッダの教えが声聞・縁覚にとどまる上座部教徒（部派仏教徒）によって曲解されていることをもって、これを新たな展開の契機にもっていきたかったのである。ただしその説明はすこぶるメタフォリカルだった。そのことが４「信解品」の書きっぷりに浸《し》み出したのだ。

２「方便品」には、舎利弗が三回にわたってブッダに説法を願う場面がある。それに応じてブッダは説法を始めようとするのだが（三止三請）、そのときちょっと意外な場面になっていく。五〇〇〇人の出家者・在家者がその場から一斉に立ち去ってしまったのだ。

これから始まる法華経的説法を聞こうとしない。みんな、いなくなった。いったい「五〇〇〇人の退席」(五千起去)とは何なのか。最高のブッダの説法が聞けるというのに、どうしてそんなことがおこるのか。

大乗仏教の真髄に向かえそうもない連中の、その増上慢《ぞうじょうまん》をあらかじめ戒めたからだというのがフツーの解釈だ。しかしもう少し深読みすると、法華経を侮ってはいけない、わかったつもりで聞くのなら、文脈から去りなさい。編者たちはそう言っておきたかったのだ。それにしてもわざわざ五〇〇〇人もの退席を見せておくというのは、なんとも大胆な演出だった。

法華経にはこういうふうに、「引き算」を入れた文脈が少なくない。そのうえで「足し算」をする。引けばどうなるかというと、アタマの中に空席ができる。そこへ新たなイメージの束を入れるのだ。そういうことを随所で巧みにやっている。イメージの束だから、ついついメタフォリカルになるけれども、それを怠らない。これは法華経に一貫した際立つ特徴なのである。

それゆえ、ここは肝腎《かんじん》なところになるのだが、完成した法華経を読みこんでみると、方便や比喩《ひゆ》はたんなるレトリックではなかったことがしだいにわかってくる。方便やレトリックによって聞き手に空席や空隙をつくり、そこに新しい文脈の余地を立ち上げること、それこそが法華経にひそむ根底の方法の思想だとも言えたのである。

だからこそ法華経は前半部でこそ声聞と縁覚のための「二乗作仏《にじようさぶつ》」を説くのだが、後半部では「久遠実成《くおんじつじよう》」を説いて、これをメビウスの輪のごとくに統合してみせた。

釈迦の御法《みのり》は唯一つ　一味の雨にぞ似たりける
三草二木は品々に　花咲き実なるぞあはれなる

さてまとめていえば、法華経の外観はよくよくできた物語だった。覚醒ドラマ仕立てのスペースオペラだ。場面も巧みに移っていくし、登場人物も多い。だからまさに物語になっているのだが、そこには別々にできあがったエピソードやプロットをできるかぎり一貫したスクリプトのなかに収めようとしているのが、よく見える。つまり編集の苦労のアトがよく見える。

そのことを説明するには、ここで1「序品」↓2「方便品」↓3「譬喩品」というふうに、一品ずつの内容をかいつまむべきだろうけれど、今夜はよくある法華経入門書のようにそれを踏襲することはやめておく。そのかわり、最も構成が絶妙なところだけをあらためて指摘する。

法華経には昔から好んで「一品二半《いつぽんにはん》」といわれてきた特別な蝶番《ちようつがい》がはたらいている。15「従地湧出品」の後半部分から16「如来寿量品」と17「分別功徳品」の前半部分までをひとくくりにして、あえて「一品二半」とみなすのだ。その蝶番によって、前半の「迹門」と後半の「本門」が屏風《びょうぶ》合わせのようになっていく。そのきっかけが、これまで述べてきた大勢の「地湧の菩薩」たちの出現だった。

つまりこの「一品二半」の蝶番には、前半の「二乗作仏」の説明を後半の「菩薩行」の勧めに切り替えるデバイスがひそんでいたわけである。そのため、ここで自力と他力《たりき》が重なっていく。現実的な迹仏《しゃくぶつ》と理想的な本仏《ほんぶつ》が重なっていく。その重なりをおこす蝶番が、ここに姿をあらわすわけなのである。地湧の菩薩はそのためのバウンダリー・コンディション（境界条件）だった。

蝶番のような機能のことを法華経学では「開近顕遠《かいごんけんのん》」、「開迹顕本《かいしゃくけんぽん》」、「開権顕実《かいごんけんじつ》」などという。近くを開いて遠きを顕《あら》わし、形になった迹仏から見えない本仏を見通し、方便とおぼしい例の教えから真実の教えを導く、ということだ。

法華経はなんとも用意周到に編集構成されていた経典だったのである。ハイパーテキストだったのだ。なぜそうなったかといえば、理由は明白だ。そもそも大乗仏教のムーブメントは西暦前後に萌芽《ほうが》したものだけれど、法華経はまさにそのムーブメントの渦中においてそのコンストラクションを編集的に体現したからだ。

それをあらためて思想的に一言でいえば、次のようになろう。ブッダが空じた「空」というものを、ブッダが示した世界との相互関係である「縁起」としてどのようにうけとめるか、それを法華経が登場させた菩薩行によって説明しなければならなかったからである、と。

我が身ひとつは界《さか》ひつつ　十方界には形《かたち》分け
衆生《しゅじょう》あまねく導きて　浄光園には帰りたし

ふりかえってみると、ブッダはバラモンの哲学や修行の批判から出発していた。宇宙の最上原理であるブラフマン（梵）と内在原理であるアートマン（我）への帰入と同化を解いたバラモンに疑問をもち、自身のありのままをもって世界を見ることを考えた。道は険しかったけれど、ブッダは覚悟してバラモン社会から離れていった。

覚悟したブッダが気がついたことは、世界を「一切皆苦」とみなすことだった。それによって、人間が覚醒に向かってめざすべきものは「諸行無常」の実感であって、「諸法無我」の確認であり、そのうえで「涅槃寂静」という境地になることだろうと予想した。これはむろんたやすいことではない。ブッダはみごとに悟りをひらいたけれど、その精神と方法がそのまま継承できるとはかぎらない。継承者がいなくて縮退することは少なくない。そういう宗教なんて歴史上にはゴマンとあった。

そこで、ブッダが説いた方法をもっと深く検討し、どのように継承すればいいかということが議論され、そうとうに深く研究された。その方法が「縁起」によって相互の現象を関係させつつ、それらを次々に空じていくという「空」の方法だった。

「空」や「縁起」がどういう意味をもっているかは、ここに話しだすとさすがにキリがないので、八四六夜にとりあげた立川武蔵『空の思想史』などを見てもらうこととして、しかし、ここでブッダ継承者たちのあいだで予想外の難問が生じてしまったことについて、一言加えておく。「空」と「縁起」を観じるにあたって、当時の多くの信仰者たちはついつい自分の覚醒ばかりにそれをあてはめていったのだ。

それはあとからみれば、それこそが声聞・縁覚の二乗の限界だったのだが、しかしこれを切り捨てることなく、二乗作仏の試みをして、さらに菩薩行をもってその流れに投じさせるには、ひとまずは声聞・縁覚に菩薩を加えた三乗のスキームによって、これを大乗に乗せていかなくてはならない。当初の大乗ムーブメントは、その難関にさしかかったのである。その「2＋1」を進めるには、どうすればいいのか。三乗を方便としつつ、これを一乗化していく文脈こそが必要とされたのだ。

これを法華教学では「三乗方便・一乗真実」の教判という。声聞乗・縁覚乗・菩薩乗の三乗もろとも一仏乗にしていこうというスキームだ。「2＋1＝10」という方法だ。

さて、ところで、こういう言い方をするのは、なんとなく気がついただろうけれど、インド的な見方というより、実のところは中国仏教が得意とするハイパーロジカルな表現力なのである。これまで述べてきた迹門と本門という分け方も、中国法華教学によっている。天台智顗《ちぎ》の命名だった。中国仏教はこういう議論が大好きだったのである。その話をしておきたい。

古童子《いにしえどうじ》の戯れに　砂《いさご》を塔となしけるも
仏に成ると説く経を　皆人《みなひと》　持《たも》ちて縁結べ

法華経は西暦紀元前後にインド西北で成立したサンスクリット語原本ののち、やがて昼は灼熱《しゃくねつ》、夜は厳寒の砂漠や埃《ほこり》まみれのシルクロードをへて、ホータンやクチャ（亀茲《きじ》）に、そして長安に届いた。ここで法華経が漢訳されると、これに中国的解釈が徹底して加えられ、東アジア社会の法華信仰の場に向かって大きく変貌《へんぼう》していった。

法華経の漢訳にとりくんだ鳩摩羅什《クマーラジーヴァ》は、三四四年にクチャに生まれた。父親はインド出身の高貴な出家者で、母親はクチャの国王の妹だった。幼少期から仏法の重要性を教えられて育った鳩摩羅什は、やがて自身でもカシュガルに出向いて上座部仏教を修め、さらにはサンスクリット本の初期大乗経典を読むようになった。

その名声に関心をもったクチャ王の白純は鳩摩羅什をあらためて国に迎えることにした。ところがそのころ関中にあって勢力を張り出していた前秦の苻堅《ふけん》が羅什の名声を利用してクチャを攻略することを思いつく。かくて苻堅が派遣した呂光《りょこう》は西域諸国を攻めてクチャ王を殺害、羅什を捕虜とした。このあたり、けっこう血腥《ちなまぐさ》い（もともと宗教は血腥い）。それから十七年間、羅什は涼州に停住させられる。しかし涼州を姚興《ようこう》が平定すると、姚興は羅什を国師として長安に招くことにした。

ここから鳩摩羅什が逍遥園のなかの西明閣や長安大寺で、数々の仏教経典の漢訳にとりくむというふうになる。その質量、三五部二九四巻におよんだといわれるが、なかでも腕をふるったのが、先行していた竺法護の『正法華経』を一変させる『妙法蓮華経』だったのだ。鳩摩羅什はほかにも『阿弥陀経』『維摩経』『中論』『十二門論』『大智度論』などを漢訳した。廬山《ろざん》の慧遠《えおん》と交わした往復書簡集『大乗大義章』も興味深い。

姚興が羅什の出奔をおそれて美女十人をあてがったというのは有名な話だが、羅什のほうもそれを拒むこともなく悠然と美女と遊んで暮らしたというのだから、なるほど仏典翻訳編集の難行と愉悦とはこういうものでもあるかと思わせる。

この鳩摩羅什の法華経が一挙に広まると、弟子の道生《どうしょう》はさっそく注釈書をあらわし、それを法雲がうけつぎ、さらに隋の天台智顗が徹底的に分析を始めた。『法華文句《もんぐ》』『法華玄義』『摩訶止観』などが著述され（これを天台三大部という）、漢訳法華経にひそむ迹門・本門の構造がこれらの作業を通して見いだされていった。

智顗はそのうえ、かなりハイパーロジカルな思索をもって、法華経こそが大乗仏教最高の経典であるとのお墨付きを与えた。こうして中国法華教学が起爆した。ちなみに三十代のころのぼくは工作舎で「遊」を編集しているあいだじゅうずっと、親しいスタッフには『摩訶止観』を読むように勧めつづけたものだった。

仏に華香奉り　堂塔建つるも尊しや
これに優れてめでたきは　法華経もてる人ぞかし

中国仏教における法華経解釈には、当然ながらいくつかの大きな特色がある。そもそも鳩摩羅什の長安における漢訳がナショナル・プロジェクトであったことにあらわれているように、中国においては仏法は王法に匹敵できたのである。ただし、そこには儒教やタオイズムとの優勝劣敗が必ずともなった。

また、中国では最初から大乗仏教が優先された。インド仏教のような部派仏教との争いをする必要がなかったからだ。そのためかえって、大乗仏教の中の何が最も優秀なのかという議論が途絶えなかった。華厳経・法華経・維摩経・涅槃経はつねに判定をうけつづけたのだ。それを「教相判釈《きょうそうはんじゃく》」というのだが、たとえばさきほど述べた「三乗方便・一乗真実」という見方は、たちまち「三乗真実・一乗方便」というふうに逆転もされたのである。

こういう面倒な議論は朝鮮半島にも日本にも流れこんできた。

知られるように、日本の法華経信仰はまず聖徳太子に始まっている。その『法華義《ほっけぎ》疏《しょ》』は法雲の注釈からの引用が多い。ついで最澄による『法華秀句』が出て、さかんに法華八講や法華十講がおこなわれるようになると、ここに日本独特の法華美学のようなものが立ちあらわれてきた。

法華経を紺紙に金泥《きんでい》で写す装飾経、法華経の一文字ずつを蓮弁に書く蓮台《れんだい》経、扇面に法華経を綴る扇面法華経、清盛が厳島神社に奉納した平家納経、道長の大和金峯山《きんぷせん》でのものが有名な埋経《まいきょう》など、まさに法華経はまたたくまに人心と官能をとらえていった。

そこに、法華経を歌謡に転じる釈教歌《しゃっきょうか》や、今夜は引用見出しにおいてみた『梁塵秘抄』の法文歌《ほうもんか》や、法華二十八品歌なども加わって、公家《くげ》も女房も武門さえ、ひとしく法華経賛歌に酔ったのだ。日本の法華経はずいぶん官能的であり、また美の対象とされたのだ。このことについては、近世の狩野派や等伯や光悦や宗達らのトップアーティストの多くが法華衆であったことなどとともに、いずれ論じたい。

しかし、こうした和風の法華経感覚ともいうべきに、突如として雷鳴のような一閃《いっせん》を食らわし、独自の法華経思想を旋風のごとく確立していった法華経行者があらわれた。藤末鎌初《けんしょ》に登場してきた日蓮である。日蓮についてはいつか『開目抄』か『立正安国論』かをとりあげて千夜千冊したいけれど、ここではとりあえず一言だけふれておく。

ともかく凄《すご》い。その不惜身命《ふしやくしんみよう》の行動をいっさい除いても、こんな法華経の見方をした者はインドはむろん、中国仏教者にもいなかった。そもそも「南無妙法蓮華経」という題目を設定したことが、インドにも中国にもない。また法華経そのものとその菩薩行において仏法を統一するという構想に徹したのみならず、日本という国家を法華経によって安国できると見たのも、凄かった。とくに10「法師品」から22「嘱累品」あたりをつぶさに検証して、そこに殉教・殉難の精神の系譜を見いだしたことは、すこぶる独創的だった。

日蓮の孫弟子の日像、舌を切られ灼熱の鍋《なべ》をかぶらされた日親、不受不施《ふじゆふせ》派に徹して対馬に流された日奥、さらには明治近代の田中智学や内村鑑三や北一輝や石原莞爾におよぶ流れにも、日蓮の法華経世界観の投影を議論すべきであるけれど、今夜はそこまで足をのばさないことにする。

達多五逆の悪人と　名には負へども実《まこと》には
釈迦の法華経習ひける　阿私仙人《あしせんにん》　これぞかし

こんなところで、今夜の法華経談義を仕舞いたい。なんだか何も説明できなかったように思うけれど、まあ、しかたない。キリなく書きたいことばかりが押し寄せて、これでも書き換えたり、削除したりするのが精一杯だった。

そこで最後にちょっとばかり12「提婆《だいば》達多《だった》品《ほん》」のことを、付言する。そういう気分になってきたからだ。

法華経は11「見宝塔品」で、法華経の弘《ぐ》通《ずう》（仏教の教えが広まること）に力を尽くす者がどんなにすばらしい功徳を得られるかということを説くのだが、第12品では、その弘通を阻もうとする提婆達多《デーヴァダッタ》をさえ、悪人成仏の可能性をもっていることにつなげてみせる。

話の顛末《てんまつ》は、こうである。ある国の国王がその国の人々を救いたいと考えた。しかしそのためには法を求めなければならない。それには国王の座を捨てたほうがいい。けれども、その法をどこで学べばいいか。もしそのようなことを教えてくれる者がいるのなら、自分はその召使いになってもいいと考えた。そのとき阿私仙人という男がやってきて、自分は法をよく知っていると言うので、国王はよろこんで仙人の身のまわりの世話をした。いくら仕えても飽きることがない。なぜなら、それが法を会得するためだったからだ。

と、いうところでブッダが、この話の裏を言う。国王とは実は自分のことなのだと明かす。そして、その仙人とは提婆達多であったとも明かす。もともと提婆達多はブッダの従兄弟《いとこ》にあたっていて、その弟が多聞第一といわれた阿《あ》難《なん》であった。これでも見当がつくかもしれないが、ブッダと提婆達多は若いころからのライバルだった。ブッダはヤショーダラーを妃《きさき》に迎えたが、提婆達多もヤショーダラーに思いを寄せていた。のみならずブッダがやっと原始教団をつくろうとしていたときに反旗を翻した。しかるにブッダは提婆達多の成仏の可能性を説いた。

だいたいはこういう話が前半にあり、ついで後半に八歳の龍女にも成仏の可能性があるというふうになっていく。

当時、女性は垢穢《くえ》のために法器にあらず、成仏を志す器ではないと言われていた。この第12品でも舎利弗が龍女に向かって、おまえはとうていそんな資格がないと言う。しかし龍女が黙って身につけていた宝珠をブッダにさしあげると、たちまち龍女は男子に変成した。有名な「変成男子《へんじょうなんし》」だ（『17歳のための世界と日本の見方』参照）。

この、二つの奇妙な挿話で「提婆達多品」はできているのだが、さて、この章が鳩摩羅什の『妙法蓮華経』ではバッサリ落とされている。サンスクリット原本では前章の「見宝塔品」に入っていて、竺法護の『正法華経』もそうなっているのだが、鳩摩羅什はこれを消した。なぜなのか。仏教界では、その理由がいまなお取り沙汰《ざた》されている。ここは〝法華経の謎〟とも、また悪人成仏と女人成仏を説いたということで、〝大乗仏教そのものの謎〟ともされてきたところなのである。

付け加えておく気になったのは、このことだった。おそらく法華経はシルクロードを渡っているうちに変化したのだ。それとともにブッダの直覚的な判断や行為が柔らかく解釈され、漢訳経文の中で独自の編集化がすすんだのだろう。提婆達多と変成男子の話は、キレやすい二一世紀少年やトランスジェンダー作品に慣れ親しんだ二一世紀の男女に法華経を語るには、かえって入りやすい仕立てになっているかもしれなかったのである。

第一三〇〇夜　二〇〇九年五月二七日

参照千夜

六〇〇夜：シェイクスピア『リア王』　九七〇夜：ゲーテ『ヴィルヘルム・マイスター』　一二四九夜：三枝充悳『大乗とは何か』　一一五四夜：『梁塵秘抄』　九〇〇夜：宮沢賢治『銀河鉄道の夜』　九四二夜：北一輝『日本改造法案大綱』　一五二三夜：ポール・デュ＝ブーシェ『バッハ』　七三五夜：フォン・ユクスキュル『生物から見た世界』　九五〇夜：ドストエフスキー『カラマーゾフの兄弟』　三一六夜：トーマス・マン『魔の山』　八四六夜：立川武蔵『空の思想史』　二五〇夜：内村鑑三『代表的日本人』　一四二九夜：横超慧日・諏訪義純『羅什』

「休と相」「主と伴」「総と別」とが互いに容れあって、融通無礙の華厳世界の絶妙をつくりあげていく。

鎌田茂雄

華厳の思想

講談社　一九八二　講談社学術文庫　一九八八

千夜千冊も一七〇〇夜になった。少なくもないが、多くもない。第一夜を中谷宇吉郎の『雪』で始めたのが二〇〇〇年冬の二月二三日の寒い夜だったから、今夜で二十年目の踊り場にやっと達したことになる。一夜に付き、平均五〜十冊ほどの本を紹介していたから、冊数にすると一五〇〇〇冊くらいになったろうか。これも少なくはないが、多くもない。

どんなふうに綴ってきたかというと、一〇〇〇夜以降は少しペースを落としながら、「放埒篇《ほうらつ》」として一一四四夜の柳田国男までを一区切りにした。そこから日浦勇さんの『海をわたる蝶』を嚆矢《こうし》に「遊蕩篇《ゆうとう》」として書き継いだ。計画や予定表を用意したことはない。サドとニーチェはほしいよな、やっぱり平塚らいてうや大島弓子や岡崎京子は欠かせない、ようやっと心敬、一斎、湖南を書けた、ああ源氏物語やアリスを入れなくちゃ、バルザックやコーネルがまだだったな、そんなふうに一夜ずつ通過してきただけだ。途中、三・一一の東日本大震災がおこって、翌日から六一冊にわたって「番外篇」を入れた。ともかく右往左往なのである。

　それでも、後期高齢者（!）になった今年の冬で二十年目一七〇〇夜になったというのは、一三〇〇夜の『法華経』、一四〇〇夜の『アラビアン・ナイト』、一五〇〇夜の『柿本人麻呂』歌集を通り過ぎたときにくらべると、少しばかり感慨深い。期せず、平成の終焉《しゅうえん》にも重なった。

　そんなこんなで、一七〇〇夜は何の本を選ぼうかなと思っていたのだが、しばらく前から華厳に関する一冊をとりあげようと決めていた。すでに六八一夜で『華厳経』をとりあげたのだけれど、これは韓国の高銀《コ・ウン》が善財童子による「入法界品《にゅうほっかいぼん》」を下敷きにして書き上げた小説だった。今夜は鎌田茂雄さんの『華厳の思想』にした。華厳全般の特色に及んでみたいのである。

　鎌田さんは中国仏教の専門家で、ぼくはずいぶん影響も受けたし、指南もうけた。ぼくの華厳理解はほぼ鎌田さんの導線と回路によるものだ。

　ちょっとしたウォーミングアップから始めるが、「華厳《けごん》」という不思議な響きの言葉はむろん漢語である。サンスクリット語では「ガンダ・ヴューハ」(Ganda-Vyuha) という。ガンダはたくさんの咲き乱れる華々のことを、ヴューハはそれらを思い切って飾り付けることをさす。

この思いをまとめて中国では「雑華荘厳《ぞうけしょうごん》」とか「雑華厳飾《ぞうけごんじき》」と言ってきた。「華厳」はこの四文字熟語を二字に縮めたものだ。咲き誇る多様な華々を荘厳することで「諸節における示現」をあらわした。華厳宗を大成した唐の法蔵に『探玄記』(華厳経探玄記) という、ぼくが夢中になった著作があるのだが (今夜は何度も覗くことになるが)、そこに「仏とはすなわち、果、円《まどか》にして覚、満ずるを言い、華とき万行を開敷するに譬《たと》え、厳とはこの本体を飾るに喩う」とある。

ようするに多様性と複雑性を孕《はら》んだ仏教思想を飾りつけた極致が華厳だということなのである。

飾りつけた世界は「蓮華蔵世界」と言った。今日風にいえば「華厳ネットワーク世界」だ。この多様性と複雑性に充《み》ちたネットワークは生物学や物理学が言うように何かが分岐していって複合的なネットワークになったのではない。そのネットワークをつくる結び目の雑華の「宝果」や「つぼみ」のひとつひとつが相互に照応しあって複雑多様なのだ。複雑多様の部品が互いにつながりうるのである。

かくて華厳といえば「相即相入」や「相依相関」ということになる。互いが互いに入りあう。それぞれが映しあって、融通しあう。縁起（密接な関係力）がめくれあい、重なっていく。だから華厳世界の特色を「一即一切、一切一即」とも「一入一切、一切一入」などとも言ってきた。

こういう思想はヨーロッパの哲学や科学には、まず見られない。ホロニック（部分と全体の調和）とも言えるけれど、そうだとするとかなりハイパーホロニックだし、複雑系の開示とも言えるけれど、そこにアトラクター（引きつけるもの）や特異点があるわけではない。ホロニックであるとすれば、それは如来のあらわれのせいで、アトラクターや特異点があるとしても、それらは信仰のスキルが生み出すものなのである。

あらかじめ言っておくと、華厳学ではそんなふうになっていくことを「円教《えんぎょう》に入る」という。入るとどうなるか。「体」と「相」とが入りあい容《い》れあって、「主」と「伴」とが隔てをなくし、多重にネットワークされた結節点（つぼみ）のすべてが円融で無礙《むげ》になる。そうなることが円教（完全なる教え）なのである。まことに香《かん》ばしく、まったく屈託がない。

だから華厳は、一言でいえば融通無礙の教えなのである。「礙」（碍）というのは「さまたげ」や「傷」や「邪魔」のことだから、華厳の世界観で円教無礙になるとは、妨げる礙《きず》が互いになくなっていくことをいう。相互に柔らかく交じりあっていくことが円《まどか》な融通で、無礙なのである。いっさいの思考のモジュールをいったん自在に攪拌《かくはん》し、それぞれを微塵《みじん》のようにも、噴霧のようにもしておいて、そこから世界を感得するという大胆な方法だ。

華厳は思考のモジュールを動かしていくので、たくさんの思考言語を使いまくる。その言語（概念）自体もダイナミックに相即相入をくりかえす。

さきほどぼくが夢中になったと言った法蔵の『探玄記』に、華厳の円教の第一歩に入るというのは「総別・同異・成壊《じようえ》」の三対が六相を見せながら隔てをなくして融《と》け合っていくようなものなのだという説明がある。「華厳六相」とか「六相円融義」とよばれてきた有名なものだ。

華厳六相についてはあとでもう一度説明するけれど、「総別・同異・成壊」の三対というのは「総＝別、同＝異、成＝壊」のことをいう。「総じるか、別するか」「同じくするか、異なるとみなすか」「成していくか、壊していくか」、そこを問う。問うのだけれど、総か別か、同か異か、成か壊かを選ぶのではない。選ばない。放ってもおかない。それぞれを表裏一体に見て、その表裏ごと入ったり出たりさせる。そうなるように考え方を動かすのである。ヨーロッパ思想的にいえば、両義的に捉《とら》えるということなのだが、実は捉えるのではなく、そういうふうに仕向けていくわけだ。

華厳はそういう相互相似的な世界観をあらわすために、「総別・同異・成壊」を組み合わせる宗教言語を使いつづけた。一読、まるで得体の知れない共鳴言語によるカレイドスコープのように感じるかもしれないが、それこそが華厳独特のポリフォニックな円融無礙の円教のあらわし方というものだった。そういう柔軟きわまりないハイパーシステムの円教が、如来をめぐる心身を自由に出入りするのが華厳観なのだ。

このように華厳では、言葉づかいの上でも「相即相入＝相依相関」の柔構造みたいなものをやたらに重視する。法蔵や澄観《ちょうかん》が解義《げぎ》してみせた華厳学を読むと（法蔵は華厳宗の第三祖、澄観は第四祖）、似たような用語がたえず接合と重合をくりかえして乱舞しているのがよくわかる。華厳になじむにはこの言葉づかいの雑華に分け入る必要がある。煩雑そうで微妙な文字づかいにもピンとくる必要がある。ぼくはそういうところに惚《ほ》れたのだった。想定しうるかぎりの総合編集の極みに思えたのだ。

ここで、驚くべき一枚の図をお目にかけたい。華厳の字図（文字ダイアグラム）である。「華厳一乗法界《ほっかい》図」という図印だ。一枚の紙に総計二一〇文字の漢字をタテヨコにきっちり並べてマトリックスにしたもので、華厳思想を自在に辿《たど》れるようにした。見ているだけで、溜息《ためいき》が出る。

よく見ると、同じ文字がいくつも登場し、かつタテ・ヨコの連携が厳密に選択されて

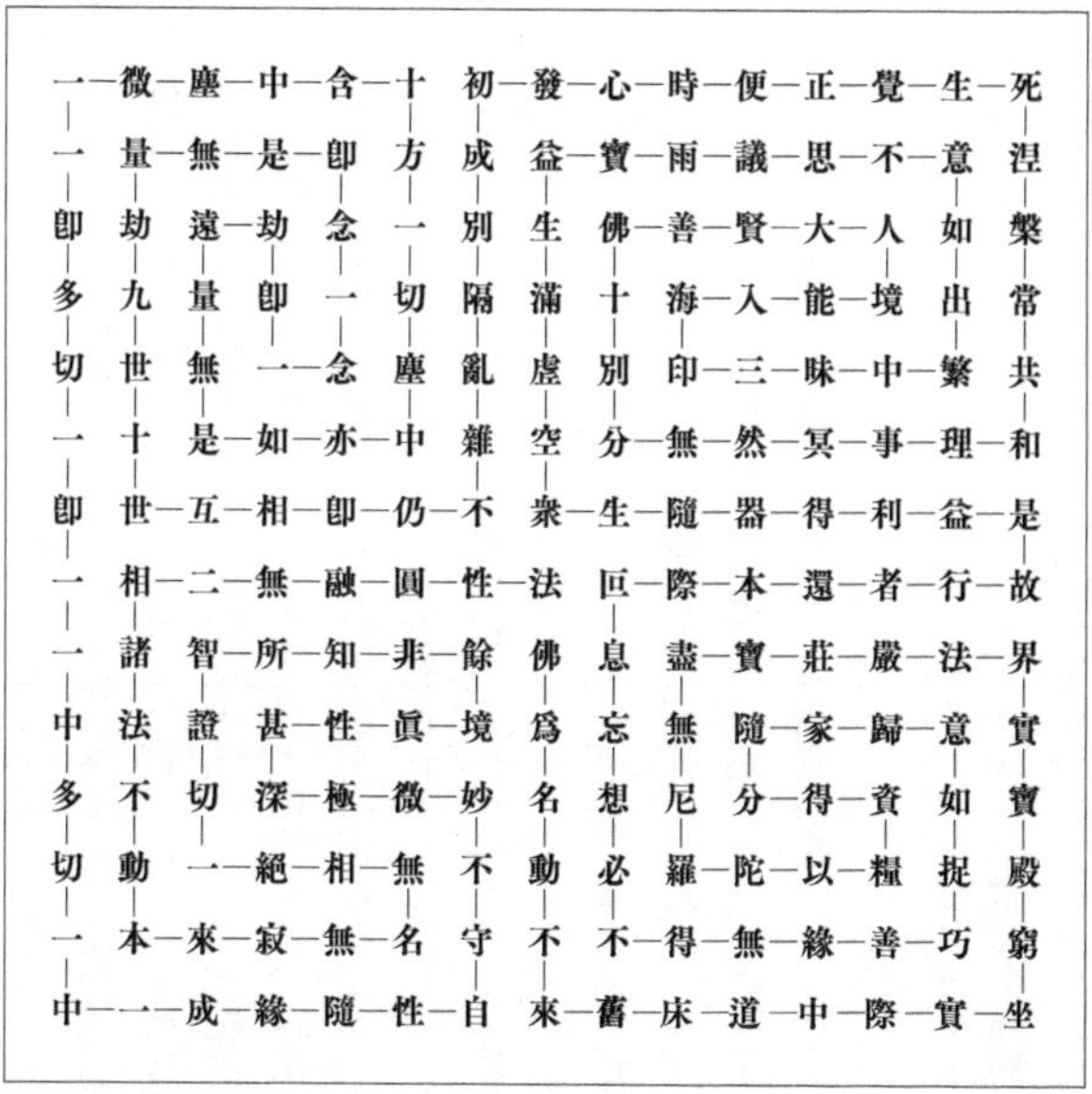

華厳一乗法界図

いる。ぼくはこれを最初に見たとき、たちまち心を奪われた。ライプニッツが陰陽易象パターンの組み合わせを初めて見たときも、そんなふうに興奮したが、華厳一乗法界図は易以上なのだ。

驚くべき華厳字図をつくったのは新羅の義湘《ウイサン》だった。その周辺の動きのことを少々書いておく。

慶州に有名な皇龍寺という寺があった。一九七〇年代に発掘されたのだが、広大な寺址《じし》が広がるだけだった。皇龍寺はかつては新羅で一番大きな寺で、日本でいえば東大寺にあたっていた。その裏に狼山《ロンサン》という山があって、皇福寺の三層の石塔がある（いまでもある）。義湘はこの狼山で二十歳のときに出家した。生まれは新羅の真平王四七年（六二五）である。兄弟子に元暁《がんぎょう》がいて、お前は中国に行って本格的に華厳を学んでこいと勧めた。実直な義湘は必死の旅程で入唐《にっとう》して長安に着くと、終南山の至相寺を訪ねて智儼《ちごん》のもとで華厳学を学んだ。智儼はのちに中国華厳宗の第二祖と謳われた。その弟子に法蔵がいた。義湘は法蔵とも学びあったと思われる。さきほども記したが、法蔵はのちに第三祖になった。その法蔵の弟子に新羅の審祥《しんじょう》がいた。この審祥から華厳の歩みは日本に向かってもいく。

審祥は聖武天皇に招かれ、金鐘寺《こんしゅじ》（東大寺の前身）で日本で初めて『華厳経』を講じた華厳僧なのである。審祥のもとに良弁《ろうべん》が学んで、東大寺（金光明《こんこうみょう》四天王護国之寺）の初代別当になり、日本の華厳宗が始まった。義湘の入唐の様子は、明恵《みょうえ》上人とその一門のグループが丹念に描いた華厳絵巻こと『華厳宗祖師絵伝』の義湘伝にやや悲恋ふうに讃《たた》えられている。

義湘がどこで「華厳一乗法界図」を描いたかはわからない。大胆な試みをしたものだと思う。二一〇文字のマトリックスは華厳の世界観を示す画期的な試みで、それは『華厳経』が告示していた華厳の法界のアピアランスなのである。

華厳思想では、このような世界観と一体化している超越的な境地を昔から「法界《ほっかい》」といい、その究極の境地を「事事無礙法界」といった。ジジムゲホッカイと読む。なんとも奇妙な「事事無礙法界」という捉え方は澄観による表現だが、華厳の境地をこのような六文字にした。義湘はその法界を漢字一文字ずつの迷路のような脈絡図であらわしたかったのだ。

華厳思想は「法界」(dharma-dhātu)という言葉をよくつかう。法界(ダルマ・ダートゥ)は華厳独特の世界現象すべてのことをいう。「真如、法性、実際」と訳すこともある。法界が華厳縁起の結実そのものなのである。だから華厳思想の最大の特色は法界縁起そのものにあるというほどだ。

法界はたんなる世界のことではない。うまく説明するのが難しいが、法によって界がつくられ、界によって法が充ちて真理の領域となった世界が法界だ。法界の「法」はもちろんダルマのことで、もともとは「ドゥフリ」という語根から出てきた。「保つ」とか「支える」という意味をもつ。仏教名詞になると、深遠な真如そのもののことになる。法界の「界」のほうは世界を動かしている「因」のことである。それゆえ法界は、因果をさまざまな界としてあらわしている法による真如の世界ということになる。一真法界などとも言う。

華厳宗初祖の杜順《とじゅん》は『法界観門』で、法界には真空の法界、理事無礙の法界、周編含容の法界があるといい、法蔵は『華厳五教章』で、法界に四種の段階があると考えた。

①事法界
②理法界
③理事無礙法界
④事事無礙法界

という四法界だ。華厳の法界はこの四つ目の事事無礙法界に向かっていくのであって、それによって華厳の円教が縁起の極みに進んでいると解説した。

ぼくはこれを知って大いにたまげた。「理」と「事」が無礙であるのはまだありうるとして、「事」と「事」とが融通しあう「事事無礙法界」だなんて、あまりにもたまらない。華厳ってとんでもない方法的世界観だぞと思ったのはこのときだ。事法界にはじまる四つの法界についてはのちにまたふれたい。

ではここいらで、ぼくが華厳世界に導かれていった昔日の経緯について多少ふりかえっておく。いささか懐かしい話になる。

華厳のことを知りたいと思ったのは、禅と書に遊んでいたころのことだ。ある日、大乗禅の師家である秋月龍珉さんが「あのね、鈴木大拙の本質は華厳にあるんですよ」と言った。ぼくは高校生の頃から大拙の仏教の摑《つか》まえ方や説明っぷりが好きだったので、へえ、そうなのかと思っていろいろ読んでみると、たしかに晩年の大拙は文章や講演の中で華厳世界と禅の関係のことにたびたび言及して、「禅は華厳の子である」とか「大乗禅は華厳をやらなければ見えてこない」といった説明をしていた。もともと禅宗の歴史の初期に神秀《じんしゅう》の華厳禅のようなものがあったのだから（明恵も華厳禅だった）、華厳と禅は歴史的に密接な関係があるのだが、どうもそれだけではない。

なかで、法蔵はこんなふうに言ったと大拙が紹介する文章があって、そこに華厳は「挙体全真」という言葉であらわせる。自身の全存在を挙げて真理たらんとするという意味だ。その反対の「挙体全妄」は全身まるごとまちがっていることをさす。けれども、実はそれは挙体全真と同じことなのだ。華厳学はこのような真妄交徹《しんもうきょうてつ》をもって、肯定と否定を重ね合わせ、正と負を自在に入れ替え、世界と自分の大きさを透いて考える。ここがおもしろいのだとあった。

びっくりした。それとともに即座に感応した。いや官能《かじ》した。これこそは、ぼくがとりくむにふさわしいと思ったのだ。なんとか華厳学を齧って、その世界観に遊弋《ゆうよく》してみたい。しかし、どうすればいいのか。秋月老師にお伺いをたててみると、「坐《すわ》るか、読むか」と言われた。うーんと唸《うな》っていたら、「松岡さんなら、読み耽ることかな」と言われた。

これで弾《はじ》けた。少し本気で分け入ってみると、途方もなく深みが広く、とんでもなく衒学《げんがく》的な概念工事が待っていた。安易な「読み」が通じない。最近はＡＩでディープ・ラーニングということが重視されているが、まさにそれなのだ。言葉や思考の組み合わせをディープなところでかなり動かさないと、華厳はわからないと思った。厖大《ぼうだい》な華厳情報に浸るしかないと思えたのだ。

しかしだからこそ、待ってましただったのである。まずは蓮華蔵世界の衒学に徹するしかない。

衒学的になることを、華厳は排除していなかった。そこがありがたかった。華厳ではその衒学を「玄学」というふうにみなし、そうなっていくことを「捜玄」とも「探玄」とも「重玄」(十玄)とも、あるいは老子ふうに「玄之又玄」などとも呼んでいた。これはタオっぽいし、禅語録に分け入ることにも似ている。華厳では分け入ることが「玄」なのだ。それなら玄月松岡正剛にはもってこいではないか。そう、思えた。玄月はぼくの俳号である。

華厳思想のもとになるそもそものテキストは『華厳経』である。サンスクリット語では略称を「アヴァタンサカ・スートラ」といい、正式には「ブッダ・アヴァタンサカ・ナーマ・マハーヴァイプリヤ・スートラ」という。「大方広仏華厳経」と訳してきた。大方広な仏によってさまざまな華で飾られた教えを示したという意味だ。

経典の出現の仕方からみると、紀元前後に結集《けつじゅう》された初期大乗仏典グループに入る。『般若経』『維摩経』『法華経』『華厳経』『無量寿経』などが初期大乗仏典で、古代インドにおける華厳経の原型はおそらく法華経成立のあと、なんらかのコレクティブ・ブレイン（集合脳）たちによって編集的に登場したのだと思われる。

わかりやすくいえば、法華経が菩薩道を説き、華厳経がその方法や道程を説いたのだろう。おそらくそういう順番になる。華厳経は菩薩道が見いだすべき方法的世界観を提示したものだったと位置付けられる。

別の見方もできる。妙法蓮華経としての『法華経』が妙法すなわち「法」を説いたというふうにみると、大方広仏華厳経としての『華厳経』は「仏」を説いたというふうにもみなせる。どういう仏かといえば、大方広な仏、すなわち時空的に広大な仏を説いたのだとみなせた。

華厳の仏は宇宙大、世界大である。想像を絶する仏の出現だった。広大無辺な仏には、むろん名前がついている。ヴァイローチャナ（Vairocana）だ。正確にはヴァイローチャナ・ブッダという。

ヴァイローチャナは音訳して漢字にすると「毘《び》盧《る》遮那《しゃな》仏《ぶつ》」というふうになり（あるいは盧遮那仏）、意訳すると「光明遍照《こうみょうへんじょう》」となる。無限無比の光が遍《あまね》く世界大に照らし出されているというコズミック・イコンだ。仏教史上最大のイコンだった。雲崗や龍門の石の大仏、韓国の法住寺の大仏、奈良東大寺の大仏（盧舎那仏）、タリバンが破壊したバーミヤンの大仏などは、いずれもヴァイローチャナ・ブッダだった。

　華厳経はこのヴァイローチャナ・ブッダが説いた「蓮華蔵世界」での覚醒をめざした教えなのだが、そんなイコンは仮想なのである。実在していない。けれども、そんな途方もないヴァーチャル・イコンに法界を語らせたというところに、華厳経の壮大な意図があった。

　というわけで、華厳を知るには『華厳経』を読めばいいのだが、ところが意外なことに、サンスクリット語やパーリ語ではその全テキストが残っていない。今日にいたるまで「十地品《じゅうじほん》」「入法界品《にゅうほっかいぼん》」「性起品《しょうきほん》」などしか見つかっていない。

　それなら全貌はどこで知れるのかというと、四世紀以降の漢訳にしかない。東晋時代の仏陀跋陀羅《ぶっだばっだら》（中国名は覚賢）による「六十華厳」（旧経）、唐の則天武后の時代の実叉難陀《じっしゃなんだ》の「八十華厳」（新経・唐経）、空海を驚かせた般若三蔵《はんにゃさんぞう》による「四十華厳」である。四十華厳は「十地品」と「入法界品」だけの漢訳なので、ひょっとするとテキスト・ルート（執筆の手順）が別だったのかもしれない。ともかくも全容を示すのは漢訳の六十華厳（旧経）と八十華厳（新経・唐経）、それにチベット語訳だけなのだ。

こうして華厳を読むには漢訳華厳経を相手にするしかないということになるのだが、さあ、この漢訳が難しい。

ぼくが華厳に関心をもった時期、日本では漢訳華厳経は昭和初期の『国訳一切経　華厳部』が大東出版社から、昭和九年に江部《えべ》鴨村《おうそん》訳の口語全訳が篠原書店からそれぞれ刊行されていたものの、手に入らない。第一書房の復刻版（一九七四）を日比谷図書館で眺めるばかりだった。そこでとりあえずは解説書を調べた。日本の華厳宗の本山は東大寺だから、まずはその方面の解説書を調べてみたが、当時のものはパンフレットの域を出ていない。研究書もまだ少なかった。部分的な解説や評釈にとどまっていた。

それでも坂本幸男の『華厳教学の研究』（平樂寺書店一九五六）、川田熊太郎が監修して中村元が編集構成した共著型の『華厳思想』（法藏館一九六〇）、小著ではあるがパノラミックで参考になった末綱恕一《すえつなじょいち》の『華厳経の世界』（春秋社一九五七）、主に澄観の華厳思想を解読していた鎌田茂雄の『中国華厳思想史の研究』（東京大学出版会一九六五）などを入手して、鉛筆なめなめ左見右見《とみこうみ》した。華厳テキストを読むというより、蓮華蔵世界の概念の構成力や、法蔵・澄観・宗密らの独創的な視点に引き込まれたといったほうがいい。

そんなところへ、角川書店から梅原猛と上山春平を配して「仏教の思想」という画期的なシリーズが刊行されはじめた（いまは角川ソフィア文庫に入っている）。その六巻目に『無限の世界観〈華厳〉』が登場した。鎌田茂雄と上山春平がマッチアップされて、初めて華厳を嚙《か》み砕いていた。

これはわかりやすく、たいへんありがたい本だった。とはいえ、華厳思想のあまりに深遠な縦横無尽の概念工事ぶりには、あいかわらずたじたじのままだったことを憶《おぼ》えている。

しばらくしてバークレーでフリッチョフ・カプラに会って、主著の『タオ自然学』(工作舎)を翻訳刊行することになった。量子力学と東洋思想の接点を求めたもので、第一部で「自然学のタオ」を、第二部で「東洋思想のタオ」を、第三部で「共振するタオ」を書いている。カプラはジェフリー・チューのブーツストラップ理論と華厳の両方に注目していた。

素粒子たちは編み上げブーツの靴紐《くつひも》をギュッと結びながら自分を引っ張り上げているようにしているのではないかというのがブーツストラップ理論の骨子だが、この考え方が華厳世界観にいうインドラ・ネットワーク(帝網)の考え方にきわめて似ていると言ったのだった。

刊行後まもなくして、鎌田茂雄さんが『タオ自然学』はおもしろい、ニューエイジ・サイエンスは浅薄なものだと思っていたが、あの本には東洋思想からしても示唆に富むところがあるとどこかに書かれた。仏教学者にもそういう反応をする人がいるのかと驚いて、さっそく駒沢大学に行ってお会いすることにした。これが鎌田さんとの最初の出会いだ。

鎌田さんは恰幅《かっぷく》がよくて、眼が澄んでいた。武道者のように毅然《きぜん》として、陽の気が放たれていた。中国仏教の研究者で、華厳学を専門としておられたのだが、ぼくは最高の先達にめぐり会えたようなのだ。今夜とりあげた本書『華厳の思想』は、その鎌田さんが角川の『無限の世界観』第一部に続いて、細心の注意をもって華厳の真骨頂を解読したものである。のちに鎌田さんは『華厳経』の抄訳も試みた。


カプラが注目したインドラ・ネットワークというのは、帝釈天が世界に放った広大な網のことである。帝釈天（インドラ）の網だから「帝網《たいもう》」という。

この網のすべての結び目はピカピカの宝珠でできている。「真如のつぼみ」である。宝珠は鏡面のような球体なので、それぞれの宝珠に他のすべての宝珠がホロニックに鏡映する。相互に照らしあい映しあって、どの部分にも全体が宿る（影響する）ことになる。インドラ・ネットワークには「相即相入」「相依相関」や「一即一切、一切一即」「一入一切、一切一入」が成立していた。

このネットワーク（帝網）はそれぞれが相互に鏡映しあっているので、しばしば「重重《じゅうじゅう》帝網《たいもう》」とも言われた。素粒子たちもそうなっているのではないか、カプラはそう解釈したのだった。

ぼくはさっそく鎌田さんのところへ行って、例の「重重帝網」について根ほり葉ほり聞いた。鎌田さんは、まさにそうですねと言った。素粒子の奥の状況に華厳を想うなんてすばらしい暗合だと褒めた。ただし、そうではあるが、二つの点に留意したほうがいいですよとも付け加えた。ひとつは、華厳世界は「重重帝網」ばかりを説いているのではないということだ。もうひとつは、カプラは物質の相互関連性や相補性を融通無碍に見たいと言っているが、華厳は人間の心に重重帝網や融通無碍があるとみなしている。そこがちがってくる。この二つに留意したほうがいいと言われた。

これで、やっと華厳を解《ほぐ》せる気がした。そのうち、ぼくは工作舎以外の版元での最初の本『空海の夢』（春秋社）を書くことになって、その第二六章に「華厳から密教に出る」を入れた。禅も華厳から発したのだろうが、密教も華厳をもとにつくられた、とくに空海密教はそうなっていると書いたのだ。

空海の『秘密曼荼羅十住心論』には、十段階にわたって東洋的精神による密教的な「めざめの階梯《かいてい》」が提示解説されている。

ざっと概略だけ示しておくにとどめるが、まずは煩悩にまみれた①「異生羝羊心《いしょうていようしん》」で端緒につき、ついで儒教的境地の②「愚童持斎心《ぐどうじさいしん》」を知り、つづいてインド哲学あるいは老荘的な③「嬰童無畏心《えいどうむいしん》」をへて、ここで仏教にめざめる。しかしそのステップは当初は小乗的な声聞《しょうもん》が自我にこだわるレベルの④「唯蘊無我心《ゆいうんむがしん》」、および縁覚《えんがく》のレベルにあたる⑤「抜業因種心《ばつごういんしゅしん》」にとどまっている。まだ自分のことばかりが気になっている段階だ。

　やがてふとした他者との機縁で大乗仏教の躙口《にじりぐち》をくぐって、ひとたびその門に入ってみると、そこでやっと唯識思想の⑥「他縁大乗心《たえんだいじょうしん》」に、また中観思想にもとづいた⑦「覚《かく》心不生心《しんふしょうしん》」などを通過することができる。けれどもそれではおわらない。ここにいよいよ菩薩道として八段階目の法華の世界の⑧「一道無為心《いちどうむいしん》」が待っていて、そのうえでついには九段階目の華厳の世界のヴァイローチャナによる⑨「極無自性心《ごくむじしょうしん》」に到達するというのだ。

　このように空海は十住心の九番目に華厳を見据えたのである。そして、その華厳をくるりとクラインの壺《つぼ》のように仕立てなおして、十段階目の⑩「秘密荘厳心《ひみつしょうごんしん》」を最終提示した。そうしておいて、それを曼荼羅密教の最高境地だというふうにした。ヴァイローチャナ（毘盧遮那）もマハー・ヴァイローチャナ（大日如来）と呼び換えられる。

　読んでみるとすぐわかることだが、最後の⑩「秘密荘厳心」には空海にしてはめずらしいほど、濃度の高い言葉によるロジックはほとんど出てこない、大半の本質は⑨「極無自性心」の華厳の境地に述べられている。密教はその先に行く、その先で脱構築するというだけなのだ。

これでわかるように、空海はそうとうに華厳主義的な世界理解の方法に惚れ抜いたのである。八世紀から九世紀の時点では、華厳以上の仏教思想には出会えなかったのだ。だから華厳を頂点に捉えた。空海密教は即身成仏を説くのではあるが、そのことについても『即身成仏義』にズバリ「重重帝網を即身と名づく」と書いたほどだった。まさに「即身成仏とはインドラ・ネットワークに入ることだ」と言ったのだ。かくして当時のぼくには、空海はまるごと華厳を換骨奪胎したな、だとしたらよほど華厳は凄いんだなと思えたのである。

以上が華厳思想についてぼくが三十代に辿ったあらかたの進入路だ。どきどきしっぱなしで愉《たの》しかったけれど、けっこう暗中模索だった。だから、ここからが大変だった。「坐るか、読むか」の「読む」ばかりだったので、ひたすら目眩《めくるめ》く。その目眩くところを、以下に案内してみたい。

ちなみにいま、ぼくの手元には昭和九年初版の江部鴨村による口語全訳『華厳経』全二巻がある。ありがたくも国書刊行会が平成八年に復刻したもので、たいへん分厚い。その後に読んだ華厳思想ものはいろいろあるが、鎌田さんのもの以外では竹村牧男の『華厳とは何か』（春秋社）がよくまとまっていて（竹村さんは唯識学のトップの研究者）、そのほかでは藤丸要構成の『華厳』（龍谷大学仏教学叢書）、中村薫の『親鸞の華厳』（法藏館）などが参考になった。

さて、さきほども書いたことだが、『華厳経』は古代インドで大成されたものではなかった。「十地品」や「入法界品」や「性起品」などが別々にまとまりつつあって、その他のものはおそらくは西域のクチャ（亀茲）かホータン（于闐《うてん》）あたりで執筆され、それらが編集大成されたのだろう。

だから誰が書いたかはわからない。他の仏典の多くもそうであったように、集団的に執筆編集したのだろう。自発的なコレクティブ・ブレインが編集知を組み立てたのだろうと思う。きっとクチャやホータンにそういう華厳編集団がいたのだと思う。そしてそれらが仏陀跋陀羅《ぶっだばったら》による「六十華厳」（完成四二〇年）として、また唐の則天武后の時代の実叉難陀《じっしゃなんだ》の「八十華厳」（完成六九九年）として漢訳されたのである。さきほども書いたように、全訳された漢訳華厳経はこの二つしかない。

華厳経がどんなふうに構成されたのかということは、漢訳を見るしかないのだが、六十華厳でいうと、その全容は全部で八会の会座での三四品の話で成り立っている。構成が進むにつれ、会座（ステージ）が地上から空中へ、また地上へ、そして善財童子による道行（入法界品）へと変化する。七処八会という。

八十華厳も構成趣向はほぼ同じだが、時代がくだったぶん詳細がややふえて七処九会になり、全部で三九品になる。

八十華厳の構成は次の通りだ。書き移すのはちょっとめんどうだが、ともかくは一覧しておきたい。鎌田さんの解説にしたがってごくごくかんたんな特色をメモしておいたが、経文のコンテンツもさることながら、さすがにスペースドラマとしての興趣も用意されている。

第1会＝菩提場会
01「世主妙厳品」（仏が菩提樹のもとで正覚をえた）
02「如来現相品」（仏が口から光明を放ち、無辺の国土と無量の諸仏諸菩薩を現じ、眉間《みけん》から光明を放った）
03「普賢三昧品」（普賢菩薩が三昧に入って説法の用意ができた）
04「世界成就品」（如来が世界のことを述べて諸仏の刹土《せつど》のすがたが見えてきた）
05「華蔵《けぞう》世界品」（ここにビルシャナ仏が登場し、無尽の法界の華蔵世界が暗示された）
06「毘盧遮那品」（ビルシャナ仏の因行として大威光太子らの行歴が述べられた）
第2会＝普光法堂会

07「如来名号品」（普光法堂での出会いを述べ、十方世界の諸仏の名号が告げられ、仏の応化自在があらわされる）
08「四聖諦《ししょうたい》品」（十方法界の四諦の名称があきらかにされ、仏の語業が不可思議であることを述べる）
09「光明覚品」（世界の差別を照らし、文殊の智光はあまねく平等であること、その理事無礙なることが強調される）
10「菩薩問明《もんみょう》 品」（十種の甚深の理が開示される）
11「浄行《じょうぎょう》 品」（発願して華厳世界に入るための日常の起居動作を清浄にしておく大事を述べる）
12「賢首《げんじゅ》品」（「解」と「行」を円満にする心得を述べる）

第3会＝忉利《とうり》天《てん》宮会

13「昇須弥山頂品」（帝釈天が登場して仏を讃歌する）
14「須弥頂上偈《げ》讃《さん》品」（十方の諸仏が来集してその徳を讃歌する）
15「十住品」（法慧菩薩が加持力を蒙《こうむ》って無量方便三昧に入り、十住の法門を説く）
16「梵行品」（初発心においてすでに正覚がおこる可能性を言う）
17「初発心功徳《くどく》品」（初発心の徳を強調し、その因果や功徳が法界に等しいことを暗示する）
18「明法品」（十種の清浄の方法を伝える）

第4会＝夜摩《やま》天《てん》宮会

19「昇夜摩天宮品」（仏は菩薩樹を離れることなく須弥山頂上にも夜摩天宮にもあることが見せられる）

20「夜摩宮中偈讃品」（十方の諸菩薩が来集して偈をもって讃歌する）
21「十行品」（功徳林菩薩が入定して諸仏の加持力で十行の法を説く）
22「十無尽蔵品」（十蔵無尽の行相があきらかにされる）
第5会＝兜率天《とそつてん》宮会
23「昇兜率天宮品」（兜率天での第5会のはじまりが予告される）
24「兜率宮中偈讃品」（第5会が讃歌される）
25「十回向《えこう》品」（金剛幢《こんごうどう》菩薩が智光三昧をもって十種の回向を説く）
第6会＝他化自在天《たけじざいてん》宮会
26「十地品」（布施・精進・般若・禅定などの十波羅蜜を示してそれぞれの十地の行を明かす）
第7会＝重会普光法堂会
27「十定《じゅうじょう》品」（定を明かして十種の大三昧を説く）
28「十通品」（定の不思議が十種の神法をもたらすことが述べられる）
29「十忍品」（十通のよりどころとしての智体が明らかになる）
30「阿僧祇《あそうぎ》品」（ここは算法を説いて数量の不可思議を訴える）
31「如来寿量品」（如来の仏徳や寿命は念劫融即で、機縁にしたがって長短自在であることが示される）
32「諸菩薩住処《じゅうしょ》品」（作用というものの無方であること、応機というものの遍在することを示す）
33「仏不思議法品」（果徳を体用することの可能性を説く）

34「如来十身相海品」（仏の身相がどのように偉大なのかが示される）
35「如来随好光明功徳品」（すべての相好の中に多くの光明があること、そのいちいちの光明が法界に遍く届くことを示す）
36「普賢行品」（普賢菩薩の行が十門に及び、そこに一障一切障、一断一切断がそのまま一乗円教になっていることが謳われる）
37「如来出現品」あるいは「性起品《しょうき》」（十門の性起が出現し、その仏性がおのおの十門の百門に及んで十身如来となる性起円融であることを示す）
第8会＝三会普光法堂会
38「離世間品《せいたおんりん》」（普慧菩薩の二百句に対して普賢菩薩が答えて各十門を開いて二千の行法にしてみせる）
第9会＝逝多園林会
39「入法界品《にゅうほっかいぼん》」（文殊菩薩に促されて菩薩行に向かう善財童子が五三人の善知識を歴訪して、最後に普賢菩薩の教えを受けて法界に入る物語を述べる）

どうだろうか。すこぶる壮大で仕掛け充分の壮麗なものになっている。たじたじになるかもしれないが（大乗仏典の多くはたいていそういうものだが）、それよりも特徴的なのは、この経典にもとづいて説諭される後世の華厳思想がことごとくネステッド（入れ子）で深彫りで雑華繁く、はなはだハイパーホロニックになっているということだ。のちにそのハイパーホロニックな表象ぐあいの妙に遊弋《ゆうよく》したい。

その前に経典の核心部についてふれておくと、『華厳経』（八十華厳）の中の拠点は、さきほども書いたように、第6会＝他化自在天宮会の26「十地品」と、第7会＝重会普光法堂会の37「如来出現品」あるいは「性起品」と、そして最後に構成布置された第9会＝逝多園林会の39「入法界品」とにあった。「入法界品」はとても長く、全体の四分の一を占める。

これらが核心部になったのは、初期に先行的に著述編集されたものだからでもある。三世紀に活躍したことがわかっているナーガールジュナ（龍樹）がこれらについて言及しているので、三世紀以前に原型がまとまったものだとみなされる。

なかで「十地品」は菩薩の十地を説いていて、華厳経が菩薩道の解説のために著述されたことを証している。十地とは菩薩道を感じる一〇のステップのことである。第一歓喜地、第六現前地、第十法雲地というふうに進む。とくに第六現前地のなかの「三界唯《さんがいゆい》心偈《しんげ》」がハイライトになっている。

三界《さんがい》とは、欲界（地獄・餓鬼・畜生・修羅・人・天の六道）、色界（淫欲《いんよく》と食欲を離れた衆生がいる世界）、無色界（物質にとらわれずに受・想・行・識の四蘊だけに委ねられている世界）のことをいう。「三界は火宅のごとし」とか「三界に家なし」とか言うのは、三界も決して安寧の居所ではないことを喩えた。

現前地は般若の知慧の完成をみるべきところで、次のステップの第七遠行地で利他に入り、最後の法雲地で利他行の成就に及ぶのだが、そのターニングポイントにハイライトの三界唯心偈が掲げられた。縮めて「三界虚妄但是一心作」という唯心偈だが、フルバージョンでは「三界はただ貪心《とんじん》に従って有りと了達し、十二因縁は一心の中《うち》に有りと知る。かくの如くなれば即ち生死はただ心より起こる。心もし滅することを得ば、生死も即ちまた尽きん」というふうになる。

ちなみに先に紹介した角川「仏教の思想」の『無限の世界観〈華厳〉』は、第1部を鎌田さんが、第3部を上山春平が書いているのだが、上山さんは十地品をベースに解説しようとして、上すべりしていた。

仏教はどんな者（あらゆる衆生）にも仏性《ぶっしょう》が備わっていることを大前提にする。仏になる可能性が仏性なのである。仏性を問うこと、それが仏教のすべてだと言ってもいいくらいだ。

その可能性としての仏性がどこかから立ち上がってくることを、仏性現起という。この四文字を縮めると「性起《しょうき》」になる。「性起品」（如来出現品）はその仏性現起すなわち性起のモチベーションを説いたもので、『華厳経』のコアコンピタンスにあたる。どこがコアコンピタンスであるかというと、『華厳経』は仏が深い三昧（海印三昧という）に入ったまま説いたものだから、ブッダの本来の仏性がそのまま説かれたとみなしたのだ。メタ・モチベーションだ。

すでに華厳経以前の仏典では『涅槃経』が仏性を説き（一切衆生悉有《しつう》仏性）、『法華経』もまたさまざまに仏性を説いていたのだけれど、華厳経はそれを本来に立ち戻ってみせたのである。「性起品」は独立した経典としては『如来興顕経』となり、華厳経の中でも「宝王如来性起品」とか「如来出現品」とも称《よ》ばれてきた。こういうタイトリングがされるのは、華厳経で言う性起が如来の出現そのものであったからだった。

十門の性起が出現し、その仏性が十門百門に及んで十身如来の性起円融になっていること、それが華厳の性起だったのだ。このコアコンピタンスからのちの如来蔵思想が生まれていったことを含めて、ぼくはかなり得心できた。

インターネットは華厳ネットワークに似ているんじゃないでしょうかという見方をする者がいたが、インドラ・ネットワークの相互照応的なところは似ているが、華厳にはホストマシンとしてのヴァイローチャナがいるわけだから、そこは違う。また、華厳はワールド・ワイド・ウェブというよりワールド・ワイド・ハイパーグリッドというもので、なんといっても「性起」に依《よ》って動くのである。

善財童子の「入法界品」については、六八一夜の高銀『華厳経』でも案内しておいたので、今夜は説明を省くことにするが、華厳経の四分の一を占めるだけあって、さすがにおもしろく読ませる。

仕立てとしては善財童子が沙羅双樹《さらそうじゅ》の林にいるとき、忽然《こつぜん》と文殊菩薩があらわれて「善財よ、われまさに汝《なんじ》がために普照一切法界修多羅《ふしょういっさいほっかいしゅたら》を説くべし」と告げ、これに従って童子が「十地品」の十住、十行、十回向、十地という順に修行をするべく五三人の善知識（カルヤーナミトラ）を訪ねて、ついに最後の普賢菩薩のところで究極の悟りに至るというふうになっている。

長者の子に生まれ育った善財童子（スダナ・クマーラ）は自分が貪愛にとらわれ、疑惑ばかりが募って智慧の目を曇らせてしまっているので、文殊に煩悩からの脱却の教えを乞《こ》うために旅に出た。文殊は「円満ナル無上ノ悲」（大悲）と「清浄ナル智慧ノ日」（大智）を求めるのなら、五三人の善知識を歴訪しなさいと言う。五三人のうちの二〇人は女性、なかには長者も仙人も医者も遊女も、国王も外道も夜神もいる。二二番目に訪ねた青蓮華香長者はアロマテラピーの達人だし、二八番目の寂静音夜天は波羅蜜エクササイズのプロだった。

四二番目に出会う摩耶夫人はブッダのお母さんであるが、ブッダ誕生後一週間ほどで亡くなっているので、仏典には詳しいことがあまり出てこない。「入法界品」にはめずらしく摩耶夫人の自分語りが展開されている。自分はブッダの母であるが、ビルシャナ仏の母でもあり、またあらゆる過去仏・現在仏・未来仏の母でもあると言って、そのグレートマザー性をあきらかにする。

善財童子はこのような多士済々の五三人を歴訪して、普賢菩薩のところへ辿りつく。その旅は東洋を代表するビルドゥングス・ロマン（修養物語）であり、中世ヨーロッパでいえばバニヤンの『天路歴程』である。ぼくはノヴァーリスの『青い花』やヘッセの『シッダールタ』と比較できると思っているが、日本では『華厳五十五所絵巻』や『善財童子華厳縁起』などの絵巻で広く知られ、義湘のところでふれたように、とくに明恵《みょうえ》上人が善財童子に憧《あこが》れていたことが有名だ。

まあ、「入法界品」は一度は読んだほうがいい。さすがに『西遊記』というわけにはいかないが、話はおもしろい。おもしろいだけではなく、たいへんシンボリックでもある。

徳川幕府が東海道を「五十三次」にしたのは、善財童子の旅を模したものだった。そんなところにも華厳は投影されていたのだ。大角修の『善財童子の旅』（春秋社）が現代語訳をしていて、わかりやすい。

ところで、中国仏教ではしきりに教相判釈《きょうそうはんじゃく》ということをする。インド仏教の宗派的教相の発展を時期に分けて判釈（評価判定）した。最初に本格的に試みたのは天台大師の智顗《ちぎ》だった。五時八教に分けて、仏教が華厳時、阿含時、方等《ほうどう》時、般若時、法華涅槃時というふうに発露されてきたと見た。

ブッダは成道《じょうどう》するとすぐに『華厳経』を説き、次に『阿含経』を、ついで『維摩経』を、『勝鬘経』を、さらに智慧をめぐる『般若経』を説いたのちに、菩薩道利他行のための『法華経』と『涅槃経』を説いたというのである。もちろん実際のブッダはこんなことをしていない。しかし教相判釈の五時八教で華厳を当初においたところが眼目だった。そういう順に説いたというのではなく、ブッダの発露が本質的にそういう順だったはずだという中国仏教による想定解釈だ。

智顗（五三八〜五九八）はぼくが鈴木大拙の次に心酔した仏教学者である。『摩訶止観』（岩波文庫）に痺《しび》れまくった。「遊」をつくっていたころは、誰彼なく『摩訶止観』を奨《すす》めまくっていた。いつか千夜千冊したい。

ついで慧光《えこう》が三種教による教相判釈をした。大乗仏教は「漸教《ぜんきょう》→頓教《とんきょう》→円教《えんぎょう》」という順に進むというものだ。未熟な衆生のためにまず無常や空を説き、そのあとに常・不空を説くのが「漸教」で、少し仏教に縁が深くなった者にはこの無常・常、空・不空を同時に説くので、これが頓教になる。「頓教」では漸次に説かない。どんな学習のプロセスもつねに段階的に深まったり高まったりするのではない。ある段階にくると、一挙に全貌を同時に提示する必要がある。それが大乗仏教では頓教にあたる。

この一挙提示で混乱するようでは仏教者は挫《ざ》折《せつ》だ。けれどもそこを突破してくるものもいる。そこでその突破修行が深まった者に、最後に全容を見せる「円教」を説く。円教によって如来の無礙解脱と自在法門に浸ってもらうのである。この円教が華厳の役割だった。

こういう教相判釈の流れを継承して、法蔵が『華厳五教章』を書いて「五教十宗判」を提唱した。仏教は「小乗教→大乗始教→大乗終教《じっきょう》→大乗頓教《とんぎょう》→大乗円教《えんぎょう》」というふうに発展してきた、と再構成した。まだ密教が入っていないけれど、当時のすべての宗派の特色がくまなく系統化されていた。

こうして華厳学は円教とはどういうものかを深彫りする宗学に向かって、どんどんアクロバティックになっていったのだ。いよいよの独壇場である。

華厳が教相判釈の頂点に立ったことにより、円教としての華厳の教えを激しく内燃させていった。中身が濃く構造化されていったのだ。これを「十重唯識」とか「十玄縁起」とか「重玄学」と称んだ。華厳の唯識性が充実していったといえる。

ここでいう唯識とは、大乗仏教の基本的な認識論の見方のことをいう。われわれにとってのあらゆる存在が唯《た》だ八種類の「識」によって成り立っているとする考え方だ。八種類の「識」とは、眼識《げんしき》・耳識《にしき》・鼻識《びしき》・舌識《ぜっしき》・身識《しんしき》の五感による五知覚にあたるもの、および意識（第六識）と、その奥に動く末那識《まなしき》・阿頼耶識《あらやしき》をいう。眼・耳・鼻・舌・

身・触を前五識、前五識と意識をあわせて六識あるいは現行《げんぎょう》とまとめ、根本にあたる阿頼耶識以外のものを七転識とまとめることもある。

なぜこういう八識がまとまったかというと、ここで注意しておきたいのは、もともと仏教では心(個人の心)を一つのものとは見ないというふうになっていたことがある。一つの心が種々雑多に作用するのではなく、別々の心がその個人の縁起に応じて作用すると見る。唯識はこの見方を徹底していったもので、それゆえ認識の主体をたんに「心」とは言わないで「能変の心」だというふうに見た。同様に、認識の対象を「境」とみなして、その境はたえず「能変の心」によってあらわされているのだから、たんに「境」とは言わずに「所変の境」と言うようにした。このような「能変の心」と「所変の境」が組み合わさって、華厳が唯識観をとことん濃くしていったのである。

代表的には、法蔵の『華厳五教章』や『探玄記』に示された「十重唯識」がそれにあたる。華厳認識を段階的にめぐる動的なフォーマットによってさまざまに組み合わせ、重ね合わせたもので、次のようになる。まことに眩惑《げんわく》的だ。とりあえずの解説を付しておいた。

①相見倶存唯識《そうけんくそんゆいしき》
世界は唯《た》だ識《し》るべきだ。だから世界を相分(対象面)と見分(主観面)とに分けない

で見なさい。そうすれば識の中に対象と主観の利用方が具《そな》わっていくことになる。

②摂相帰見《しょうそうきけん》唯識

①がつくりだした相分と見分が共存している識によって、あえて相分を見分に帰していく。ちなみに法相宗の唯識では相分・見分のほかに自証分・証自証分をたてている。

③摂数帰王《しょうすうきおう》唯識

仏教の唯識論では心はひとつではないとされるのだが、ではどのくらいあるのかということをいったん数える。法相唯識では五一を数えた（心数）。華厳ではそれを心王が映し出したとみなした。

④以《い》末帰《まつき》本《ほん》唯識

心王が映し出したものは八識に投影されている。それを根本の阿頼耶識（アラーヤ識）の本とみなし、他の七識を末とみなす。こうしてすべての心理的幻影が阿頼耶識との関係につながった。

⑤摂相帰性《しょうそうきしょう》唯識

心理的幻影はすべて「相」（アスペクト）である。すなわち現象のすべてが「相」である。そのようにみなせるのは、仏教にはすべてを空じる見方があるからで、それを「性《しょう》」という。そこで相と性を入れ替えて見る。このとき性は「理」に転じている。

⑥転真成事《てんしんじょうじ》唯識

こうして①〜⑤によって、森羅万象は真如が現じたものだというふうにも解釈できるようになった。もちろんこれは仮想の転成なのである。けれども、こうすることで「理」と「事」が対同できた。

⑦理《り》事《じ》倶《ぐ》融《ゆう》唯識

ここでいよいよ「理」と「事」を無礙にしていく。「理事無礙法界」の端緒に入っていく。ここでは理は真如や法性であり、事はいっさいの現象である。この関係に隔てをなくす。

⑧融事相入《ゆうじそうにゅう》唯識

理と事に隔てをなくせば、すべてが融通無礙となり、事のほうの隔ても融けて、事と事とが理という「用」を媒介にして相入状態になる。相入とは用による融通のことをいう。

⑨全事《ぜんじ》相即《そうそく》唯識

相入が用によるものとすると、相即は「体」による。すなわち存在という存在が融通無礙になっていく。これで「事」は理を媒介にせずとも融け合うことになる。かくて「事事無礙法界」に入っていく。

⑩帝網無礙唯識《たいもうむげ》

すべてはインドラ・ネットワーク（帝網）の重々の関係だったのである。これまでの①から⑨までのすべての経緯によって、心も理も事もこうして融通無礙状態になったのである。

なんとも眩《まばゆ》い。漢語のせいもあるだろうが、乱反射がみごとに入りくんでいるようにも思える。けれども、法蔵はまだ超編集の手をゆるめない。智儼《ちごん》の「一乗十玄門」を足場に、さらに次のような「華厳十玄門」という華厳十門のハイパーステージを構築してみせた。なぜ法蔵がここまで手を尽くすのかということについては、あとでちょっと言及したい。

ふたたび『探玄記』から華厳十玄縁起のハイパーステージを掲げておく。これまたけっこうくらくらする。解説は鎌田さんのものを要約した。

①同時具足相応門

時間的にいっさいが円融無礙であることを理解する。彼此《ひし》が相寄り、相成じるのである。

②広狭自在無礙門
華厳縁起には純粋と雑多がつねに具わっていて、これが同時一念にあらわれる。すべては具足自在なのである。
③一多相容不同門
事物や事態の作用から無尽縁起がおこりうることを示す。一と多、力と無力は、それぞれの面目によって本分を乱さない。
④諸法相即自在門
さまざまな出来事や現象や心理は縁起のはたらき次第である。諸法は縁起のありようで一即一切に進んでいく。
⑤秘密隠顕倶成《おんけんくせい》門
多くの事や物には「あらわるる」（顕）と「かくるる」（密）がある。華厳縁起の諸法にも顕密が交替してそなわっている。
⑥微細相容安立門
華厳縁起には大小はない。部分と全体もない。それらはそのもののまま具現できる。それが相容安立である。
⑦因陀羅網境界門
インドラ・ネットワーク（帝網）の網の目はそれぞれが重々無尽に交錯しあって

いる。どんな一部も全部を射影しつづける。

⑧託事顕法生解門

華厳世界観ではどんな現象に託しても一即一切、一切一即がおこる。これが託事顕法である。ここからは密教マンダラ世界が派生する。

⑨十世隔法異成門

過去・現在・未来を含む十世を通して華厳縁起は同時的に生きている。時間も空間も無礙であって、相即渾融《こんゆう》なのである。

⑩主伴円明具徳門

どんな現象や事態にも主従はない。主従がなければどこから語られてもいい。どこからも語れるからいつでも語れるのである。

いささか急いだかもしれないが、これで四法界を説明するための、だいたいの準備ができたのではないかと思う。あらためて掲げると、四法界は次のように提示された。①事法界、②理法界、③理事無礙法界、④事事無礙法界、である。この四段階によって華厳法界が「事法界」から「事事無礙法界」に向かっていく。

①事法界とは、現実や事実にそのまま向き合っている世界のことをいう。現象界あるいは存在界にあたる。森羅万象はそのままで事法界なのだ。われわれはそもそも事法界

に包まれている。自然とカラダの世界だ。

②理法界は理性が捉えた世界である。事法界の森羅万象をなんらかの理性が解釈し、分離し、別々に記述する。アタマに投影された世界であるが、仏教的にはアタマはそのままではないので、「空の世界」になる。

③理事無礙法界は、①の事法界と②の理法界とのあいだに区別や差別《しゃべつ》をとっぱらって、そこの隔てをなくした世界あるいは世界観のことをいう。理と事が無礙になっている。これはヨーロッパ的な考え方では捉えられまい。

④事事無礙法界はこれらの手立てを尽くしたうえで、③から理をなくすのである。ここが華厳的なハイパーテクニックになる。理をなくせば、事だけでも無礙になる。インドラ・ネットワークの粒々が光りあい、ホワイトヘッドのポイント・フラッシュではないが、それぞれが照応しあう。これが④の事事無礙法界だ。

仏教思想史的には、①事法界、②理法界、③理事無礙法界、④事事無礙法界の四法界の四段階は、上座部仏教から大乗仏教への階段にあたっている。

①事法界が上座部仏教にあてはまり、かつ大乗の初期にあたる。仏教思想としてはアビダルマの対象になる。②理法界は中観や空観をもった仏教意識の段階である。「諸行無常、諸法無我」と捉える。③理事無礙法界は大乗仏教としてはいったん頂点に達した

もので、如来蔵のレベルである。善悪や聖俗などにとらわれない。最初から神も悪魔も、自も他も呑《の》みこんで色即是空で世界に生まれてくる。

しかし、④事事無礙法界はこれらをも超えた全き円教なのである。事と事が融通しているのだから、色即是空とする必要（空ずる必要）すらもない。すべてがヴァーチャル＝リアルで、居ても立っても押しても引いてもハイパーホロニックなインドラ・ネットワーク状態なのである。

華厳が事事無礙法界で事そのものに融通性をもたせたことは、従来のどんな唯物論でも唯心論でも描きえなかった。以前はライプニッツのモナドロジーに似ていると言われたこともあるが、どうして、どうして、華厳の事事無礙法界はモナドロジーをはるかに超えている。もはや名状しがたいとしか言いようがない。

さて、ではこのような華厳的世界観がいったいどのようにインドに発して西域から中国へ、韓半島や日本へ波及していったのか。それはやっぱり東洋思想の独特の展開だったのか。それともかなりの紆《う》余《よ》曲折があったのか。実際は両方だったのだが、その流れをかいつまんでおきたい。

華厳宗の歴史と華厳思想の展開は重なるところもあるし、そうでないところもある。中国華厳宗は第一祖・杜順《とじゅん》、第二祖・智儼《ちごん》、第三祖・法蔵、第四祖・澄観、第五祖・宗《しゅう》密《みつ》というふうに継承されるのだが（杜順の前にインドの馬鳴《めみょう》＝アシュヴァゴーシャと龍樹＝ナーガルジュナをおくこともある）、このあとに強いセンター性を失っていく。さしもの唐帝国に大きなゆらぎが出てきたことと、宗密の時代に禅林禅学が勃興《ぼっこう》して華厳をとりこんだことが大きかった。

中国華厳は早くに朝鮮に流れた。韓半島では先にふれたように新羅の元暁や義湘が活躍して、さらに法蔵門下の審祥が活発に動いた。勝詮や梵修も出て、韓国華厳は北岳派と南岳派に分かれた。なかで審祥が聖武天皇の大仏建立プロジェクトのときに、日本に来て華厳講義をした。良弁《ろうべん》はそれを学んで初代別当になった。今日の韓国の華厳論はそうとう物足りないものになっているけれど、古代新羅の華厳僧の活躍はかなりめざましかった。

一方、日本の華厳宗は良弁のあと、実忠・等定《とうじょう》・通進から基海・良緒をへて、光智・凝然《ぎょうねん》・高弁というふうに引き継がれていった。凝然の『法界義鏡』など、かなり精緻なものだった。このうちの高弁が明恵上人である。

明恵は独自の華厳観の持ち主で、日本華厳宗の系譜からは大いにはみ出た。『夢ノ記』なども綴った。かなり特異だ。ぼくがずっと気になってきた上人なので、そのプロフィールとともに別に千夜千冊したいので、今夜は明恵さんについては省く。

結局、日本華厳宗の流れは今日にいたるまで東大寺の管長をトップにおいてきた。明恵をはじめとする各華厳流派は野に生きることになる。そこから良忍や良尊の融通念仏宗などが生まれていったのだと思われる。

こうした流れのなかで、ぼくが気になってきたのは、ひとつは華厳斎会や華厳結社の動向と、もうひとつは法蔵以降の澄観と宗密の考え方である。鎌田さんの『中国華厳思想史の研究』（東京大学出版会）などを参考に、そのあたりのことを少しだけ書いて、今夜の一七〇〇夜を締めたい。

法蔵（六四三〜七一二）が活躍したのは唐の高宗から則天武后にかけての時代である。高宗は「道先仏後」（道教優先・仏教後塵《こうじん》）の方針をとり、則天武后は逆に「仏先道後」で仏教政策を国家のアジェンダに使おうとした。

ただ女帝は妖僧《ようそう》とおぼしい薛懐義《せつかいぎ》を懐刀にし、みずから弥勒菩薩の生まれ変わりを称して武周革命を指導すると、「大雲経」といった偽経をつくって全国に大雲経寺を配置させたりした。そうとうのワンマン女帝だ。それでもその余勢は華厳思想の取り込みにも及んだ。華厳理念が武周の国家革命の理に適《かな》っていたからだろう。

あれほど専制をふるった則天武后が仏教融和政策をとっただけでなく、華厳思想に共鳴したのはやや理解しがたいことかもしれないが、華厳のコスモポリタニズム（世界宗教性）が当時のグローバルな唐には必要だったからである。

ところがこのあと唐帝国は変質し、玄宗皇帝の不首尾や安史の乱などもあって弱体化する。そういう時期に登場してきたのが澄観（七三八〜八三九）である。澄観は若いころから各種の宗学を学んでいたのだが、しだいに華厳に近づいていた。法蔵を継ぐ第四祖としての実力もたくわえていた。宮廷もそういう澄観の知識や説明力をできるだけ活用しようとした。

ただ澄観の名声が高まり清涼大師として尊崇されるようになったときには、各地に華厳講（華厳斎会）や華厳結社ができていたり、他方では各地に禅林が営まれて禅と華厳が習合し、華厳社会は精神的な牙城《がじょう》というよりも、社会共同体とまじっていったのである。このことは華厳思想の変遷からみると、かなり変則的なことだったと思う。華厳は言語革命の象徴ではなく、社会改革の実践性を問われることになったのである。折しも禅の各派が「言語道断・不立《ふりゅう》文字」をもって新たなムーブメントをおこそうとしていた。

さあ華厳どうするかというときに、宗密（七八〇〜八四一）が登場してきた。澄観に師事していたけれど、儒教にも華厳にも老荘思想にも禅にも明るかった。

宗密は華厳第五祖になった人物だが、その思想はきわめてユニークで、これまで述べてきた華厳思想とはそうとうに違う。だいたい荷沢神会《かたくじんね》と親しかった。神会は老荘思想から禅の一派（荷沢宗）を築いた傑物だ。

なかでも主著の『原人論《げんにんろん》』は特異なもので、儒教と道教を批判したうえで、上座部仏教を斥《しりぞ》けて、新たな大乗として老荘思想・華厳・禅をシャッフルしたような華厳存在学を提唱した。いわば華厳人間論なのである。それを知ったとき、ぼくは空海の『三教指帰《さんごうしいき》』にはじまる思想は宗密から採ったのではないかと思ったほどだった。とくに宗密が「円教」を頂点にもってこないようにして、途中に円教の段階をおき、進むべき先を如来蔵のほうに仕向けていることに驚いた。これは華厳の脱構築だった。

宗密がどんなふうに書いているかは、鎌田さんが訳した『原人論』(明徳出版社)や小林圓照の『原人論を読む』(ノンブル社)があるので、読まれるといい。たぶんあまり参照されていない本だと思うけれど、華厳がこういうふうになったのかというほどに現代思想的である。かつてピーター・グレゴリー(スタンフォード大学仏教学)は宗密と本覚思想の検討こそ、日本のクリティカル・ブッディズムの新たな拠点になるのではないか、宗密にはアポファシス(不了義)をカタファシス(了義)に転回させる言語的な才能があるのではないかと示唆していたが、そこそこ当たっていた。

こんなところで、大枠を伝えられただろうか。歴代の華厳の思想というもの、すぐれて超編集的であり、各時代においてハイパー・エディトリアルがめざされていたということなのである。

［追記］二〇一九年初秋に中沢新一君の『レンマ学』（講談社）が上梓された。華厳の世界観にずっぽり介入していったもので、満を持してのとりくみだったのだろう。ざっと目を通しただけだが、山内得立の『ロゴスとレンマ』（岩波書店）に刺戟《しげき》をうけて、法蔵や澄観の華厳法界論の解読に向かい、そこに南方熊楠の粘菌的世界観をのっけていた。これに続くものが、もっと日本に出てくるといいのだが……。

第一七〇〇夜　二〇一九年三月六日

参照千夜

六八一夜：高銀『華厳経』　九九四夜：『ライプニッツ著作集』　八八七夜：鈴木大拙『禅と日本文化』　一二七八夜：『老子』　一三〇〇夜：『法華経』　一五三〇夜：長尾雅人訳注『維摩経』　一〇二一夜：中村元『インド古代史』　一四一八夜：梅原猛『日本の深層』　八五七夜：上山春平『埋もれた巨像』　七五〇夜：空海『三教指帰・性霊集』　一三二二夜：ノヴァーリス『青い花』　四七九夜：ヘッセ『デミアン』　九九五夜：ホワイトヘッド『過程と実在』　九七九夜：中沢新一『対称性人類学』　一六二四夜：『南方熊楠全集』

ブッダの弟子たちをことごとく一蹴した、
維摩居士《ゆいまこじ》という、とんでもない在家菩薩道の男。

維摩経

ヴィマラキールティの教え

長尾雅人 訳注

中公文庫　一九八三

本年、平成二五年（二〇一三）もあと数時間に押し詰まりました。大晦日《みそか》というもの、時が切り替わるだけなのに、善悪硬軟いろいろ押し詰まる。でも明ければ元朝。「いかのぼりきのふの空のありどころ」（蕪村）。妙なものです。「いかの一葉が「勝手は北向きに師走の空の空っ風ひゅうひゅうと吹き抜きの寒さ、おお堪えがたきと竈《かまど》の前に火なぶり一分と一時」とみごとに描いた大つごもり、虚子がずばり「去年今年貫く棒の如きもの」と詠んだ去年今年《こぞことし》です。

あと一ヵ月ほどするとぼくも古稀《こき》七十歳になります。何たることでしょう。そのわりには、あいかわらず大小さまざまな仕事に追われたままにある。義理にも義務にも、カネにもスネにもコネにも縛られています。困ったものですが、仕方ありません。この渦中で古稀を迎えるしかなく、またこの渦中でぼくがめざすことを少しずつでも実現していくしかないのです。

この歳になりますと、やっと見えてくること、やっぱり違っていたんだと思うこと、もう少し整えたいこと、とっておきの方面に向かいたいこと、いろいろ混じります。これは「際《きわ》の多様性」が肌身で実感できるからです。自分がどの程度の荷物を持って、どんなカーブを曲がってきたのか、気力が体力を超えるところがどこそこで、何をしたときに加速でき、どうすれば深く納得できるのか、諦《あきら》めはどこでつくのか。かなり幾つものこうした〝際〟が見えるようになってくるからです。

世間の躱《かわ》し方、思想の出来ぐあい、仲間との折り合い、ぶっちぎりの仕方、アートの切れ味、黙って事態を見送ること、闘いの転じ方、こういうことどものどこかにひそむ〝際《きわ》〟がちょっとしたメタセンサーだけで測定できる歳なのです。

しかしメタセンサーが利くということは、さまざまな仕事や兆候やアイディアにそれなりの価値がありうると、いちいちその〝出来〟が感じられるということでもありますから、へたをするとこれは「みんな我が子」のように目を細めることになりかねず、これは便利のようでいて、必ずしも深い判断になっているわけではありません。もっと深いところで何事にも同様の対応をしたくなる。

ぼくも十年ほど前から、そろそろそういうふうに淡々とディープに生きようか、それじゃ隠逸《いんいつ》の日々を半分ほどおくることになるけれど、まあ、それでいいかなどとも思ってきました。

いまさら申し上げるまでもなく、人間は数々の矛盾をかかえています。これは物心がついたときから誰にも付きまとっているものです。しかし長じるにつれ、矛盾は環境や個性や運に応じてさらに膨らんだり、かたまりにもなっていく。それを歴史や社会のせいにするか、脳と心と体の食いちがいのせいにするか、境遇や報酬や才能のせいにするか、ここが問題です。

自分がうっかり言わずもがなのタメ矛盾やムダ矛盾をふやしてきたのか、それとも頑固なものにしてきたのか、あるいはぐちゃぐちゃにしてきたのか、そこを見極める必要があるわけです。ふつうは、物心ついてからの矛盾の継承物となんとはなしの折り合いをつけていることが多いのですが、それではいかんと思うようになるのです。

歳をとってくると、こういうことを不覚な日々を迎える前に結像させておきたくなります。そういうとき、またぞろ自分を覗くのではなく、むしろ別のモデルを覗きたくなります。もう自分のことはめんどうくさい。折り合ってきた自分をいまさら確認したってしょうがない。

では、別のモデルはどこにあるのでしょうか。それはアナザーセルフやアルターエゴというものではありません。いまさら人格は変えられない。そうではなくて、かつてから自分の中に寄り添いながら出入りしていたコンティンジェントなものが見えていたはずなので、そのモデルと昵懇《じっこん》になりたくなるのです。コンティンジェントというのは「別様の可能性」ということです。

ぼくには、こういうこともあろうかと、実はずっと前からいささか憧憬《どうけい》をもって付きあってきたコンティンジェント・モデルがいくつかありました。古代中世の老人です。なかでも仏門の野人です。達摩、空海、明恵、寒山、拾得、いろいろいますが、そのルーツにあたる老人がいい。というわけで、今夜の大晦日をちょっとした区切りのセレンディピティにして、ぼくのとっておきのモデルの話をしたいと思います。

それは維摩居士《ゆいまこじ》の話です。一見すると傍若無人なのに、やたらに深く、みんなのことを考えているのに論争を怖れないそうとう変な男です。今夜は諸君も、この男と付き合っていただきたい。

維摩居士は『維摩経《ゆいまきょう》』の主人公です。『維摩経』は仏典ですが、あとで説明するように、大乗仏典のなかでもおそらく初期に編集されたきわめてユニークなお経です。

そもそも主人公の維摩居士が仏僧ではない。出家したプロの僧侶ではありません。在家なのです。古代インドの大商人で、しかも富豪です。富豪なんですが、惜しみなく喜《き》捨《しゃ》をする。誰彼かまわず援助する。なんとも羨《うらや》ましいことですが、富の贈与と知の互酬性に徹することが身上なのです。それも、仏道の根本に従ったまでだという達観でやっているらしい。そういう男です。

維摩居士がぼくのとっておきのモデルなのは、気《き》っ風《ぷ》がよくて気前がいいからだけではありません。仕事をしたまま仏道をいとなみ、それなのにそんじょそこいらの出家者をいつも手玉にとるほどに、訳知りたちを翻弄《ほんろう》した。その生き方や世間との付き合い方がめっぽうおもしろいのです。この男にはさしものブッダの名うての弟子筋たちも、並みいる菩薩たちも、きりきり舞いさせられました。そういう維摩居士の噂は当時から四方に知れわたっていたようです。

ともかく変わっている。変わっているのに、ある意味ではどんな菩薩道を踏んだ高僧や高潔たちより高く、深く、かつざっくばらんです。意外性に富んでいるのに、なんだかやたらに説得力がある。大胆思考の仏者なのです。プロではないのだからアマなのですが、たんなるアマちゃんでもない。商人なのに仏者なのです。そういう維摩居士を「仕事をする仏教者」とか「マーチャント・ブディスト」とか、もっと今風にいえば「仏教する仕事人」と言っていいかもしれません。

このような維摩居士を主人公にした経典が『維摩経』です。経典ではあるけれど、ほとんどドラマ仕立てになっているレーゼドラマ（読む戯曲）です。主人公がそうとう変わっていて、経典が読みやすいドラマ仕立てになっているのだから、このドラマはおもしろくないわけがない。活殺自在なプロットとエピソードがいっぱい詰まっている。つまらない一〇〇冊の小説を読むなら、『維摩経』をゆっくり三度くらい読んだほうがずっと興奮するでしょう。

どんな話になっているのか、あらかじめ筋立ての眼目をバラしておきます。商人でありながら高徳の士であって、きっと高額の布施や喜捨を躊《ためら》うことなくふるまってきたであろうに、決して出家しようとしない維摩居士が、このところ病気で臥《ふ》せっているらしいというのです。そこでブッダが気になって、弟子たちに「私の代わりに居士のお見舞いに行ってほしい」と言う。むろん大師匠の言うことだから弟子は受けざるをえません。次々に見舞いの候補者がたてられます。

ところが、最初の代役候補になった舎利弗《しゃりほつ》（シャーリプトラ）は、これを辞退した。苦手なことはしたくないと言うのです。苦手なこと？　ブッダにはどうも意味がわからない。そこで次に大目連《だいもくれん》（マウドガリヤーヤナ）に命じると、私もあの人を見舞うのはごめん蒙りたいと言う。それだけではなく次の摩訶迦葉《まかかしょう》（マハーカッサパ）も須菩提《しゅぼだい》（スブーティ）も、釈迦十大弟子のことごとくが苦りきって辞退するのです。いったいどういうことかとブッダが訝《いぶか》ると、みんなどこかで維摩居士にやっつけられた経験があるからだと言う。全員が痛い目にあっているようなのです。

『維摩経』の前半四分の一くらいは、こうした弟子たちや菩薩たちが維摩居士に「やっつけられる過去の場面」を次々に紹介しています。

こうして、最後の最後に指名を受けた文殊菩薩《もんじゅぼさつ》（文殊師利：マンジュシュリー）が見舞いを引き受けます。天下第一の智慧を代表すると評判の文殊が行くならというので、これまで尻込《しりご》みしていた連中も様子を見たくって、ぞろぞろついていきます。そんな連中をぞろぞろ引き連れた文殊が見舞いに維摩の家に行ってみると、居士の家はなんと〝もぬけの殻〟だった。本人が病気だなんて、ウソだったようなのです。

呆《あき》れる文殊に、ここでいよいよ登場してきた維摩がとんでもない弁才縦横の説法をしてみせる。そのやりとりが思いもかけないほどに、大胆でおもしろい……。ざっとはこういうふうに話が展開していくのです。

維摩居士は漢訳名で、維摩詰《ゆいまきつ》といいます。本名（インド名）はヴィマラキールティ。それゆえ『維摩経』は「ヴィマラキールティ・ニルデーシャ・スートラ」（Vimalakīrti-nirdeśa-Sūtra）という。

長らくサンスクリット語の原本は紛失したままにあると思われていた幻の経典なので

すが、ごく最近の一九九九年七月、チベットのポタラ宮殿の一隅でサンスクリット原典の忠実な写本が発見されました。ターラの木の葉（貝多羅葉《ばいたらよう》、略して貝葉《ばいよう》）七九枚に墨で筆写されていた。大正大学綜合仏教研究所の学術調査団が発見しました。さっそくその原典写本の翻訳にとりくんだ植木雅俊さんは「仏教学史上二十世紀最大の快挙」と言っています。

それまでは長らく鳩摩羅什《クマーラジーヴァ》の漢訳経典が日本人の信仰者や研究者が依拠する経典でした。羅什はサンスクリット語の「ヴィマラキールティ・ニルデーシャ・スートラ」を「維摩詰所説経」と訳し、これが日本にも伝わったのです。聖徳太子に『維摩経義疏』があるのはその最も早い受容例ですし、その直後には斉明天皇が藤原鎌足の病いを平癒させるために、法明尼に『維摩経』問疾品を読誦させたという記録がのこっています。

そのため鎌足はたちまち回復して、熱心な『維摩経』の信者となり、高僧の福亮を招いて維摩講義をさせた。これが「維摩会《ゆいまえ》」の最初で、以降は興福寺が十月十日からの七日間の維摩会の法会《ほうえ》を開いています。

ひるがえって鳩摩羅什の弟子だった僧肇《そうじょう》が、そもそも漢訳注釈の泰斗でした。『註維摩』を書いた。それから天台や三論や法相の中国仏教各宗派の大成者たちも維摩に浸って注釈しています。ぼくはなかでも、南朝の士《し》大夫《たいふ》たちが「竹林の七賢」と維摩詰のイメージをだぶらせたあたりの顛末が興味深く、それが中国絵画史を画期した王維《おうい》をして

「王舎」と名のらせた経緯となっていったところに、ひとつの維摩居士像の頂点を見ています。

維摩居士という男がはたして実在したのかどうかはわかりません。おそらく近いモデルはいたはずです。リッチャヴィ族の長者の一人だったろうということまでは、歴史学上の見当がついています。

だいたい『維摩経』は『般若経』よりもあと、『法華経』よりも少し前に編集著作された初期大乗仏典のはずですから、おそらく紀元一世紀くらいにざっとした原形ができて、そのあと一〇〇年ほどで完成形になったとみられます。ということはキリスト教の「新約聖書」の成立期とほぼ相前後していたということですが、大編集者パウロについての研究がだいぶん進んでいるようには、『維摩経』編集集団の詳しいことはさっぱりわかっていない。

でも、舞台は古代インドのヴァイシャーリー（毘耶離《びやり》）という町であって、維摩居士こと ヴィマラキールティはその町に住むお金持ちの商人だったという設定になっていますから、まあ、紀元前一〜二世紀あたりにそういうモデルに当たる変わったお金持ちがいたのだろうと思います。それがずっと噂や話題になって仏教徒のあいだであれこれ伝聞され、あるとき（この「あるとき」というのが重要ですが）、『維摩経』としてまとまった。

ということは、経典にはブッダの十大弟子が維摩居士を訪ねたというふうに書いてあるものの、これはおそらくはブッダ没後のだいぶんあとの話だったのだと思います。適宜、場所・時代・人物・因果関係を入れ替えて編集したのでしょう。なにしろ仏典の古代編集力は、その実態はまだわかっていませんが、できあがった経典群から見て、アジア随一のものなんです。

維摩居士が住んでいたというヴァイシャーリーという町は、現在の中インドのベンガル州パトナの北のベーサール付近に同定されます。ここは仏教史においてもはなはだ由緒あるところで、仏典の第二期結集《けつじゅう》がおこなわれました。ブッダ入滅から一〇〇年ほどのちのこと、紀元前三世紀前後のことで、この結集のあと、紀元前三世紀半ばにはアショーカ王が仏教に帰依して第三回の仏典結集がなされます。

第二回の仏典結集の前後、それまでの戒律(これを十事という)があまりに厳しすぎるので、ヴァイシャーリーの出家者たちがその緩和を要求しました。けれども戒律こそが仏道なんだと確信している連中は、そんなことを認めない。とくに高僧たちが許さない。よくあることです。そうこうするうちに、ブッダ教団は伝統を重んじる保守派の「上座部《じょうざぶ》」と、現実的で生活的な「大衆部《だいしゅぶ》」とに分裂します。これが仏教史上に有名な根本分裂ですが、その後も分派と分裂はもっと進み(枝末分裂)、初期仏教の結社の大半が「部派仏教時代」になります。

こうしていわゆる「小乗仏教」（上座部仏教・アビダルマ仏教）が広まって、自己中心の解脱をめざす方向に初期仏教の全容が凝りかたまっていく。

しばらくたつと、時代社会というのはいつだってそういうものですが、どうもそれはおかしいんじゃないかという連中が出てきます。この新しい連中は、仏道というものは自分だけが救済されるのではなく、他者も一緒に救済するものなのではないか、修行だって自分のためだけではなく他人のためにおこなうのじゃないかと考えます。つまり「利他行《りたぎょう》」を主張する。そのほうが真の菩提（悟り）になると主張する。

やがてこのような他者救済を唱える連中がだんだんふえて、その教えや行いを「菩提《ぼだい》薩埵《さった》」（ボーディ・サットヴァ）と呼ぶようになります。「菩提」とは真の悟りのこと、それをやっているのが菩提薩埵、略していわゆる菩薩です。この、他者を含む菩提を重視するムーブメントが「菩提乗」（菩薩道）で、そのことに矜持《きょうじ》をもった連中が自らを「大乗」（マハーヤーナ）と呼称します。自分たちでそう名のったので、これに対してあいかわらず自己覚醒にこだわる部派仏教の連中を「小乗」（ヒーナヤーナ）と蔑称しました。

こうして大乗仏教と小乗仏教とが分かれるのです。最近の仏教学は「小乗仏教」という名称では語弊があるというので上座部仏教や部派仏教と呼んでいる。おそらく維摩居士は、こうした大乗仏教の勃興期の社会でそうとう目立っていた人物だったろうと思います。小乗と大乗のリミナルな分かれ目で目立ったのだろうと思います。

当時の菩提乗はまず出家をして、それから「布施・持戒・忍辱《にんにく》・精進・禅定・智慧」の「六波羅蜜」をまっとうするのを本来の活動の主旨としていました。ところが維摩は在家にありながらも、この六波羅蜜に徹しているようなのです。六波羅蜜は六つの波羅蜜《パラミター》ということで、彼岸に到達するための六つの行目《ぎょうもく》です。"pāram"（彼岸）に"itā"（到った）という語源です。

それにしても、菩薩乗にとりくんでいる者たちがプロだとすれば、維摩はアマにすぎません。けれどもここがおもしろいところなのですが、『維摩経』に次から次へと出てくる登場人物の多くは大半が菩薩たちで、当然ながら六波羅蜜をはじめとする彼岸修行をバッチリしてきたのに、それゆえのちのちの大乗仏教史を飾るほどのお歴々になったのに、それが維摩の前ではさっぱり立つ瀬がないのです。ウダツが上がらない。それどころか、仕事人でマーチャントな男にこてんぱんにやられ、その説教にほとほと聞きほれているのです。

いったいなぜこんなふうになっているのか。維摩居士のどこが凄いのか。一言でいえば、おそらく矛盾を怖れていないからだろうと思います。矛盾を「内」に感じるのではなく、「外」に使えるからです。矛盾というもの、よく見れば「ちぐ」（鎮具）と「はぐ」

（破具）とが突きあっているリバースモードになっています。行ったり来たり、入ったり出たり、表になったり裏になったりしている。それが絡まってどこかに止まってしまうのが矛盾です。

だったらこれを内外に動かせばいい。ただしそうできるには、自分にも付着しているはずの諸矛盾を怖れていては、いけない。どうすればいいか。修行も大事だけれど、維摩は矛盾を怖れないだけでなく、自身の矛盾めく姿をあえて相手に見せるという方法に気がついたのです。そこで「ちぐ」と「はぐ」を両方とも見せることにした。「ちぐはぐ」をはなっから見せることにしたのでしょう。

維摩はこうすることによって、相手の立つ瀬の「瀬」や「際」をずばずば問うていくのです。自分の諸矛盾や弱さを平気で外に出し、それをもって相手に編集をかけるのです。そして、このときには容赦をしない。いったい維摩は相手に対してどんなふうにその「瀬」や「際」に迫るのか。『維摩経』を読む醍醐味《だいごみ》は、その「瀬」や「際」をめぐる謎に擽《くすぐ》られていくところにあります。

『維摩経』は全部で十四章立てになっています。仏典ではチャプターのことを古来から「品《ほん》」と訳してきたので、十四品。長い経典ではありません。読み出すとあまりにおもしろくて、息継ぐ暇なくあっというまに読めるはずです。とりあえず構成一覧を示しておくと、次のようになっています。

1「仏国品《ぶっこくほん》」ブッダの集会説法。「理想の国土」（仏国土）とは何かが説かれる。

2「方便品《ほうべんぼん》」維摩居士の話題に入るのだが、本人は病気らしくて登場してこない。

3「弟子品《でしほん》」ブッダの弟子たちが維摩の見舞いを断った経緯をいろいろ説明する。

4「菩薩品《ぼさつほん》」弥勒や宝積《ほうしゃく》らの菩薩たちも尻込みをしてしまった理由をいろいろ説明する。

5「問疾品《もんしつほん》」いよいよ文殊が見舞いに行って維摩居士との切磋《せっさ》琢磨《たくま》の問答の火花を散らせる。

6「不思議品《ふしぎほん》」維摩による大胆な「無限定の限定」という解脱感覚論が披露される。

7「観衆生品《かんしゅじょうほん》」なんとジェンダーを超えて天女や女身を論じたりして、「人間」の意味が見えてくる。

8「仏道品《ぶつどうほん》」矛盾がこびりついた煩悩とそれを解きほぐす菩薩の意味があきらかになっていく。

9「入不二法門品《にゅうふにほうもんぼん》」ついに語られる「不二の哲学」のリバースモードと恐るべき「維摩の一黙」。

10「香積仏品《こうしゃくぶつほん》」超菩薩のキャラクタリゼーションをめぐってメタファーがいろいろ駆

使される。

11「菩薩行品《ぼさつぎょうほん》」これまで見舞いに行った連中が一人ずつ本音の感想を述べていく。

12「見阿閦仏品《けんあしゅくぶっぽん》」自己と他者をめぐる真実の見方が互いに語られ、維摩の正体がいよいよ暗示される。

13「法供養品《ほうくようほん》」座談のうちに世界にひそむ因縁の本質の説明がなされ、天帝から大絶賛を受ける。

14「嘱累品《しょくるいほん》」ふたたびブッダが登場して、かくてなにもかもが大団円へ。

これでだいたいの流れがわかるでしょうが、このうちの第四品までを序分、後半を正《しょう》宗分《しゅうぶん》といいます。文殊がご一党を引き連れて居士の家を訪れた第五「問疾品」からが正宗分というメインディッシュです。

かんたんなドラマの仕立てとテーマ展開をかいつまんでおくと、冒頭の1「仏国品」はかなりおおげさです。仏典はどんな経典も開闢《かいびゃく》シーンがたいていおおげさで、あまり本気で読まないほうがいい。ハリウッド・アドベンチャーの冒頭シーンだと思って、お気楽に読めばいい。『維摩経』もヴァイシャーリーのアームラパーリー（菴羅婆利《あんらばり》）という大遊女の所有するマンゴーの森の一角にどっかと坐ったブッダ（世尊）が、八〇〇〇人の大比丘《びく》衆三二〇〇〇人の菩薩を前に説法をしているという、一大ページェントから始まります。サッカー場か野球場並の群衆のごとく阿羅漢たちが集まったというべらぼうな話ですが、むろんそんなことはない。大きくケタを変えてある。

そこへ宝積菩薩がしずしずとあらわれて、長者が多いリッチャヴィ族の五〇〇人の若者たちとともに日傘を捧げてブッダに供養します。すると、ブッダがたちまち五〇〇の傘を一つの巨きな傘に変じるという幻術のようなことをおこす。これも仏典にはよくあるマジックショーのようなもので、インド人特有の針小棒大な光景の描写によって、これからおこることがとても有り難いことなのだと知らせているわけです。いまでも東京ドームや武道館のイベントの開幕シーンで見せていることです。今夜の紅白歌合戦やK－1もそういう演出でしょう。

こうして仏国土とは何か、理想の世界とは何かという説法がじょじょにくりひろげられ、ブッダは理想世界の建設のためには「直心・深心・菩提心」という三心が肝要だと言います。三心だけでなく、六度、四無量心、四摂法《ししょうぼう》、十善など、次々に九つのメルクマールを説く。これらを認識して実行すれば、世界は浄化されて浄土になると言うのです。

しかし、こんなことばかり並べられても、まさにお題目ばかりでよくわからない。実際にも舎利弗《シャーリプトラ》がブッダに質問をします。世尊はそんなことをおっしゃるが、この世界は浄土どころか穢土《えど》ばかりではないですか。これは矛盾しているのではないですか。

ちなみに実際の歴史上の舎利弗は釈迦十大弟子のトップを切る者で、ブッダの後継者になるだろうと期待されていたのですが、ブッダよりも年長者だったため先に死んでしまいます。だからこの場面では、舎利弗はまだ悟りを開けないでいる段階の未熟な舎利弗ということで、声聞《しょうもん》の立場から質問しているという場面設定になっています。

ともかくも、このように舎利弗はまっとうで正直な質問をしたのですが、ブッダはこのとき自分の足指で地面をほぐして、三千大千世界を無数の宝飾でキラキラに輝かせましたとあって、ほかには何ら説得力がない。

そこで『維摩経』は2「方便品」に移ります。ここはやっと維摩居士の姿があらわれるはずの章なのですが、実際に登場してくるのではなく、維摩がどういう人物なのか、その噂が語られるだけなのです。たいへん巧みな編集です。こんなふうです。「毘耶離城に長者にして維摩詰と名づくる者あり。かつて無量の諸仏を供養して、深く善本を植え、無生忍《むしょうにん》を得て弁才無碍なり。神通に遊戯《ゆげ》し、もろもろの総持を逮して無所畏を得て、魔の労怨を降《くだ》す。深法《じんぽう》の門に入り、智度をよくし、方便に通達し、大願成就す」。

ニーチェに『この人を見よ』という快著がありますが、まさにこの章は「この人を見よ」というふうになっているわけです。維摩というとんでもない在家の仏者がいる、その男はいまは病気で臥せっているのでこの場には姿を見せられないが、これこれしかじかの凄い男なのだということが語られるのです。

やっと維摩が出てきたのに、その姿がなく、病気の維摩を通してその偉大なありようがヴァーチャルに語られるのは、意外です。なぜこんなふうになっているかというと、これは維摩の方便なのです。作戦であり、魂胆なのです。というわけで、ここからはブッダが次々に弟子たちを見舞いに行かせようとする3「弟子品」、続いて菩薩たちを行かせようとした4「菩薩品」というふうになっていきます。

しかし、さきほども紹介したように、全員がことごとく維摩に恐れをなして辞退してしまうことになるのですから、これまたまことに奇妙な展開です。奇妙な展開ですが、その理由を各自が次々に述べるという構成になっているので、その各自の体験報告から「見えない維摩」の驚くべき弁才無碍がしだいに立ち上がってくるようになっていきます。やっぱり憎い編集構成です。

たとえば、かつて維摩は大目連には「法（ダルマ）を説くなら混じりっけなしでいきなさい」と言い、摩訶迦葉には「かっこつけて貧者ばかりを応援するな」と言ったらしいのです。貧者ばかりというのは、慈悲心を示すために富者を避けて貧しい者ばかりのところで説法しているという批判なのですが、これはかなりきつい批判です。維摩は偽善を許さない。そんなことでメセナやＣＳＲをやっていると思いなさんなよ、それより矛盾を吐き出しなさい、という勢いです。

須菩提には、君は行乞《ぎょうこつ》をしているようだが、本気で物乞いするのなら君自身が落魄《らくはく》しなければいけないと諭したようでした。これもかなりのパンチアウトです。そして、かの弥勒菩薩に対してさえ、あなたは未来の世でブッダ（覚者）になることを約束されているようだが、ではいったいその悟りのモデルはどこから得たものなのか、それが過去だと言うなら、未来とは何かと問い、弥勒を困らせた。

こういうことをみんながかつて維摩から次々に言い渡されたので、それで誰もが怖《お》じけづいてしまったのでした。

なかで、ぼくが気にいっているのは光厳童子のエピソードです。光厳童子が毘耶離の大城を出ようとしたとき維摩居士に出会ったので、「どこからいらしたのですか」と訊《き》いたところ、「道場からやってきた」と答えた。そのころ道場といえばブッダガヤの道場のことだから、ずいぶん遠いところからお見えになったのですねと訝ったところ、維摩は「どこもかしこも道場だ」と答えたというのです。まさにその通り。ジンセー、どこもかしこも道場です。青山《せいざん》です。

このたぐいの話が次から次へと提示されるのですが、読めば読むほど引き込まれるとともに、維摩とはどんな男なのか、好き勝手を言っているだけじゃないか、実はそれほどたいした男じゃないのではないか、これで大乗仏教や菩薩道を説明することになるのだろうかとか、それにしてもつねに大胆不敵で、電光石火の問答を切り結ぶものだとか、いろいろ興味や疑問や期待が募ります。

こうして5「問疾品」で、いよいよ最後の切り札の文殊菩薩が満を持して見舞いに行くということになるのですが、行ってみたら、なんと仮病だった、維摩はウソをついていたという予想外の事態が待っていたわけです。

『維摩経』のレーゼドラマ全篇の進行を劇的なものにしているのは、この、病気で臥せっている維摩のところへ見舞いに行ったところ、それが仮病だったという最初のどんでん返しです。これですべてが劇的効果満点になっていく。これ、「伏せて、開ける」というぼくが大好きなやりかたでした。

はたしてヴァイシャーリーにいた維摩が実際にもそういう手を使ったのか、それとも仏典のハイパーエディターたちがそのように脚色したのかははっきりしませんが、おそらくは似たようなことがあったのだと思います。利休が秀吉に「庭の朝顔がみごとに咲いていています。どうぞ明日の朝茶へお越しください」と言って、秀吉が行ってみたところ、その朝顔が全部ちょん切られていた。ムッとした秀吉が躙口《にじりぐち》から入ってみると、薄暗い茶室の床に一輪だけ朝顔が活《い》けられて光り輝くようであったという、あの話に通じる劇的効果です。いや、価値の本来を気付かせる方便です。

この仮病の仕立てによって、維摩が文殊と問答をする「際《きわ》」が俄然《がぜん》切り立ってきて、

「問疾品」がぐいぐい迫ってくるのです。

文殊との問答には、ぼくもいろいろヒントをもらいましたが、そのひとつは維摩が文殊に「不来の相にして来たり、不見の相にして見る」と言った場面です。

これは文殊がたくさんの連中を引き連れてやってくるというので、部屋という部屋をからっぽにしておいて、ひとつだけ寝台をのこしてそこに悠然と横たわっていたので、文殊たちがびっくりしたとき、言い放った言葉です。維摩はニヤッと笑って「文殊たちよ、よく来たね。諸君は来ないで来て、見ないで見ているのだよ」と言います。まったく怖いことを言うものです。ところがその意味が一同にはわからない。ついつい「なぜ部屋はからっぽなんですか」とか、「椅子ひとつないのはどうしてですか」と聞かざるをえなかった。

すると維摩は「君たちは椅子がほしくて来たのか」「からっぽなのはこの部屋だけか」と強い問答を強いてくる。これでみんなギャフンです。しかし、そう言われれば、そうなのです。誰も椅子に坐るために来たのではなく、維摩の話を聞きたくて来たのだし、部屋がからっぽだからといって維摩居士がそこにいればそれでいいはずでした。

それにからっぽなのは、その部屋のことだけであるはずもない。からっぽは、どこにでもありうる。ブッダはとっくに「諸行無常、諸法無我」と言っていたのです。しかし菩薩たちは維摩を前にしては、そこをそのように単刀直入にできないでいる。

かくて維摩はここで「空」とはどういうものか、「席」とはどういうものかを説明する。たんにその主題を訳知りに論じるのではなく、まさに目の前で「空の部屋」「なくなっている席」を見せたうえでの菩薩道の議論です。こうして『維摩経』はここに大乗仏教最大のテーマである「空」をとりあげたのです。

それでも文殊たちは、まだどうしてもわからないことがある。それは、なぜ維摩が仮病という手をつかったのかということです。これは誑《たぶら》かしかウソつきとしか思えない。いくらなんでもこれは居士がおかしい。すると維摩は、病気が真実か虚偽かをどこで決めるのかを問います。そもそも虚妄に陥る心だって病気かもしれないのです。実際、現代の精神病理学ではそうした虚妄を精神病とみなしている。つまり、病気は誰かが決めた席の症状にすぎないのです。

こうして維摩は菩薩たちに「客塵煩悩《かくじんぼんのう》」を説きます。諸君の心の中ですべての塵《ちり》（矛盾）を「客なるもの」とみなせば、ふだんより煩悩から離れられるはずなのだと言い放つのです。

以降の『維摩経』でも、ぼくが気にいっているところは幾つもあるのですが、とりわけ6「不思議品」と9「入不二法門品」が白眉《はくび》です。

『維摩経』が説いていることを仏教学的に集約すると、「空」とは何か、「不可思議解脱」とは何か、「不二法門」とは何か、という三点に尽きています。そのうちの最大のテーマ「空」(空観)については、つまり大乗仏教がおこる最大のエンジンとなった「空」については、一応は『空の思想史』や『大乗とは何か』にも千夜千冊してみたので、いまは省きます。そのかわり今夜は諸君を「不可思議解脱」と「不二法門」に向けて大晦日の行方知れずな気分に誘《いざな》い、除夜の鐘とともにおわりたいと思います。

6 「不思議品」のドラマは「問疾品」を受けて、舎利弗との「椅子」と「席」をめぐる議論に始まり、維摩が「無住」また「本来無住」を示唆すると、そもそも師子座とはどういうものかと問うところから、一気に加速します。

師子座というのは古代インドで国王や貴人や高僧が坐る台座のことですが、仏教ではブッダの座をさします。それならば、このブッダの座はいったいいつからあったのか。ブッダがいたからその座になったのか、だったらそのブッダはいつからその座のことを覚悟していたのか。

いろいろ推理してみると、この座は前世のブッダが雪山童子と呼ばれていたころから想定されていたというふうになります。しかし、過去にそういう座が物理的にあったわけではありません。そうだとすると、師子座は何かの想定のヴァーチャルな中にあるもので、それが現在まで続いているということになります。その想定には五蘊《ごうん》や三界や十二処や十八界がくっついているはずですから、現在まで引っ張ってくるうちに、それぞれが世界大というものになるわけです。だとしたら、たんなる「椅子」なんて、どこにもないのです。
　ということは、何かを悟るということ、すなわち解脱《げだつ》するということは、このように部分をあまねく存在するものとして想定することができるかということにほかならず、それはさまざまなことが同事＝同時であるように自身を仕向けることなのです。

仏教では四摂法《ししようぼう》といって、布施・愛語・利行・同事を重視します。布施は与えること、愛語は優しい言葉、利行は思いやりの行為、そして同事は相手と同じ立場に入って何かの先に導くことをいう。

　この同事を同時におこすべく、仏道では六波羅蜜を研ぎすまし、顚倒《てんどう》がいつでもおこるように準備し、あたかも芥子《けし》の中に須弥山を入れてしまうかのように、どんな部分と全体の関係も、どんな過去と現在の関係も、自在にリバース観相できるようにするわけです。それを維摩はふわりと「不可思議解脱」と呼ぶのです。
　『維摩経』にはこう書かれています。「諸仏菩薩に解脱あり。不可思議と名づく。もし菩薩、この解脱に住すれば、須弥の高広を以て芥子の中に入るるに増減するところなし」。どんなに部分と全体を入れ替えても、そこには不可思議という「不」が関与して、万事平気になるものだというのです。ひるがえって、維摩の仮病もからっぽ作戦も「不二」の介在に果敢であったということでした。かくして、ここから「不二法門」へ話がとんでいく。

われわれはつねづね精神と物質とか、生と死とか、黒白つけるとか、組織と個人のどちらを優先するとか、現実感と想像力をくらべるとか、勝ち組と負け組に分けるとか、罪と罰、優美と「がさつ」、思慮と行動、「きれい」と「ぶさいく」とか、都会と田舎とかとか、理系と文系とかとか、何であれ二つのものを対立させて見がちです。これはダイコトミー（二分法）という思考法の限界です。対立して見ているうちに、どちらかに加担しすぎたり、その絡みぐあいに巻き取られかねません。

そのためこの二分法が新たな矛盾や葛藤《かっとう》になって自分を襲ってくるのですが、仏教ではこれを「分別」と呼んで要注意として扱っている。当然、われわれの思惟《しゆい》や思考は世の中向けになっていますから、ふだんの基本活動は分類的にできていて、それゆえ物事や仕事を進めるには分別知は欠かせないのですが、だからこそ法や科学やスポーツなどの勝負事が確立してきたのですが、とはいえ、そのどちらかが絶対化される必要はないはずです。そもそも分別は「差別《しゃべつ》」だったのです。

ですから二分法的に物事や仕事を考えていくと、どうしてもそのどちらかだけを選択することになります。それなら差別にのみ陥ってしまうところから抜け出るにはどうすればいいのか。ここをあえて高次に脱出しようというのが維摩の言う「不二法門」という方法です。

二つのものをダイナミックな一つのものの動きやはたらきと見るのです。何であれ高次に見るというのが維摩の眼目です。

維摩は不二法門の一挙的把握のための例示や比喩や説得などを、9「入不二法門品」だけではなく、『維摩経』のそこかしこで小気味いいほど連打します。これが禅問答めいていて、またまたたいへん痛快です。

たとえば、健康と病気。これも二分です。むろん健康であることや「亭主元気で留守」がいいに決まっているようですが、では健康であろうとしてそれに囚《とら》われるのはどうか。逆に、病気だからといって落胆してしまうのはどうか。ぼくの体験からしても、病気や手術はいろいろなことを気付かせてくれました。だから健康がマルで、病気がバツとは言いえない。そのどちらでもありうるところにいろいろのことが芽生えます。こういうとき維摩は、健康でも病気でもない「不二法門」に入ればいいじゃないかと言うのです。

不二法門はコンティンジェントであるということです。コンティンジェントとは「別様の可能性をもっている」ということですから、二者択一を超えているのです。仕事がうまくいくか、いかないか。ビジネスが成功したか、そうでもなかったのか。これを売上高でみればコトの黒白が決まるけれど、スタッフの働きぐあいやクライアントの学習ぐあいからすると、成功とも言えないし、失敗とも言えません。そういう仕事はしょっちゅうあります。でも、これを最初から効率のいい仕事ばかりを前提にしてしまうと、すべてがルーチン化して、市場や技術の動向による転換ができなくなりかねない。維摩は商人ですが、こういうときもあらかじめ不二法門に入っておいて、そこから次を窺《うかが》うようにする。そのほうがずっと高次になっていくと考えるのです。

不二とは「二にあらず」ということです。二ではないというのは、二になったら一に戻るか、もっと多くの数に入ってそこから「不二」という新たな自信をもつか、それともふだんから二が来たら、どんなにも一、一というふうに、別の二が来たらそれも一、一と見るようにするか、このどれかです。

江戸時代の条理学者の三浦梅園はそこを「一即一一」と言った。一の中にいつも一、一を見た。これはものすごい見方です。反観合一という高次な方法でした。維摩のやりくちもこの方法に近い。次のように言います。

「世間と出世間とを二となす。世間の性として空なる、すなわちこれ出世間なり。その中において、入らず、出《い》でず、溢《あふ》れず、散ぜざる、これを不二法門に入るとなす」。「生死《しょうじ》と涅槃とを二となす。もし生死の性を見れば、すなわち生死なし。縛なく解なく、生ぜず滅せず。かくのごとく解せば、これを不二法門に入るとなす」。「有所得の相を二となす。もし無所得ならばすなわち取捨なし。取捨なきもの、これを不二法門に入るとなす」。

この三つ目の言い分は、われわれはついつい報酬を求めることで何かをなそうとしているけれど、「取」と「捨」を同一の次元にとらえる高次な立場に立てば、取捨の区別なく、したがって報酬と無報酬を超えられるはずだというものです。

かつて幸田露伴は『閑窓三記』に「捨」というエッセイを綴り、「取ることを知りて、捨つることを知らぬは、大いなる過ちなり」と記しました。さすが、古典日本と近代日本を分割しなかった露伴です。

不二法門については、文殊もこう言います。「我が意の如くんば、一切の法において言《ごん》もなく、説《せつ》もなく、示《じ》もなく、識《しき》もなし。これら諸々の問答を離るる。これを不二法門に入るとなす」。

これは不二に入るには、まず守って、次にこれを破って、さらにそこから離れるという「守・破・離」に似たことを説明しています。しかし、文殊の理解は不二のために言語からも離れようとしている。言語を離れるために言語を用いた。これは不二なのか、不二ではないのか。のちの経典『大乗起信論』では、絶対の真如は言葉で説くことはできないが、「言説《ごんせつ》の極、言《ごん》に依って言《ごん》を遣《や》る」と説明します。ぼくも三十代半ばに、『遊学Ⅰ』(中公文庫)に「言葉から出て言葉へ出る」と書きました。道元についての文章でうっすら見えたことでした。

では、では、そこで維摩はどうしたかというと、これこそ『維摩経』全篇のなかで最も有名な場面になるのですが、悠然と、黙っていたのです。ただただ黙したのです。一同は凍りつきました。これが後世に有名な「維摩の一黙、響き雷の如し」と言われてきた、驚くべき結末です。

維摩居士は一黙した。たんに沈黙したのではありません。一黙という凝然不動を見せたのです。鈴木大拙はこれを「維摩拠坐」と名付けたものでした。座禅の境地と同じだというのです。いやいや、たいへんな結末です。こういうところが維摩居士という男の変なところであり、不抜にものすごいところなのです。ぼくはそういう維摩にコンティンジェント・モデルを感じてきたのです。

以上、大晦日の告解でした。維摩居士が「仏教する仕事人」であったことに、すべてのヒントがあります。ぼくもそんな居士の末端にいたいとも思っています。それでは、諸君、くれぐれもよい年を迎えてください。そして一黙。あけましておめでとうございます。

第一五三〇夜　二〇一三年十二月三一日

参照千夜

八五〇夜：『蕪村全句集』　七五〇夜：空海『三教指帰・性霊集』　六三八夜：樋口一葉『たけくらべ』　一三〇〇夜：『法華経』　一四二九夜：横超慧日・諏訪義純『羅什』　一〇二三夜：ニーチェ『ツァラトストラかく語りき』　八四六夜：立川武蔵『空の思想史』　一二四九夜：三枝充悳『大乗とは何か』　九九三夜：三浦梅園『玄語』　九八三夜：幸田露伴『連環記』　九八八夜：道元『正法眼蔵』　八八七夜：鈴木大拙『禅と日本文化』

第四章　中国仏教の冒険

沖本克己・菅野博史他『仏教の東伝と受容』
森三樹三郎『老荘と仏教』
横超慧日・諏訪義純『羅什』
リチャード・C・フォルツ『シルクロードの宗教』
菊地章太『弥勒信仰のアジア』
礪波護『隋唐の仏教と国家』
保坂俊司『インド仏教はなぜ亡んだのか』

仏教の中国化を企てた道安の、
教相判釈と五時八教という独特の構想を追う。

沖本克己・菅野博史 他

仏教の東伝と受容

新アジア仏教史06　中国Ⅰ 南北朝

佼成出版社　二〇一〇

本書は「新アジア仏教史」という全一五巻シリーズの一冊で、ごく最近に完結したばかりだ。刊行完結はちょっと感慨深かった。というのも、本シリーズ名に「新」がついているように、もともとは「アジア仏教史」全二〇巻を一九七二年に同じ佼成出版社が刊行していて、ぼくはその各巻各章を頼りにアジア仏教のあれこれをずっと啄《ついば》んできたからだ。やはり「インド篇」「中国篇」「日本篇」などと構成されていた。佼成出版社というのは立正佼成会の出版部門のことをいう。

わが仏教史学習時代としてはまことにたどたどしい時期だったけれど、そのころはアジアまるごとの仏教史を地域別通史的に総なめしてくれているものはなかったのである。

多くが仏教思想のとびとびの解明に傾斜していたので、やむなく宇井伯壽や木村泰賢まで戻ったりしていたのだが、それではとうていまにあわなかったのだ。

今回のシリーズ「新アジア仏教史」はそこそこ斬新《ざんしん》な組み立てになっている。インド篇が「仏教出現の背景」「仏教の形成と展開」「仏典からみた仏教世界」で、スリランカ・東南アジア篇が「静と動の仏教」、中央アジア篇が「文明・文化の交差点」となり、これに中国篇の三巻の「仏教の東伝と受容」「興隆・発展する仏教」「中国文化としての仏教」が続く。さらにチベット篇の「須弥山の仏教世界」、朝鮮半島・ベトナム篇の「漢字文化圏への広がり」が各一巻あって（これがユニークだ）、そして日本篇の五巻が別格として控えるというふうなのだ。

編集委員は奈良康明・沖本克己・末木文美士・石井公成・下田正弘で、この顔ぶれ同様、執筆陣もかなり若返った。そのぶん全巻構成とともに、一巻ずつの視点も刷新された。ただし各章を分担執筆にしてあるので、なかには重複が煩わしいところ、ややありきたりな展開になってしまったところもある。

今夜とりあげることにした本書は、タイトルに「仏教の東伝と受容」とあるように、東伝仏教として「どのように仏教は中国化されたのか」ということ、すなわち中国仏教の「発現」のところを扱う重要な一巻になっている。これまでこの手のものを詳細に構成しているものはあまりなかった。

そのため塚本善隆の『中国仏教通史』（春秋社）や鎌田茂雄の『中国仏教史』（東京大学出版会・岩波書店）のたぐいを、何度も読み返さなければならなかった。それらも、すでに中国に定着した中国仏教の内実が主軸になっていて、インド仏教やシルクロード仏教がどのようにアウトサイドステップやインサイドステップをおこしながら〝中国化〟という劇的な変容の出来事をなしとげていったのか、その多言語型異文化インターフェース上の苦労にはふれていなかった。

南北朝時代に安世高からクマーラジーヴァ（鳩摩羅什）に及んだ訳経僧がインド＝シルクロードをへた仏典や経典をどんなふうに扱ったのか、それがどんな経過で集合的な訳業や分業的な訳場の形成にいたったのか。こうした問題は、われわれ日本人が読んできた仏典が漢訳仏典であったことからすると、最も大事な仏教思想上の編集的要訣を握っているところであり、かつまた、それは上座部仏教が大乗化するユーラシア的なスケールにおける宗教戦略的転換にもあたっていたはずなのだが、その両方が重畳的にはなかなか見えてこなかったのだ。

本書の中の注目点に話をすすめる前に、インドに始まった仏教がシルクロードを東上して中国に入ってくるにあたって何が眼目になったのか、ざっと大きな流れを俯瞰《ふかん》しておきたい。本シリーズでいえば第一巻・第二巻にあたるところだ。

仏教はむろん北インドのブッダの覚醒《かくせい》に創発したものだ。そこをユーラシアという大きな視野で見ると、そもそもは「アーリア人が先住インドの業と輪廻《りんね》の考え方を継承した」という事情がかかわっていた。生きとし生けるものは「業《ごう》」によって生と死と再生をくりかえすという輪廻観は、やがて東アジアを根底で貫く因果応報観となり、自業自得観になっていった。このことは、その後はまわりまわって日本人の諦念《あきらめ》観にまで及んでいる。

しかし日本人とちがって、インド＝アーリア人は言葉においても思考においてもすこぶる論理的だった。そこで輪廻の正体にも切りこんだ。輪廻の原動力は善（功徳）であれ悪（罪障）であれ、万事は「おこない」にもとづいているのだろうから、その「おこない」の基層にある真の問題を考えるべきだと推理して、そこに欲求と渇愛が蠢《うごめ》いているということを突きとめ、真理を邪魔しているのはそういう欲求や渇愛がからんで捩《ねじ》れた「煩《ぼん》悩《のう》」や「無明《むみょう》」だろうと考えたのだ。

そして、そこからの脱却が必要だと考えた。仏教が「解脱《げだつ》をめざした宗教」だということも、ここに出所する。仏教は、それには「智慧《ちえ》」（プラジニャー＝般若《はんにゃ》）が必要だとみなした。これらが一言でいえばブッダの仏教（＝ブッディズム）が生まれてくる背景思潮というものだった。

ふりかえって、インド大陸では二〇〇〇年ほど続いたインダス文明のあと、カスピ海の東の中央アジアからやってきた遊牧アーリア人の母集団がひとつにはイラン地域へ、もうひとつにはヒンドゥークシュ山脈を越えてインドのパンジャーブ地方に入ってきた。紀元前一五〇〇年くらいのことだ。

インド＝アーリア人は父系的な氏族社会を営みながら、先住ドラヴィダ人の母系的な習俗をとりこみつつ新たな言葉の文明を築いていった。「ヴェーダの文明」である。膨大な讃歌群《さんか》として「サンヒター」（本集）、「ブラーフマナ」（祭儀書）、「アーラニヤカ」（森林書）、「ウパニシャッド」（奥義書）などのヴェーダ文献がのこされた。なかで「サンヒター」の最古の中心を占めるのが『リグ・ヴェーダ』だった。

ヴェーダの宗教は三三神とも三三三九神とも数えられる雑多で賑《にぎ》やかな多神教だったが、この多神教は、讃歌の主題になった神がその讃歌の中で最大級の賛辞で称《たた》えられるという性格をもったので、たんなる多神教ではなかった。十九世紀の宗教学者のマックス・ミュラーは「交替多神教」と名付けた。なかなかうまいネーミングだ。

とはいえ、そんな多神教であれ、そういう神々を管理する階層がいた。ヴェーダは「知る」という語根から派生して「知識」を意味している言葉だが、その知識を牛耳るのはもっぱら祭官階級のバラモン（ブラーフマナ）だった。紀元前八世紀ころのことで、このバラモン層を中心に「業」や「輪廻」を知識として処理管理するという思想が芽生えた。それとともにカースト（種姓＝ヴァルナ）が組み立てられていった。

アーリア人の祭官階級のバラモンたちが律していった思想は「ウパニシャッド」（「近くに坐《すわ》る」という意味）として構築された。紀元前五世紀までを「古ウパニシャッド」期あるいは「ヴェーダーンタ」期とよんでいる。

ウパニシャッド哲学は「梵我《ぼんが》一如《いちによ》」を主張した。ブラフマン（梵）とアートマン（我）は究極的に同一（一如）であるというもので、この原理によって世界と人間と知識のあいだを詰めた。マクロコスモス（梵）とミクロコスモス（我）を一体化するという意味では、「梵我一如」にはすばらしいロジックが芽生えたのであるが、しかしながら、父系制とカースト制と知識管理を律するバラモンたちの社会は広がりを欠いていた。それにパンジャーブ（ドーアーブ）地方は小麦以外に収穫物が少なく、大きな王権国家を築けず、やむなく部族連合国家のような体裁をとるしかなかった。

一方、これに対してガンジス中流域は米を中心に安定的な収穫物に富んでいた。そのためこちらには国家や富裕階層が誕生する余地があった。そこにバラモン支配やカーストに対する不満が立ち上がっていき、ガンジス型の新興勢力層となっていった。かれらは、バラモンだけに富が集中するブラフマニズムよりも新たな宗教文化を求めて出家して、いわゆるサマナ（シュラマナ＝沙門《しゃもん》＝努め励む人）となることを好んだ。

やがてそうした一群からいくつもの自由思想者が登場し、ジャイナ教の開祖マハーヴィーラ（＝ニガンタ・ナータプッタ）に代表されるような、独自の修行と思想を展開する活動が目立ちはじめた。人間は「おこない」が原因で、外部から「業」が魂に付着し、魂の自由を束縛して輪廻に陥らせるという見方は、マハーヴィーラが最初に説いたものだ。このジャイナ教にみるように、かれらのグループはいずれも特色のある一派を築き、だんだん多様になっていった。仏典では六二もの流派が、ジャイナ典籍では三六三もの流派がつくられたという。まとめて「六師外道」などといわれる。そうしたサマナの中のひとつからゴータマ・シッダールタ、すなわちブッダが登場したわけである。

カピラヴァストゥの王家に生まれてすぐに母を亡くし十六歳で結婚した王子シッダールタは、しだいに人生の無常を感じて二九歳で出家すると、従来型のアートマン（我）が常住不変の自己の本体だという見方に疑問をもった。

バラモンの教えに反発したのだ。そのため「非我」や「無我」を考えるようになり、世間や社会というものは「苦」で成り立っているという「一切皆苦」の見方をとった。これを仏教史に広げると「苦諦《くたい》・集諦《じったい》・滅諦・道諦」という四諦になる。ベナレス郊外の鹿野苑でブッダが最初に説いた説法（初転法輪）の中身も、このことだ。西洋思想ふうにいえば「生のニヒリズム」を説いたと見られるが、そうではない。「縁起から空へ」の方向が開示された。

やがてすべての現象の根源は「縁起」（相互関係）で成り立っているとみなしたブッダのもとに、ブッダの人格を慕う者、その教えに帰依する者、その活動に寄進する者があらわれ、ここに原始仏教教団が芽生えた。仏教はサマナ（沙門）のような出家者によって唱導され、ガンジス型の富裕層の在家信者からのパトロネージュを受けつつ、独特の集団を形成していったのである。

たとえば、ブッダの教えに早くに帰依したカーシュヤパ三兄弟、マガダ国王ビンビサーラ、祇園《ぎおん》精舎を提供したシュダッタ（須達長者）などは、いずれも大富豪か権力者だった。ブッダ自身はきわめて禁欲的であり、深い思索にも瞑想《めいそう》にも集中できた異能者ではあったけれど、その活動を支えたのはもっぱら富裕層や商工業者だったのだ。

諸説はあるが、ブッダはおそらく八十歳前後で亡くなった。敬して入滅《にゅうめつ》という。また、その状態を涅槃《ねはん》寂静という。

偉大なリーダーを失っても、弟子（仏弟子）たちは弱体化しなかった。「サンガ」（僧迦＝教団）を組んで、その教えを伝えることを誓った。ふつう、原始仏教教団とよばれる。このように仏教は、その最初からあくまで出家至上主義の教団によって進められていったのである。

こうして王舎城に篤実な仏弟子たちが集まって、まずは第一結集《けつじゅう》が試みられた。合言葉に「一切皆苦」と「諸行無常・諸法無我・涅槃寂静」の三法印をおき、ブッダが得意にしていた対機説法や応病与薬の成果と、それにまつわる言葉の数々が編集された。編集にあたっては晩年のブッダの説法をしょっちゅう聞いていた多聞第一のアーナンダ(阿難陀)や智慧第一のシャーリプトラ(舎利弗)がコアメンバーになった。これが〝初期仏典〟である。そのためこの時期の経典の多くが「如是我聞《にょぜがもん》」(私はブッダからこのように聞いた)の言葉で始まっている。

ブッダ入滅から百年もたってくると、さすがに教団内部に対立と論争が絶えなくなって、争点もあれこれ十指をこえるようになる。その争点を「十事」という。長老派は十事審査をしたうえで第二結集に踏み切るのだが、改革派はこれに満足せず分派することを選んだため、ここで守旧派(長老派)の「上座部《じょうざぶ》」と改革派の「大衆部《だいしゅぶ》」が大きく対立した。のちのちまでアトを引く根本分裂だ。

これ以降、仏教は長い「部派仏教」時代に突入する。この部派仏教のストリームはのちに大乗派(大乗仏教)の連中から蔑称《べっしょう》され、「小乗仏教」ともよばれた。

部派仏教はマウリヤ朝のアショーカ王時代をあいだにはさみ、枝末分裂していった。上座部は説一切有部《せついっさいうぶ》が主流となりながら、犢子部《とくしぶ》・正量部・経量部・法蔵部などへ分化し、またセイロン（スリランカ）から東南アジアへの伝播《でんぱ》におよんだ（南伝仏教＝テラワーダ仏教）。大衆部のほうは一説部・説出世部・説化部などの九部派へ小さく割れていった。

なかでもっとも大きな潮流となったのは上座部系の「説一切有部《せついっさいうぶ》」のエコールだ。たいへん理論好きなエコールなので文献上でも多くの言説（エクリチュール）をもたらしているのだが、あえて一言でいえば「三世実有《さんぜじつう》」「法体恒有《ほったいごうう》」を主唱した。主観的な我は空であるが、客体的な事物や現象は過去・現在・未来の三世にわたって実在するという考え方だ。それが人間存在においては「五蘊《ごうん》」（色・受・想・行・識の五つの意識の集まり方）が瞬間瞬時に変化しながら持続されていく。そう、みなした。我空法有・人空法有、五蘊相続説などという。

これに対して経量部や大衆部は「現在有体《げんざいうたい》」「過未無体《かみむたい》」を主張して、あくまで現在に重きをおいていった。この考え方はやがて大乗仏教のうねりとともにその中に組みこまれていく。けれども全体のストリームからみると、当面の流れは説一切有部の勢いがはるかに強く、また大きく、それゆえこの上座部系の「小乗仏教的」な理論や知識こそが五胡十六国やシルクロードの仏教思想を占めていくことになった。

他方、東漸する仏教に対して、インド本土では六派哲学に代表されるインド哲学が深まり、民衆にはバラモン教に代わって、その衣裳替えともいうべきヒンドゥ教が広まっていく。この潮流は今日のインド社会にまで続いている。

かくて、ここからはやや複相的になるのだが、一世紀前後におこる大乗ムーブメントが「般若経」「維摩経」「法華経」「華厳経」などの新たな〝大乗仏典〟のかたちをとるにつれ、またそこにナーガルジュナ（龍樹）の中論や「空の思想」の論述著作が加わっていくにつれ、そうした大乗経典や研究書が上座部系より遅れながら西域や五胡に入って、相互に交じることになった。

そして、その大乗著作群の西域流入期とちょうど相俟《あいま》って、ここに安世高《あんせいこう》からクマーラジーヴァ（鳩摩羅什）に及ぶ「仏教の中国化」（漢訳の試み）がさまざまなルートでおこっていったわけである。本書にいう「仏教東伝」とは、ごくごくおおざっぱにいえば、だいたい以上のことをさしている。

さて、ここからが本書の内容案内になるのだが、仏教が中国に伝わった初期の事情は、金人伝説あるいは白馬寺説話と呼ばれてきた伝承の裡《うち》にある。

ある夜、後漢の明帝（在位五七〜七五）が金人が空から宮殿に飛来する夢をみて、これはかねてから伝えられている西方の聖者が漢に来る前兆だろうと思い、使者を西域に遣わした。使者一行は大月氏《だいげっし》にいたって迦葉摩騰《かしょうまとう》と竺法蘭《じくほうらん》という二人の僧に出会ったので、二人を伴って永平十年（六七）に漢に戻った。明帝はこれをよろこび、洛陽に白馬寺を建て、経典の漢訳を要請した。このとき完成したのが『四十二章経』である云々《うんぬん》……。こういう伝承だ。

伝承ではあるが、この話は中国仏教が西域経由の独自の漢訳作業から始まったということをよく伝える。大月氏がクローズアップされているのも注目される。

それならこれらは伝承だけかというと、そうでもない。実際にも『三国志』魏志の注に『魏略』西戎伝の一節が引用されていて、そこには前漢の哀帝のとき（紀元前二年）、大月氏の使者の伊存が漢の朝廷で仏教経典の口授をしたという記述があり、この時期になんらかのかっこうで仏教初伝があったろうと思われる。大月氏とは、漢の武帝の指示ではるばる西域に及んだ張騫《ちょうけん》が入ったクシャーン朝のことをいう。

中国は「文の国」であって「文字の国」である。いったん伝わってきた「文章としての経典」には異常なほどの関心をもった。加えて中国人にとっては、未知なるものはなにがなんでも既知なるものにならなければならなかった。ゾロアスター教は拝火教に、ネストリウス派のキリスト教は景教に、イスラムは回教に。いやいや、核実験もＩＢＭもマイクロソフトも新幹線も……。まして仏教においてをや、だ。だからこそ、ここに訳僧や渡来僧の大活躍がおこったのである。

かくして、初期のパルティア（安息）出身の安世高が後漢の一四八年に洛陽に入って

『安般守意経』『陰持入経』などの説一切有部系の経典を訳出して以来、シルクロード経由の部派仏教と大乗仏教の経典が次々に入り、ことごとく中国化することになった。この中国化は時まさに漢帝国が解体し、三国時代や五胡十六国時代などの、ようするに魏晋南北朝時代になっていた乱世中国での中国化だったため、初期中国仏教はかなり混乱することにもなる。〝いろんな中国化〟が併存していったのだ。

　このように混乱しつつあった南北朝時代の初期中国仏教のことを、仏教史では「格義仏教」とよぶ。中国的な古典文化にもとづいた教理解釈法あるいは教義理解法による仏教といった意味だ。

「教理」はギリシア哲学でいえばドグマのことで、明治時代の仏教学者がつくった日本版用語だが、インド仏教ではこれをもともと「教義」といって重視した。「教」が教えの方法で、「義」がその内容になる。また「教」は衆生《しゅじょう》のための具体的な教説だから「事」に属していろいろ変化するのに対して、「義」は普遍的な「理」(真理)そのものだともみなされた。ちなみにのちの華厳ではこの「事と理」をことのほか多用して、「教義理事」とか「理事無礙」とか「事事無礙法界」などと言った。教義を仏教東伝のプロセスで、中国仏教側が中国なりの教説に即して解釈しようとしたわけだ。

　中国に入った仏教は漢訳され、すべてが「漢字の仏教」になった。仏教はついにインド＝アーリア語から離れたのだ。サンスクリット語やパーリ語は次々に漢字に移植された。たんなる漢訳ではなかった。移植先には中国思想が待っていた。それゆえ中国人は仏教の言葉を当初は儒教や老荘思想で受けとめた。当然だろう。

そこで、たとえば「空」という概念を「本無義」「即色義」「心無義」などとしてみたり、たんに「無」としてみたりしていたのだが、そもそも中国は皇帝を最高権力者とする中央集権的専制国家であって（今までもそうだが）、それゆえ儒教は国の現状や将来に資するか憂うかのものだった。これは、出家集団が担う仏教が政治を超えるという特色をもっていることとは、まったくちがう。

そのため当初の漢訳経典を解釈していくうちに、たとえば「仁」や「礼敬《らいきょう》」や「気」をどのように仏教が扱っているかということが問題になってきた。そのためこれを調整しようとした。それが「格義」というものだった。

そこへ、もうひとつの動向が重なった。魏晋南北朝時代の東晋に知識人が多く出て、かれらがもっぱら玄学に興じていたため、仏教教義が老荘タオイズムのセンスに引っ張られていったこと、その余波でそのころ隆盛中だった道教教団の影響を受けたということだ。この事情のなか、仏教の教説と道教とが混淆《こんこう》したり、対立したりした。

たとえば、安世高が訳した『安般守意経』には数息観《すそくかん》（呼吸法）や導引術（道教的な身訓法）めいた用語や、「存思」「坐忘」といった荘子の用語が多く使われていたし、仏図澄《ぶっとちょう》や曇《どん》無識たちは周囲からは仏教僧というよりもいささかオカルティックな神異僧と見られがちだった。曇鸞《どんらん》が曇無識の『大集経』の注をつくろうとして自分の病身を恐れ、長寿法を求めて道教の大家であった陶弘景のもとを訪れたことも、よく知られている。

もっと極端なのは西晋の王浮が書いた『老子化胡経』で、これはなんと老子が夷狄《いてき》の胡の地に行ってそこで胡の人々を教化《きょうげ》するために説いたのが実は仏教だったというものだ。『老子化胡経』はいくつものヴァージョンが出回って、道教的仏教論を広げた。その逆に、北周ではそういう道教を非難する『笑道論』なども取り沙汰《ざた》された。他方、仏教を弾圧したり排仏したりする動きも少なくなかった。

仏教の中国化にはそれなりの難産がつきまとったのだ。移植の苦しみでもあるが、それは東伝仏教の歴史にとって必要なことだったと思う。ここで大きな異文化トランスファーの問題と言語編集力の可能性が試されたのだ。とはいえしかし、こうした格義仏教ばかりが俎上《そじょう》にのぼっていたのでは仏教本来の独自性を損ないかねなかったので、ここについに道安が登場して大鉈《おおなた》をふるったのである。

道安（釈道安）がふるった大鉈を「教相判釈《きょうそうはんじゃく》」という。道安以降もずっと続けられていく作業なのだが、何をしたかというと、おおむね以下のようなことにとりくんだ。

第一には、中国に入ってきた経典があまりに前後無関係、軽重無頓着《むとんじゃく》であったので、これをちゃんと並べ替えるようにした。第二にその場合、ブッダが成道《じょうどう》して涅槃に入るまでの四五年間にどんな順で説法したかということを枠組みにして、そこに中国的な仏伝解釈を加えていった。第三に、その仏伝の順にそって教時と教相をあきらかにしていけば、その原則から派生していったヴァージョンの教説が分類できるだろうと考えた。第四に、それらを通して中国語による仏教の根本真理と修行目的を明示していった。第五に、今後の漢訳にあたっては、以上のことが見えやすくなるような手立てを講じた翻訳作業に徹することを奨励した。

第五点については、すでに道安が「五失本三不易」というルールをつくったことを、一四二九夜の『羅什』のところで詳しく説明しておいたのでここでは省くけれど、そのほかの第一点から第四点までの教判(教相判釈)の作業がめざましい。すこぶる中国仏教的だった。

これらの作業は道安、クマーラジーヴァ、その弟子の僧肇《そうじょう》、道安の弟子の慧遠《えおん》とその弟子の慧観《えかん》らによって組み立てられた。総じて道安教団のお膳立《ぜんだ》てである。かんたんにいうとブッダの説法を五つの段階で分け、それを「頓教《とんぎょう》」と「漸教《ぜんきょう》」に振り分けた。華厳を頓教に、そのほかを漸教とし、阿含経などの三乗別教、般若経などの三乗通教、維摩経などの抑揚教、法華経などの同帰教、涅槃経などの常住教をあてはめた。

もっともこれは五世紀に慧観がまとめたプランAのほうで、その後のプランBでは、漸教を人天教（提謂経など）、有相教（阿含経など）、無相教（般若経など）、同帰教（法華経）、常住教（涅槃経）の五つに分けている。いずれにしてもブッダがどのような順に教えを説いたかと決めることが、経典のテクスト解釈を浮き立たせることになるという、そういう中国的教判なのである。

この作業はさらに隋唐に向かって、天台宗によって「五時」説と「八教」説というものに組み上げられ、華厳時・阿含時・方等時・般若時・法華涅槃時の五時と、化儀の四教（頓教・漸教・秘密教・不定教）および化法の四教（蔵教・通教・別教・円教）を合わせた八教として定式化されていった。まとめて「五時八教」という。そのほかまだいろいろの教判があるが、その多くは唐仏教界でのことになるので、今夜は省く。

ではここからは本書の白眉《はくび》ともいうべき菅野博史（創価大学教授）の第三章「東晋・南北朝の仏教の思想と実践」と、沖本克己（花園大学名誉教授）の第六章「経録と疑経」になる。かいつまんで案内したい。

道安についてあらためて強調しておきたいのは、中国仏教がクマーラジーヴァ期の一連の漢訳経典によって面目を一新できたのは、道安の力によるところが大きかったということだ。そういう道安に影響をうけたのはシルクロード僧だけではなく、当然ながら中国僧も多かった。その一人に慧遠《えおん》がいた。道安が四三歳のときに、弟の慧持とともにその門に学んだ学僧だ。

前秦の苻堅《ふけん》が道安を長安に連れていったので、そこで独り立ちをして廬山《ろざん》に入り、修禅道場（仏影窟）と念仏道場（白蓮社）をつくった。これはのちの中国浄土教や中国禅の原型になる。

慧遠は最初はアビダルマ（阿毘曇《あびどん》）に熱中したのだが、やがて格義仏教に限界をおぼえて、ブッダが挑んだ輪廻と因果応報の問題とはどんなものだったのかという問題にとりくんだ。慧遠なりの教相判釈だったし、古代インドがアーリア人の思想になって以来の根本問題でもあった。そのことについてクマーラジーヴァと詳しい問答も交わした。

中国人が仏教に関心をもったのは、おそらく中国人が長らく徳と福の矛盾や過去・現在・未来（三世）にまたがる報恩がありうるのかという問題に悩んできたからだった。現世において積んだ徳は死後の福につながるのかという悩み、また、因果応報は三世《さんぜ》をまたぎうるのかという悩みだ。これは、すでに述べてきたように、インド古来の業と輪廻の問題である。

中国人は業と輪廻を考えるなどということをしたくない。かれらにとって大事なのはあくまで「仁」や「孝」や「気」や「義」だった。五常である。けれどもそこには、徳や福や報恩をもたらせるのかどうか、個人がマスターした五常を生死をこえて伝えられるのかどうかという解答はなかった。

中国人が本気で仏教を受け入れようとするなら、この問題は避けられない。避けられないどころか、このことがわかれば中国人の思考の矛盾の悩みを仏教で解決できるかもしれない。こうして慧遠は、かつてブッダがそこを正面から考え抜いて解脱したのだとしたら、その問題にこそ自分も向き合おうと決断したのである。

慧遠は仏教経典を調べ、『三報論』を著した。インド人であれ中国人であれ、人間にとって業《ごう》は必ずついてまわる。けれども現世で報を受ける現報、来世に報恩がやってくる生報、その両方をつなぐ後報というふうに、業というものを三種に分けて考えてみれば（これを三報といった）、これらの業に心が感応するはたらきにズレがあるのだから、報においても軽重がおこると見たほうがいい。ということは、中国の仏教解釈では、因果応報が三世（過去・現在・未来）にまたがるとしても、そのズレをいかせば対応できるはずだとみなしたのだった。

これらは「三世輪廻論」の問題として本書で扱われて、これに慧遠だけではなく孫綽《そんしゃく》や慧遠の弟子の宗炳《そうへい》などもかかわっていたことが説明されている。

慧遠については念仏道場の白蓮社を拠点に、阿弥陀仏を本尊とする念仏三昧《ざんまい》と浄土往生が特筆されるのだが、これはのちの唐時代の善導《ぜんどう》（六一三〜六八一）がそこに「他力」を加えていった発展系とは異なっていることを付け加えておきたい。法然、親鸞による日本浄土宗はこの善導のほうの系譜にあたる。

道安、慧遠とともに、もう一人フィーチャーをしておきたい僧がいる。廬山の西林に七年間を過ごした道生《どうしょう》（?～四三四）だ。

道生は慧厳、慧観とともに長安に入ってクマーラジーヴァの薫陶をうけた。その後、建康に行き、二十年ほど龍光寺に住した。『五分律』を翻訳したり、法顕《ほっけん》がもたらした梵本を『泥洹経《ないおんきょう》』六巻として訳出したり、『法身無色論』を書いたりした。

その道生を特色づけるのは、第一には「一闡提《いっせんだい》は成仏できる」と強く主張したことにある。一闡提というのはサンスクリット語のイッチャンティカを音訳した言葉で、漢語の意訳では「断善根」「信不具足」などとなっているが、この字面でも憶測できるように、「仏縁から見放されている者」や「善根をもっていない者」をいう。つまりは成仏の機根がない者のことをいう。道生はそんなことはないと主張した。

たとえば『涅槃経』には一闡提は不成仏者と規定されているのだが、よく読むと最終的には仏性《ぶっしょう》をもつと書いてある。それなら一闡提も成仏できるのではないかと道生は考えた。

イッチャンティカの問題は仏教史においてはかなりの難問である。のちの唐仏教界で天台宗と法相宗と華厳宗との意見が分かれたのも、この問題だった。だから道生がこの時期に早くも一闡提成仏説を唱えていたということはまことに驚くべきことで、それが道生が建康の仏教教団から排斥されてしまったことを含め、きわめて独創的で、また判釈においてそうとうに勇敢であったというべきである。

ちなみに、ぼくにイッチャンティカの問題を教えてくれたのは西田長男さんだった。西田さんは日本で唯一の神道史学を切り拓《ひら》いた方であるが、仏教におけるイッチャンティカの問題は日本神道における「よさし」と同じ問題に属するということを指摘されていた。その後、このことは鎌田茂雄さんにも教えられた。古語「よさし」とは「赦《ゆる》し」のことをいう。

第二に、道生には「理」と「悟り」をめぐる推察の独創性があった。これは『涅槃経』の注解を通して披露した思想で、「理」は作為されたものではなく真そのものとなりうること、および、そのような「真なる理」には変化しない本体が宿るということを説いていた。ここには古代ギリシア以来の西欧哲学に匹敵する〝理法〟が芽生えている。

第三に、道生は他に先んじて「頓悟《とんご》論」を説いた。悟りはくねくねと得られるものなどではなく、どこかで一挙に加速して得られるものだという説だ。漸悟《ぜんご》（ゆっくりと覚醒していくこと）を退けて、頓悟（スピードのある覚醒）を示した。これはのちの禅宗が重視した〝禅機〟のようなものを早々に提案しているもので、同時代の謝霊運はおおいに賛同して『弁宗論』を著したほどだったのが、やはり早すぎて周囲からの理解は得られなかったようだ。

ぼくは、中国がインド仏教には見られなかった禅思想を展開できたのは、道生のような思想が魏晋南北朝期に先行できたからだと思っている。つまり中国人にひそむ〝感応思想〟は、道生によってこそ刺激され、起爆したと見たいのだ。

ざっとこんなところが道安、慧遠、道生が先駆した中国仏教の特色であるのだが、もうひとつ、中国仏教に顕著なことが魏晋南北朝時代に始まっていた。それは「偽経」(疑経・擬経)がつくられていったということだ。

仏教の典籍は「三蔵」によって分類される。経典・律典・論典である。ブッダの説法は結集《けつじゅう》のたびに、三蔵として編集されていったとみるわけだ。しかし中国では、さまざまな時期にさまざまな地域で作成された仏教典籍がランダムな順に漢訳された。そこで教相判釈とともに「経録《きょうろく》」が試みられ、目録の整備とアーカイブの整理が必須《ひっす》になった。ところが、あろうことか、そこにかなりの偽経が交じったのだ。

偽経には、①仏教を儒教と道教と比較したもの、②権威のために書かれたもの、③俗信を仏教のレベルに引き上げるために著述されたもの、④インド思想を脱するために書かれた中国独自のもの、がある。代表的な偽経だけでも、『金剛三昧経』『首楞厳経《しゅりょうごんきょう》』『仁王般若経』『法王経』『十王経』『父母恩重経』などが執筆された。

これらが偽経だと知ったときはびっくりした。よくぞこれらを著作したとも思った。中国というのはけっこう勝手なことが許されるのだとも感じた。もっとも実際には、偽経はのちの中国仏教界では厳しく点検され、排斥されて、それゆえ「一切経」（大蔵経典集）の整頓がすすむにつれ、すべて葬り去られていくことになる。

しかしながら、いちいちホンモノとニセモノを区別していくことが、中国仏教にとって時間をかけるべきことだったのか、いささか不満がある。よくよく考えてみると、こうした偽経をつくりだしたことこそ中国仏教の面目躍如だったともいえるからだ。もとより仏典とはオラリティの中にあったブッダの言葉を独自にリテラル編集したものだ。これはパウロやペテロによって新約聖書が編集されたことにも言えることで、とくに仏典や経典だけに言いうることではないけれど、たいそう大事なことなのである。

こんなところが本書から抽出しておきたかったことだ。これまで千夜千冊ではインド仏教からシルクロードをへて中国仏教に至った流れを説明してこなかったけれど、これで東南アジア仏教を除けば、なんとかつながった。

ちなみにいま、ぼくはNHK出版の『法然の編集力』という一冊を執筆中なのだが、中国仏教のこのあとの流れが朝鮮半島をへて奈良・平安の仏教になっていく転変を想うと、はなはだ前途遼遠《りようえん》という気にもなってくる。まして、それを〝天台の陸奥《みちのく》化〟にまでつなげるには、十日十夜のぶっつづけの話が必要になる。そんなことも、いつか試みてみたいことだ。

第一四三〇夜　二〇一一年八月二九日

参照千夜

九六夜：木村泰賢『印度六派哲学』　一七〇〇夜：鎌田茂雄『華厳の思想』　一四二九夜：横超慧日・諏訪義純『羅什』　一四二二夜：青木健『アーリア人』　一四二五夜：小谷仲男『大月氏』　一四二七夜：吉川忠夫『王羲之　六朝貴族の世界』　七二六夜：『荘子』　一二三九夜：法然『選択本願念仏集』　三九七夜：親鸞・唯円『歎異抄』

慧遠から善導へ。浄土教が中国古来の儒教と道教を凌駕した。

森三樹三郎

老荘と仏教

法蔵館　一九八六　講談社学術文庫　二〇〇三

森三樹三郎を読むというのは「無」を読むということだ。正確には「無」の読み方を読むということだ。

無の読み方を読むということは、その根本は老子や荘子のテキストとその背後の思想や思念を読むということである。そこには「無為自然」を感じるということが待っていて、その一方でそこからはタオイズム全般の思想との出入りが始まっていく。タオイズム全般に向かえば、そこには神仙思想や道教も待っている。

他方、中国の文献では「無」はしばしば「空」とも対偶して、仏教的な般若の空義が老荘的な無義と交差していった。たとえば涅槃を「無為」と訳し、真如を「本無」と訳すような、仏教の中心概念を老荘でつかまえるということも始まった。

こうして中国思想史における「無」を読み出すことが一筋縄ではいかなくなっていくのだが、そこを含めて「無」の読み方の読み方を、森三樹三郎は長らく大摑《おおづか》みに示しつづけてきたのであった。

この人は一九〇九年に舞鶴に生まれて、京大の哲学科で中国哲学史ならぬ「支那哲学」史を修めた。『支那古代神話』（のちに『中国古代神話』清水弘文堂書房）、『梁の武帝』（平樂寺書店）、『神なき時代』『「無」の思想』（講談社現代新書）、『生と死の思想』『無為自然の思想』（人文書院）などを書いてきた。「世界の名著」の『荘子』（中央公論社）、や『世説新語』（平凡社）の訳者でもある。

こんなふうに紹介するといかにも硬そうだけれど、書きっぷりはけっこう柔らかい。学問的研究者としてはあまり細部にこだわらないし、また巨視的な歴史観がエビデンスとしてつながらないままでも平気で叙述を進めるようなところがあって、そこが口うるさい斯界《しかい》では問題になるだろうが、逆にだからこそ見えないものが見えてくるということもある。

だいたい老子や荘子を書いて、硬いとか細かいというわけにも、歴史的な理屈にこだわるというわけにもいかないのだから、これはこれで森三樹三郎の「支那哲学」の独特の特色であってよかったわけである。

ただし、上に紹介した『「無」の思想』や『無為自然の思想』はあまりに大ざっぱで、気持ちばかりが先行していて、読み手からすると薄すぎる印象がある。だから森が書いた「無」の読み方を読むといっても、そんなことはあっというまに実感できることばかりなのだ。

それが本書『老荘と仏教』では、二五年ほど前に読んだときの印象だが、いろいろ刺激物が入っていて、読ませてくれた。今夜本書をとりあげたのも、そこである。そこというのは、老荘思想は道家や道教の中で継承されたのではなく、中国における浄土教や禅宗がその任をはたしたという捉《とら》え方で本書が書かれていたということだ。

長谷川如是閑《にょぜかん》に『老子』(大東出版社)がある。如是閑は近代日本を代表するジャーナリストで、反ファシズムを貫いた気骨の持ち主でもあるが、二・二六事件に際して綴《つづ》った『老子』には、なかなか痛快な感想が吐露されている。かつて小島祐馬《おじますけま》も、あれほど独創的な老子解釈はないと唸《うな》ったことがあった。森の老子解釈にはこの如是閑の感想に似たところがある。きっとそれなりの影響を受けているにちがいない。如是閑の感想を集約すると、こうなる。

第一には、老子の思想は孔子に対するアンチテーゼであるというふうに見た。『老子』第一章には「道の道とすべきは常の道にあらず」とあるのだが、これは道(タオ)というものを固定して捉えないということで、そこを固定したのは孔子だろうから、老子はその孔子の「常の道」に対抗したのだというのだ。如是閑は「孔子の儒教というものがなかったら、老子は全く何も言うことはなかったはずである」と書いた。

　第二に、如是閑は中国にはステート（国家）とコミュニティ（社会）の対立が数千年にわたって維持されてきたと見ていて、この二つを代表する思想が「ステートの孔子」「コミュニティの老荘」であると配当した。かなり思いきった切り分けだが、なるほど、老子が愛した「小国寡民」（国土は小さく人口も少なく）のコンセプトは、ステートというよりずっとコミュニティ的だった。当たらずとも遠くない。

　第三に如是閑は、老子が周代の繁文縟礼《はんぶんじょくれい》の国家観を否定したのは「トルストイのアナーキズムのようなものではないか」と言ってのけた。トルストイも老子も自分は貴族的な階級に属しながらも、農民的な村落共同体を憧憬したということは、その立場は両者ともはなはだアナーキーだったというのだ。

　これは痛快な見方である。トルストイがクロポトキンふうのアナーキズムに傾倒していたことは有名だが、明治生まれの日本人が老子をアナーキー呼ばわりしたことは、ない。老子が好きだった岡倉天心もさすがにそこまで踏み込まなかった。そこをやすやすと言ってのけたのは、如是閑の真骨頂がよく出ているところなのである。

　もっとも老子は無政府的ではないし、富を否定もしていない。「足るを知るものは富む」という「知足安分」を提唱しつづけたのが老子だった。またトルストイはおそらく「無」に到達していなかっただろうけれど、老子には「無」があった。そういうところはあるのだが、如是閑の老子観はなかなかユニークで、そこが森三樹三郎に飛び火したのであったろう。

いったい中国は、なぜ異民族の巣窟《そうくつ》であるインドに発した宗教である仏教をあのように受け入れたのかというに、また、その仏教を老荘的に受けとめたかというに、森が重視する理由として、大きくは次の三つのことがあった。

（A）大乗仏教の根本である「空」が老荘的な「無」を通じると、あんがい理解しやすかった。仏教は老荘的な枠組みを巧みに利用することで受容されたのである。これは中国で、インド仏教やシルクロード仏教とは異なる「格義仏教」が先行した理由にもあたるだろう。しかしそれゆえに、その後の中国仏教は老荘思想および道教からの脱出ないしは自立を鮮明にしなければならなくなったわけである。

（B）仏教がもたらした輪廻観と三世報応の思想が、儒教のもっている現世主義の限界を突破した。

儒教ははなはだ道徳的な教理をもっている。また現実主義的な思想によって中国人の生き方を説いている。これは現世で報いのあった者には有効だったろうけれど、『史記』

伯夷伝の伯夷のように、一生懸命生きても報恩を得られなかった者には合点できないものがある。顔回《がんかい》（孔子の弟子）は比類なき学知にひたむきであったのに、つねに貧窮のままであり、しかも短命に終わった。これに反して盗跖《とうせき》（春秋時代の盗賊団の親分）はさまざまな悪事を犯しながらも満ち足りた生活をおくって、しかも天寿を全《まっと》うした。

儒教にも報応の思想はあるが、それは現世に限られている。これに対して仏教は過去・現在・未来の三世にわたって報応報恩を説く。ここが儒教的な現実主義にいながらもそこに矛盾をおぼえてきた中国人の人生観に風穴をあけたのである。北周の道安の『二教論』が「顔回が短命に終わったのは前世の報いだが、そのかわり現世の善業は必ず来世に報いられるはずである」と書いているのは、そのあらわれだった。

（C）仏教はインドに発した夷狄《いてき》異民族の教えである。中国ではこのような夷狄の思想は、ふつうは中華意識によって撥《は》ねとばされる。ところがその強靭《きょうじん》な中華意識が、仏教が中国に入ってきたあとの四世紀初頭の「永嘉の乱」によってぐらついた。そのため魏晋南北朝時代では老荘思想・道教とともに仏教が同列で議論され、その長短の特色を争えるようになった。

西晋を滅亡させることになった長きにわたる永嘉の乱（三〇七〜三一二）は、中国の政治家や知識人の自信をぐらつかせた。ぐらつかせただけでなく、知識人たちに政治への関心を失わせ、竹林の七賢のような「清談」を流行させた。儒教的な政治的人間像から宗教的な人間像への変移がすすんだのだ。

そこに、もうひとつの変化がおこった。永嘉の乱は夷狄の異民族は武力だけでなく、その精神や教養においても侮りがたいことがわかったのだ。五胡十六国の君主や官人たちは中国文化に同化することを惧《おそ》れてすらいなかった。これに漢人たちはやられたのであろう。

以上の三つの理由と経緯が、シルクロードから漢代の中国に仏教がもたらされたときの障害を超えさせたというのである。障害というのは、漢代の知識人に宿っていた「漢人の矜持《きょうじ》」というものだった。なかなかおもしろい見方だ。

森が本書に示唆したことでさらに興味深かったのは、仏教が中国に浸透した理由のことではなくて、いったん対比され、ときに対立もした道教と仏教の関係が、ごく初期においては早々に逆転していて、仏教こそが老荘思想を採りこんでいたのではなかったのかという指摘だった。

言いなおせば、老荘思想はその後の道教のなかでは十分な理論や構想をもてなかったのに、それを果たしたのはむしろ浄土教や禅ではなかったのかという指摘である。ぼくは二五年前にこの指摘をこそ新鮮に感じた。

老荘をとりこんだ仏教のうち、禅はのちの発展のことになるのでいまは省くとして、なんといっても浄土教が重要である。道安、慧遠《えおん》、曇鸞《どんらん》、道綽《どうしゃく》、善導《ぜんどう》という五人が中国浄土教の画期的な黎明《れいめい》期を拓いていった。

この画期的黎明期にひそんだ老荘的なるものは、その後は中国浄土教においては結実することなく、ひとつは中国禅の中に、もうひとつは法然や親鸞の日本浄土教の中に飛び火していった。なぜなのか。このことを考えることこそ、日本仏教や法然・親鸞の核心を摑むための要訣《ようけつ》になる。また、日本に道教が定着しなかったことを摑むための要訣にもなる。

儒教がもつ現実主義に対して、来世にも望みが託せるとした中国仏教は、その来世観を浄土のほうに見いだしていった。中国で、このような来世的浄土観に最初に強い関心をもったのは、東晋の慧遠《えおん》（三三四〜四一六）である。二一歳のときに道安に師事して『般若経』を学んだ。廬山に白蓮社を結成し、これを念仏結社の先駆けとした。このため中国では浄土宗のことをいまでも蓮宗という。

慧遠の念仏は「観想の念仏」だ。すなわち観仏だ。口の中でぶつぶつとお題目を唱える念仏（称名念仏）ではなく、仏を観じる（念じる）という念仏だ。般若を投じる観仏＝念仏だった。般若は完全な知慧の完成をめざすことだから、慧遠も知慧の完成としての阿弥陀仏を観じようとした。こうして観仏とは、イメージの中に浄土や覚醒を実感できるようにすることをいうようになった。むろんそれなりの修行を必要とした。白蓮社を代表する劉遺民《りゅういみん》は阿弥陀仏像の前で誓文をささげ、「それ縁化の理すでに明らかなれば、すなわち三世の伝、顕《あら》わる」と読んで、念仏が三世にわたることを強調した。

慧遠の観仏と浄土観は継承者に恵まれなかった。浄土の教えはいったん断ち切られ、北魏の曇鸞《どんらん》（四七六～五四二）によって復活された。これは「憶念の念仏」だった。「憶念の念仏」も観仏の一種で、やはり想念の中に念仏を入れることをいう。

曇鸞はふつうのコースで浄土教に至ったのではない。三論宗の流れに入った最初こそ読書に耽《ふけ》って四論を研究したのだが、病いに罹《かか》ったときに不老神仙の術があることを知り、江南に渡って陶弘景《とうこうけい》に師事した。陶弘景は民間道教の最初の理論家である。曇鸞はいったんは道教にはまったのだ。ところが帰路で洛陽に立ち寄り、はからずも北インドの菩提流支《ぼだいるし》に出会って『観無量寿経』（観経）を与えられた。

曇鸞はこれを読んで陶然となり、石壁玄中寺に住して道教から浄土教への転身をはかった。ここにはタオイズム・道教・仏教・浄土教のあいだをつなぐまことに劇的な天秤《てんびん》が動いている。

続く道綽《どうしゃく》（五六二～六四五）は太原の開化寺で空理を研鑽《けんさん》し、涅槃を講ずるようになったのだが、あるとき石壁玄中寺の曇鸞の碑を見て愕然《がくぜん》とした。かくして四八歳にして浄土教にめざめ、阿弥陀仏を念じる「口称の念仏」を編み出していった。著書『安楽集』は法然の「選択《せんちゃく》的な編集力」を理解するときの背景テキストとして重要だ。

道綽の弟子が善導《ぜんどう》（六一三〜六八一）である。森三樹三郎もクローズアップしている。幼くして出家して、最初は『法華経』『維摩経』を学び、ついで『観経』を読み、玄中寺を尋ねて道綽に謁《えっ》し、念仏往生の法を受けた。このあと長安に入って民衆教化にのりだすと、『阿弥陀経』を写すことなんと数万巻、浄土変相図を描くことざっと三〇〇舗に及んだ。

終南山悟真寺や長安の光明寺に住し、誰に対しても心をひらいたので、唐の高祖が洛陽の龍門の奉先寺に大盧遮那龕《るしゃながん》を造立したときは、検校《けんぎょう》僧としても活躍した。やがて『観経疏《かんぎょうしょ》』を著した。これこそ、法然を夢中にさせた注釈書である。とくにそのなかの「散善義」が、法然に六字の「南無阿弥陀仏」を選択《せんちゃく》させ、専修念仏に走らせた。

浄土教では「定善《じょうぜん》」と「散善」を分ける。定善は集中的に観仏できる者が到達する方法で、散善は気が散って集中できない者のための方法である。法然が注目したのは、この散善だった。それこそ「乱想の凡夫」のための専修念仏だったのだ。このこと、おととい発売になったぼくの『法然の編集力』（NHK出版）にも書いておいた。

善導ののち、その系脈とはべつに慧日《えにち》や延寿《えんじゅ》があらわれたものの、右にも書いたように、善導の称名念仏は中国には根付かず、日本の法然のほうに飛んで南無阿弥陀仏の専修念仏になった。

その後の中国仏教はどうなっていったかというと、浄土教に代わって禅宗各派が林立していった。最初のうちは華厳が、ついでは浄土教が混じった禅だ。そこでこれを「禅浄一味」というのだが、はからずも浄土禅のようなものが生まれていったのである。慧日や延寿がはたした役割がそこにあった。

慧日（六八〇～七四八）はインド求法《ぐほう》の旅に十八年を費やし、帰朝した玄宗皇帝の世で、そろそろ芽生えはじめた神秀《じんしゅう》や慧能《えのう》や神会《じんね》の初期禅宗の動きを目にした。まことに妙なものだった。慧日はたちまちこの連中が「見性成仏《けんしょうじょうぶつ》」を唱えていながら諸行を排していることを見抜き、激しく批判した。しかし、そのことはかえって禅宗への浄土念仏の挿入力を促し、逆に善導の浄土教を変質させもした。このこと、森三樹三郎がよくよく強調したところだ。

一方の延寿（九〇四～九七五）はもはや唐の人ではない。慧日から二〇〇年後の宋代に入るのだが、そこでは明確な「禅浄双修」（禅浄一味の発展系）が説かれたのである。「観想の念仏」が禅に入っていった。

こうして中国の浄土教も禅も、しだいに「自力」のものとなっていったのである。座禅が観仏を復活させたわけである。それとともに「只管打坐《しかんたざ》」（ひたすら坐禅すること）が無念無想を志したこともあって、かつての老荘的無為自然が復活していったのだ。
このことは、日本の法然や親鸞において「他力」の浄土教がめざされたことにくらべて、此彼の差となっている。そして他方では、その「自力」と「他力」を相対するところから、あらためて中国的なタオイズムや老荘思想や道教の本来を問うことになった。森という人、なかなかおもしろい見方をしたものだ。

第一四三七夜　二〇一一年十月三十日

参照千夜

一二七八夜：『老子』　七二六夜：『荘子』　八一九夜：長谷川如是閑『倫敦！倫敦？』　五八〇夜：トルストイ『アンナ・カレーニナ』　七五夜：岡倉天心『茶の本』　一四二七夜：吉川忠夫『王羲之　六朝貴族の世界』　一二三九夜：法然『選択本願念仏集』　三九七夜：親鸞・唯円『歎異抄』

鳩摩羅什《クマーラジーヴァ》の天才的言語編集力が、
インド仏教の中国化をつくりあげた。

横超慧日・諏訪義純

羅什（クマーラジーヴァ）

大蔵出版　一九八二・一九九一

【ノート01】かつて横超慧日《おうちようえにち》・諏訪義純《すわぎじゅん》の共著による大蔵出版の『羅什《らじゅう》』という本を読んだことがある。八〇年代の前半のこと、十年続いた工作舎を離れて四、五人で松岡正剛事務所を自立させたころだ。

ナーガルジュナ、ヴァスバンドゥ、クマーラジーヴァの三人が気になっていた時期だった。ナーガルジュナ（龍樹）は中論を知りたかったからだが、ヴァスバンドゥ（世親）とクマーラジーヴァ（鳩摩羅什）については、二人が「小乗」から大乗に転向あるいは転換した理由や経緯と、唯識周辺の状況が知りたかった（↓とくにヴァスバンドゥの唯識）。

ブッダの教えは第二結集のころに出家教団サンガの対立によって、厳格な長老をコアメンバーとした「上座部」と柔らかい信仰をつくりたい「大衆部」とに分かれた。インド仏教史にいう根本分裂である。その後、マウリヤ朝のアショーカ王の時代をへて仏教が西域（もうひとつはスリランカから東南アジアに）に広まっていくまで、上座部は正量部や経量部や、とりわけ「説一切有部」によって理論的な深まりを見せていった。シルクロード仏教はその「小乗の力」に席巻《せっけん》されていた。

そういうときにクチャにクマーラジーヴァが登場した。そして中国（後秦）に招かれる前後に大乗化し、中国仏教の基礎を築いたのである。

本書は『高僧伝』の焼き直しではなかった。詳しい分析がなされていたというほどではないが（とくに後半はつまらなかった）、クマーラジーヴァの「言語編集力」には驚嘆した。この本を読んでしばらくして、ぼくは春秋社の『空海の夢』に執りかかった。

◎横超慧日＝明治三九年生。東大印哲、『中國佛教の研究』法藏館、『北魏仏教の研究』平樂寺書店。◎諏訪義純＝『中国中世仏教史研究』大東出版社、『中国南朝仏教史の研究』法藏館。大谷大学。

【ノート02】羅什はむろん鳩摩羅什《クマーラジーヴァ》のことだ。この略称はよくない。マクドナルドがマクドで切れるみたいだ（笑）。ときに「什」とも綴る。これは池袋をブクロと言うみたいだ（笑）。マクドやブクロはいいけれど、この男についてはちゃんと鳩摩羅什かクマーラジーヴァと言ったほうがいい。

父の鳩摩羅炎はインド出身。シルクロードをクチャ(亀茲)に上って国師として迎えられた(クチャの歴史、調べること)。やがてクチャ王の妹の耆婆(ジーヴァ)を娶《めと》って、多言語の可能性にとりくんだ。

鳩摩羅炎の母国語はインド語、文字はグプタ・ブラフミー。クチャではクチャ語がつかわれていた。同じインド＝ヨーロッパ語族だが、ケンツム語群系(ギリシア語・ヒッタイト語・トカラ語系・ラテン語系)とサテム語群系(インド語・イラン語)のちがいがあって、互いにさっぱりわからない。鳩摩羅炎はそこを突破していった。聡明《そうめい》な妻のジーヴァの助けがあったはずだ。この両親の異文化交流能力は、息子のクマーラジーヴァにも乗り移る。

言語と仏教、文字と仏教の関係は密接だ。インド仏教・シルクロード仏教・東アジア仏教におけるオラリティとリテラシーの変化と変容と変格を、看過してはならない。ヘブライ語やアラブ語が文明史を大きく変革していったように、アジアにおいては仏教言語が文明の歯車をつくっていったのだ。もっともっと強調されるべきことだ(→マイモニデスやザメンホフらとの比較)。

ふりかえれば仏典編集に文字が本格的に使われるのはアショーカ王の治世になってからである。シルクロードでは多種多様な言語として花開いた。その多様多彩はいずれ「漢訳」という一大言語編集機能に集約された。これをなしとげた連中に敬意と驚異を表したい。

◎紀元前四世紀頃に、文法学者パーニニが北西インドの言語習慣を整理して「サンスクリット語」を成立させた。サンスクリットは比較言語学では古代インド＝アーリア語に属する。やがて口語の表記ができる「プラクリット語」が成立した。中期インド＝アーリア語に属する。

◎アショーカ王の碑文には、アラム文字の影響を受けたカロシュティー文字（向かって右から左に読む）と、インド固有のブラフミー文字（左から右に読む）が使われている。◎グプタ文字・クシャーン文字・デーヴァナガリー文字といった呼称はブラフミー文字の中のフォントの種類だった。

◎インドの仏典写本に使われたのは椰子《ヤシ》の一種のターラ（ターラ椰子）の葉。それを短冊状に切って書写に用いた。「貝葉《ばいよう》」という。貝多羅葉（パットラ）の略だ。インドやシルクロードの〝本〟は横長短冊形だったのである。

【ノート03】クチャの三四〇年（または三五〇）、クマーラジーヴァが生まれた。母は比丘尼《びくに》となり、七歳の少年クマーラジーヴァも出家した。稽古《けいこ》始めや修行見習いというならまだしも、出家というにはやや早すぎるようだが、『太子瑞応《ずいおう》本起経』（→調べること）には悉《しっ》達《た》太子が七歳のときに仏門学習に入ったというし、当時のクチャでは『十誦律《じゅうじゅりつ》』が広まっていて、そこに「仏曰《いわ》く、今より能《よ》く烏を駆うれば沙弥《しゃみ》となるを聴《ゆる》すも、最下は七歳なり」とあるので、鳩摩羅什伝もこれに倣ったのだろう。

当時のクチャは寺院や僧院が五〇〇寺以上。止住する僧侶や僧徒たちも百人程度はザラで、なかには数千人がいた大寺院もあった。のちの中国寺院に見られるような「三《さん》綱《ごう》」(寺主・上座・維那《いな》)や「僧官」(僧正・悦衆・僧録)といった役割が機能していたとも想定される(→調べよ)。のちに玄奘が『大唐西域記』に綴ったところでは、クチャ仏教はまことにすばらしく、僧徒たちは持戒をちゃんと守り、全員が清らかで、寺院の中の仏像も人工のものとは思えないほど精緻《せいち》だったらしい。

クチャの仏教界では仏図舌弥《ぶっとぜつや》が有力僧。いくつもの寺院を統括していたようで、中国からやってきた僧純・曇充という学僧が仏図舌弥の名声について触れている。

◎クチャの殷賑《いんしん》は『北史』西域伝や『晋書』四夷伝に詳しい。硫黄《いおう》・石炭・細氈《さいせん》・饒銅《じょうどう》・鉄・鉛・毛皮・饒沙・塩緑・雌黄《しおう》・胡粉《ごふん》・安息香・良馬・牛・孔雀《くじゃく》などに恵まれていたという。松田寿男の『古代天山の歴史地理学的研究』(早稲田大学出版部)では硫黄と石炭と鉄を重視している(→なぜ鉱物資源と言語的才能が結びついたのか。↓ノヴァーリスの例)。

◎風俗はイラン風の断髪が流行していたようだ。

◎いっときクマーラジーヴァ一家はクチャ王の白純が新たに建立した伽藍《がらん》に住していたという説がある。その寺には九〇人近い僧侶がいた。古くに建てられた雀離《じゃくり》大寺にもいたとか（このことについては未詳）。

【ノート04】三五八年前後のこと、母は息子を国外で修行させようと思い、トルキスタンのカシュミールに留学させた（首都スリナガル）。クチャにいても充分な修行もできるだろうに、またそのころはすでにグプタ朝下で新たな仏教が隆盛していたのだから本格的な留学ならこちらだろうに、カシュミールを選んだ。なぜか。

四～五世紀のカシュミールはクチャ同様の上座部仏教活況期で、なかんずく説一切有部のアビダルマが支配的だった。母はわざわざそこへ息子を行かせた。凄《すご》いお母さんだ。あくまで推測にすぎないが、クマーラジーヴァと同じクチャ生まれの仏図澄《ぶっとちょう》（二三二～三四八）がカシュミールに留学しているから、これに準じたのだろうか（これは白鳥庫吉説）。

カシュミールで師事したのは槃頭達多《ばんずだった》という高僧だ。説一切有部に属し、のちに薩婆多部第四八祖に数えられた。カシュミール王の従兄弟《いとこ》にあたる。母のジーヴァが王族出身だったから同じ王族の誼《よし》みで息子を預けたのかもしれない。

槃頭達多は午前写経一千偈《げ》、午後読誦一千偈を日課としていた。少年クマーラジーヴァも暗誦を日課とさせられた。『雑蔵』と『阿含経』を読んでいる。クマーラジーヴァの人生はまさにブックウェアそのものだったのだが、それはこのときから始まっていた。ついで『六足発智論』のような阿毘曇《あびどん》（アビダルマ）を学んだ。少年あるいは青年クマーラジーヴァの瑞々《みずみず》しい知性は、当初は全面的に「小乗の力」に満ちたアビダルマ仏教ですっぽり覆われたのだ。

◎どうもカニシカ王時代のクシャーン仏教あるいはチャンドラグプタ時代のグプタ仏教とシルクロード仏教との関係が、イマイチはっきりしない（↓要点検）。

◎当時のクチャは上座部仏教だ。クチャのみならずシルクロード仏教の初期はだいたい小乗的な説一切有部だった。みんなアビダルマに強かった。

◎仏図澄が五胡十六国期を代表する。後趙から晋の洛陽に入ったのは八十歳の頃だ。仏図澄は一本の経典も訳さなかったけれど、後趙の石勒《せきろく》・石虎《せきこ》に「国の大宝」「大和尚」と称《たた》えられた。日本における鑑真和上のような存在だったと見ればいいか。

【ノート05】クマーラジーヴァ以前、すでに西域には何人もの訳僧が出身し、中国に入っていた。シルクロード仏教の中国化はすでに始まっていた。かれらは中国読みで「安」「支」「竺」「康」といったカンムリ呼称をもって呼ばれていた。安世高や安玄は安息（パルティア）の出身、支婁迦讖《しるかせん》や支謙や支曇籥《しどんやく》は月氏あるいは大月氏（クシャーン）の出身、竺法護《じくほうご》や竺仏朔や竺法蘭は天竺（インド）の出身、康僧淵や康僧鎧は康居（サマルカンド）の出身。もっとも二六〇年代から次々に経典の漢訳を手掛けた竺法護は、月氏の血を継いだ敦煌の生まれだった。

これらの訳出僧を受け入れた側の、中国の同時代僧も重要。なかで最も注目されるのは、クマーラジーヴァより四十歳ほど年上の道安（釈道安 三一二〜三八五）だ。永嘉の乱の渦中に衛氏として生まれ、早くに両親を亡くして十二歳で出家、修学の途次に後趙の都で仏図澄に師事して一番の弟子となった。その後は華北を転々としながら安世高が訳出した経典の注釈をし、しだいに禅定の研鑽に励むようになった。

道安は四十歳をこえて太行恒山《たいこうこうざん》に移り住み、もっぱら門下の指導にあたった。このとき、それまではタオイズムに走っていた二一歳の慧遠《えおん》（三三四〜四一六）が道安の般若経の講義を聴いて劃然《かくぜん》として出家を決意する。道安については、いわゆる「五失本三不易」といわれる翻訳編集術の極意の提案がめざましく、のちのクマーラジーヴァの傑出した訳僧としてのみごとな活躍も、この道安の「五失本三不易」のガイドラインに導かれるところが大きかった（→後述）。道安とクマーラジーヴァと慧遠。この組み合わせがすべての東アジア仏教の起爆装置をつくったといっていい。

◎パルティアの太子でもあった安世高《あんせいこう》（二世紀半ば）は阿毘曇と三昧経典に精通して、後漢の建和二年（一四八）に洛陽に入った。『安般守意経』『陰持入経』『人本欲生経』などを漢訳。数息観や禅定についての言及がある。
◎大月氏出身の支婁迦讖《しるかせん》（ローカクシェーマ）は後漢の桓帝（在位一四六～一六七）の時期に洛陽に入り、『道行般若経』や『首楞厳経《しゆりようごんきよう》』や『般舟三昧経《はんじゆざんまいきよう》』などを訳出。ここに「般若」や「空」の思想の中国化がちょっぴり始まった。『首楞厳経』はその後クマーラジーヴァによっても新訳された。
◎支謙（三世紀）＝叔父《おじ》が大月氏の出身。支婁迦讖の弟子の支亮に師事し、後漢末の混乱を避けて呉に入った。黄武・建興年間（二五二前後）に『大明度無極経』『法句経』など多くの経典を漢訳した。やはり般若思想の初期導入になる。ぼくとしては支謙が三国時代の清談に関心や憧憬をもったことに関心がある。『無量寿経』の異訳も試みた。
◎竺法護《じくほうご》（二三九～三一六）＝月氏の両親、敦煌出身。竺高座に師事。『光讃般若経』『正法華経』『無量寿経』などの大乗経典を漢訳した。竺法護が『無量寿経』の訳出後に記録から消えたあと、仏図澄が洛陽に来た。

【ノート06】クマーラジーヴァはカシュミールに三年ほどいて、その後はギルギット、フンザ、タシュクルガン、カシュガルなどを遊学ののち、クチャに戻る。この間、もって生まれた才能もあったのだろうが、急速に、かつ有能に多言語に慣れていく。その経緯は本書では詳しくは触れられていないけれど、その才能は察するにあまりある（↓ヨーロッパの言語知との比較）。

とくに疏勒《カシュガル》での刺激のことが気になる。カシュガルに仏教が伝来したのは紀元前七〇年頃だろうし、クシャーン朝の仏教ともかなり深い交流をもっていただろうから、ここでの体験が大きいはずだ。他のシルクロード・オアシス同様に上座部の説一切有部のアビダルマが強かったカシュガルではあるが、ここにはインドのヒンドゥ哲学もかなり入りこんでいて、クマーラジーヴァはその外典にも目を見張ったはずだ。このあたりのことは宮元啓一の研究が参考になる。

『出三蔵記集』鳩摩羅什伝は、かの「仏鉢の話」を伝える。クマーラジーヴァが仏鉢を頂戴《ちょうだい》したとき、ふーんずいぶん大きいものだが軽そうだと思って手にとったところあまりに重くて上げられなかった。自分の心に軽重の分別がありすぎるからだと感じたという話だ。

カシュガルでのクマーラジーヴァは博学をもって名声を上げた。僧の喜見が時のカシュガル王にクマーラジーヴァに会うことを勧めている。そこで『転法輪経』を講じた（『転法輪経』は上座部阿含部の経典）。カシュガルでは仏陀耶舎とも面受した。

◎トルキスタン（西域）の言語はトカラ語、コータン語、ソグド語など（いずれもインド＝ヨーロパ語）の混交である。羽田亨『西域文明史概論』（弘文堂書房）。

◎クチャ語はトカラ語系のケンツム語群に属する。トカラ語Bなどとも言われる。

◎仏鉢信仰はクマーラジーヴァのエピソード以来、シルクロードをへて中国にまで至っている。法顕の『仏国記』にはペシャワールでも仏鉢説話がゆきわたっていたとある。

法顕がペシャワールに行ったのは四〇〇年前後のこと。

◎セイロン経由の南伝仏教では仏鉢説話は弥勒《みろく》信仰につながった。

◎参考。宮元啓一『仏教誕生』（筑摩書房→講談社学術文庫）、『インドはびっくり箱』（花伝社）、『わかる仏教史』（春秋社→角川ソフィア文庫）など。

【ノート07】カシュガルには須利耶跋陀《すりやばっだ》・須利耶蘇摩《すりやそま》という兄弟がいて、このうちの弟の須利耶蘇摩が早くも大乗の教学に通じていたらしい。クマーラジーヴァはこの弟のほうから『阿耨達経《あのくだつきょう》』を講読してもらっている。すでに三〇八年に竺法護が『弘道広顕三昧経』として訳出したものにあたる（→調べること）。

　これがクマーラジーヴァにとっての初めての大乗との出会いだ。どんな主観も客観も空であると説く「陰界《おんかい》諸入・皆空無相」の教義を須利耶蘇摩の講読で聞かされて、これまで「三世《さんぜ》実有《じつう》・法体恒有《ほったいごうう》」（過去・現在・未来に及んですべての諸法も本体も実在している）を説く説一切有部ばかりを学んできたクマーラジーヴァはかなりびっくりしただろう。

しかし早くも何かがピンときたようだ。本書にはこの直後から『中論』を読み耽ったとある。どこまで深まったのかはわからないが、ついにナーガールジュナ（龍樹）の「空」や「中」に接したのだ。『十二門論』『百論』も読誦した。『十二門論』は『中論』入門書、『百論』はナーガールジュナの弟子の聖提婆の著述作。いずれもテキストはクチャ語を含むトカラ語系だった（↓リチャード・ガード『印度学仏教学研究』）。ともかくも、ここに「空」がシルクロードを東漸して、東アジアから中国へ驀進《ばくしん》していったのである。このこと、どれだけ強調しても強調しすぎることはないほど、大きな仏教思想的出来事だ。

こうしてクマーラジーヴァはクチャに帰ってくる。すでに英明が聞こえていたから、クチャ王が温宿まで迎えに出た。鳴り物入りだ。すぐさまクマーラジーヴァを迎えてのシンポジウムやディベート会議が開かれた。

◎ナーガールジュナについてはここではメモしないけれど、大乗仏教思想史上最大の思想家だ。「空」と「中論」の導入はナーガールジュナの大実験だ。一言でいえばシルクロード仏教を大乗に切り替えていく原動力になっていったのが『般若経』の理解とナーガールジュナの「空」の論法だった。だからこそ、このあと大乗が漢訳されていったとき、「空」が「無」とも訳された。中村元『龍樹』（講談社学術文庫）。

◎クチャに帰ってきたクマーラジーヴァの講義を聞いて、阿《あ》竭《かつ》耶《や》末《ま》帝《てい》という尼僧が感激して落涙したという話がのこっている。一説にはこの女性こそ母親のジーヴァだったとも言われる。

【ノート08】三七〇年、二十一歳のクマーラジーヴァはクチャの王宮で三師七証のもとで受戒した。戒和上は卑摩羅叉《びまらしゃ》（三三七〜四一三）。カシュミールの人。卑摩羅叉はのちにクマーラジーヴァが長安に招致されたとき、その地で活躍する弟子の噂をよろこんではるばる長安に赴き、師弟の交わりを温めた。

クチャでのクマーラジーヴァは、カシュガルでの須利耶蘇摩による大乗般若の一撃にもとづき、一心不乱に大乗教学に向かう。王新寺での大乗経典の読書、なかんずく『放光般若経』を読んだ体験がことに大きかったようで、これで開眼した。世に「鳩摩羅什の開眼」とみなされる（→なぜ大乗に転じられたのか。再考すること）。

ここからのクマーラジーヴァは強靭だ。カシュミールでクマーラジーヴァを教えた槃頭達多が噂を聞いてやってきて、「一切皆空」という大乗思想はちょっとおかしいのではないかと難癖をつけた師弟問答をしたときも臆《おく》せず応酬し、その論議の往復は一ヵ《こ》月に及んだ。槃頭達多はそれなりにクマーラジーヴァの大乗開眼を認め、「和上は是れ我が大乗の師にして、我は是れ和上の小乗の師なり」と言った。この噂は中国から来ていた僧純・曇充によって中国にも伝わっていった。

このあとまもなく、五胡十六国の激しい出入りのなか、これを華北に統合しつつあった前秦の苻堅《ふけん》（三三八～三八五）が派遣した将軍呂光によって、クチャは三八四年に陥落してしまう。このとき、苻堅は自身が統括するべき国の命運を占った。「星が外国の分野に現わる。まさに大徳、智人、秦に入りて輔《たす》くべし」と出た。苻堅はただちにこの〝情報〟を調査させ、大徳が西域のクマーラジーヴァであること、智人が襄陽の道安であることを確信した。

こうしてクマーラジーヴァは苻堅の差配によって、そして道安の進言によっていよいよ長安に招致される。その直前に苻堅も呂光も没し、前秦は姚興《ようこう》（三六六～四一六）によって後秦になっていた。

◎三師七証＝戒和上・教授師・羯磨《こんま》師の三師と、受戒を証明する七人の僧侶のこと（↓平川彰『原始仏教の研究』、佐藤密雄『仏教教団の成立と展開』）。

◎僧純・曇充が中国に伝えたクマーラジーヴァの評価は、「年少の沙門あり、字は鳩摩羅なり。才大にして高明、大乗の学にして仏図舌弥とは師と徒なり。而《しか》れども舌弥は阿含の学者なり」とあった。

【ノート09】クマーラジーヴァが、新たなリーダー姚興の治める後秦の長安に入ったのは四〇一年十二月二十日。五二歳。

姚興は儒教にも奉じていたが、仏教にも熱心だった。クマーラジーヴァが長安に入ったとき、姚興は即位して七年目、三六歳だ。沙門五千人を集め、仏塔（浮図）を起造し、波若《はんにゃ》台を立ててその中に須弥山を造容した。すでに父の代から弘覚法師（→誰？）を迎えて竺法護の『正法華経』の講義に聞きほれたり、僧略という師に帰依して、後秦の仏教教団の統括を任せて国内僧主を託したりしていた一族だった。

クマーラジーヴァのお迎えには長安から僧肇《そうじょう》（三七四〜四一四）が出向いた。のちに有能な愛《まな》弟子になる。長安に入ったクマーラジーヴァのことは、のちに愛弟子になる僧叡《そうえい》（三七八〜四四四）が「ついに歳《ほし》は星紀に次《やど》る。豈《あ》に徒《いたず》らに即ち悦ぶのみならんや」と書いている。招致を待ち望んでいた道安はもとより、遥《はる》かに廬山にいた慧遠もこのことをよろこんで、親書を送った。この慧遠とのその後の質疑応答記録こそ『大乗大義章』として知られる有名な三巻一八章になる。

かくてクマーラジーヴァは、姚興が用意した国立仏典翻訳研究所ともいうべき訳場「逍遥園」（もしくは西明閣）の所長に迎えられた。すぐさま漢訳団が結成され、僅《わず》か五年で次の仏典群を訳出した。

大品般若経二四巻。小品般若経七巻。

妙法蓮華経七巻。
賢劫経七巻。華首経一〇巻。
維摩詰経三巻。
首楞厳経二巻。
十住経五巻。思益義経四巻。持世四巻。自在王経二巻。
仏蔵経三巻。菩薩蔵経三巻。称揚諸仏功徳経三巻。
無量寿経一巻。
弥勒下生経一巻。弥勒成仏経一巻。
金剛般若経一巻。
諸法無行経一巻。菩提経一巻。遺教経一巻。
十二因縁観経一巻。菩薩呵色欲一巻。
禅法要解二巻。禅経三巻。
雑譬喩経一巻。
大智論一〇〇巻。
成実論一六巻。十住論一〇巻。
中論四巻。十二門論一巻。百論二巻。
十誦律六一巻。十誦比丘戒本一巻。

禅法要三巻

なんと三五部二九四巻にのぼる。これは西晋の竺法護の一五四部三〇九巻や、のちの玄奘の七五部一三三五巻より劣るものの、内実において遜色《そんしょく》がない。それよりなにより、その流麗な翻訳力や言語編集力こそ画期的だ。中国仏教はここに開闢《かいびゃく》した！

◎慧遠がクマーラジーヴァに送った親書には、クマーラジーヴァの評判がすでに十全に伝わってきていたこと、自分は貴兄が宝をもって長安に来たことを知り、早く親しく会いたいと思い続けていることなどがていねいに述べられている（京大人文科学研究所『慧遠研究・遺文篇』）。

◎逍遥園は終南山の北麓《ほくろく》の草堂寺にあった、いまはここにはクマーラジーヴァの舎利を収めた舎利塔がある。

【ノート10】クマーラジーヴァの言語編集力はたんなる漢訳力・翻訳力にとどまっていなかった。今日では漢訳仏典の歴史をクマーラジーヴァ以前を「古訳」、クマーラジーヴァ以降を「旧訳」、玄奘以降を「新訳」と区分けする慣《なら》わしになっているが、それほどにクマーラジーヴァの翻訳編集は時代を画期した。自在きわまりなかった。

すでに竺法護が『正法華経』でどんなふうに訳経をしたのか、その手順がわかっている。本人が「経記」としてのこしている。それによると当時の訳業は、①執本、②宣出、③筆受、④勧助、⑤参校、⑥重覆、⑦写素、の七段階に分けられていた。

まずは①胡本を執り、②口述によって『法華経』を宣出し、これを③数人の優婆塞《うばそく》たちに授けて共に筆受させ、さらに④数人の目を通して勧助勧喜させて、ここから⑤文字に強い者たちの参校が加わって、⑥いよいよこれらを重覆《トレース》して、最後に⑦素《きぬ》に写して解《おわ》る、という手順だ。

いったいクマーラジーヴァがどんな手順をとったのかは記録がないが、ほぼこれに近かったろう。またどんな役割がどんなチームに割り振られたかは、玄奘の『大般若波羅蜜多経』のときの後記から推しはかると、中心の玄奘のほかに、筆受四名、綴文《ていもん》三名、証義四名、専当写経判官一名、検校写経使一名などがいたと思われる。これを宋時代の翻経院のシステムで見ると、次のようになる。

1・訳主（正面に座して梵文経典を読み上げる）
2・証義（訳主の左に座して訳主の朗唱の正確さを確認する）
3・証文（その右に座して訳主の音読と梵文とを照合する）
4・書字（梵文を漢字によって音写していく）

5・筆受（音写した漢字の単語を適切な漢語に翻訳する）
6・綴文（翻訳漢語の並びを中国語としての漢文とする↓伝語・度語）
7・参訳（原文と翻訳した漢文を対比して原意との対応を点検する）
8・刊定（訳文をしかるべく添削する↓校勘）
9・潤文（教義に照らしてふさわしい漢文に仕上げる）

うーん、すばらしい。これはイシス編集学校だ。小池純代や中村紀子や小西明子に伝えたい。しかしクマーラジーヴァはこれらの分業手順をもっと集約して一人で何役も担当していただろう。本書では、胡本（原典）を手にするとクマーラジーヴァ自らが漢語でただちに口訳し、これをすぐに弟子たちが筆録していただろうと推測している。ぼくもそんなふうだったろうと思う。が、それだけでもなかっただろう。クマーラジーヴァはきっと試訳した漢文を原文対比するときに「講経」や「対論」をしたにちがいない。何度も伝習座を開いたはずだ。そこから主旨にあったリズムのよい訳経を編集していったはずだ（→さらに調べる）。

◎『大品般若経』の場合は約一ヵ年を要したようだ。それでもクマーラジーヴァは納得せず、いろいろ推敲《すいこう》を重ねて書写を許さなかった。この徹底ぶりには弟子たちが痺《しび》れを切らして、こっそり筆写を始めたという話がのこっている。
◎クマーラジーヴァが逍遥園あるいは西明閣で大翻訳編集に従事しているとき、姚興は国内に僧官をつくり、仏教教団の監督制度を用意した。北魏が三九六年に導入した「道人統」の応用だった。姚興はときに筆受を担当していたらしい。

【ノート11】仏典・経典の漢訳はすこぶる編集的だ。それはコンパイルではなくエディットである。クマーラジーヴァはその言語編集力をいっぱいに生かした。そこには先行者たちの努力、とくに【ノート05】にあげた道安の「五失本三不易」のガイドラインが生きていた。

「五失本」とはインドに発した原典の漢訳にあたっては、当然言語的な変形がともなうことになるのだが、とくに次の五点は変えてもいい（＝失本）と判断できる指針をいう。以下のように判断された。①語順がインドの原典と漢文では逆になる。②原典は質を好むが漢語は文を好むから、経文は美しい表現になる。③原典は人を何度も称賛するが、それは省いてよい。④同じ意義を長い語句の装飾で繰り返している場合は、これを削ってもいいだろう。⑤原典が次に進むときに前の語句を再掲するが、これも略せる。

次の「三不易」は安易に変えてはいけない方針のことをいう。①経文の原意を変えてはいけない。②時代背景による表現を変えてはいけない。③難解を捨て安直を採ってはいけない。なかなかのガイドラインだ。

◎道安の「五失本三不易」は『出三蔵記集』の「摩訶鉢羅若波羅蜜経抄序」に説明されている。

◎例。たとえば『般若心経』の「照見五蘊皆空」は、それにあたるサンスクリット文を訳主が読み、まず音による漢字があてられ、それを筆受がチャイニーズに語訳して「照見五蘊彼自性空見」などとする。これでは中国語としての意味が通じないので、これを参訳や綴文が「照見五蘊見彼自性空」→「照見五蘊見皆空」→「照見五蘊皆空」などとし、最後に潤文がこれでもまだ漢文のすわりがわるいと判断して、締めの語句を加えて「照見五蘊皆空、度一切苦厄」などと決めるのである。

【ノート12】クマーラジーヴァは四〇九年に亡くなった。五九歳か六九歳。一六〇〇年前の八月二十日。その生涯はまさに「エディトリアリティ」に富んでいた。長安に入ってまもなく女人と交わって「破戒」するのだが、そういうことにもほとんどこだわっていない。

上座部の説一切有部から大乗へ。シルクロード仏教から中国仏教の確立へ。逐語訳から意訳の世界の編集へ。インド思想律の中国律動化へ。のちの玄奘の翻訳編集力のアーキタイプもプロトタイプもステレオタイプも、みんなクマーラジーヴァが用意したようなものだ。よくもこれだけのことを成就したと思うけれど、そこには中国側の学衆たちの受容力と編集的呼応力を発揮したことが大きかった。

もともと道安がいた。クマーラジーヴァの招致の提案者でもある。廬山の慧遠との交流交信も厚かった。訳場でクマーラジーヴァを扶《たす》けた僧たちもすぐれていた。惜しくも夭折《ようせつ》した僧肇《そうじょう》は天才的な才能を発揮した。その僧肇と僧叡を別当格とする門下の一群は三〇〇〇人に及んだという。なかで道生（竺道生　?～四三四）が格別だ。廬山の慧遠のところで七年ほどアビダルマの研鑽を積み、長安に来てクマーラジーヴァに師事して、クマーラジーヴァ没後は建康に帰って実に自由な経義の研究をした。一闡提《いっせんだい》の成仏、すなわち法然や親鸞の悪人正機説の母型ともいうべきイッチャンティカの信仰可能性を切り拓いた。道生の『涅槃経』注解が見せる独創的な仏教論は、ぼくとしてはクマーラジーヴァの飛躍的継承だと思いたい。

◎道安↓仏図澄↓慧遠↓クマーラジーヴァ↓道生という流れを、あらためて強調すること。

◎それにしても、ここまで中国が仏教の漢訳に徹底したのに対して、なぜ日本は仏典の和訳にとりくまなかったのだろうか。日本人には漢訳仏典を読誦することが、かえってアタマの中の吹き出しをジャパナイゼーションさせたのだろうか。この難問、いずれ解かなくてはならない。
◎いま、ぼくの信頼すべき仲間たちが「纏組《まといぐみ》」として「目次録」の新構成と解説編集にあたってくれている。ネット上の「逍遥園」もしくは「西明閣」である。ぼくもそろそろクマーラジーヴァしなくては。

第一四二九夜　二〇一一年八月二四日

参照千夜

一二三九夜：法然『選択本願念仏集』　三九七夜：親鸞・唯円『歎異抄』　九五八夜：伊東三郎『ザメンホフ』　一四二八夜：リチャード・C・フォルツ『シルクロードの宗教』　一四三〇夜：沖本克己・菅野博史他『仏教の東伝と受容』

ゾロアスター教・ユダヤ教・マニ教・アビダルマ仏教を、シルクロードの仏教が食べていく。

シルクロードの宗教

リチャード・C・フォルツ

常塚聴訳　教文館　二〇〇三

Richard C.Foltz: Religions of the Silk Road 1999

何度か書いてきたことだが、昭和三八年（一九六三）に早稲田に入って、互いに関連がなさそうな三つのサークルに属した。早稲田大学新聞会、劇団素描座、アジア学会だ。新聞会では学生左翼活動にまみれ、素描座ではゼラチン番号をおぼえるアカリ屋（照明担当）たらんとし、アジア学会では松田壽男《ひさお》さんのアジア観を学ぶつもりだった。どれも中途半端だったけれど、少なくともつまらない授業よりはずっと刺戟《しげき》的だった。

当時のアジア学会の仲間たちのあいだでは、ぼくが関心をもっていたアジア仏教史やタオイズムや古代朱問題やモンゴル帝国の秘密などは人気がさっぱりで、もっぱらシルクロードが脚光を浴びていた。例の喜多郎のシンセサイザーに乗せたNHK特集《シルクロード第1集》が始まるのが昭和五五年（一九八〇）で、日本人にシルクロード・ブームがおこるのはそれからだから、これはけっこう先駆的なことだった。

先駆する理由があった。そのころの早稲田にはなんといっても長澤和俊センセーがいて、当時のシルクロード研究を一手に引き受けている台風の目だったからだ。アジア学会もその勢いに乗っていた。ぼくものちのちには『シルクロード史研究』（国書刊行会）や『楼蘭王国』（徳間文庫）や『張騫《ちょうけん》とシルクロード』（清水新書）などのお世話になったけれど、そのころは長澤センセーではなく、松田センセー一辺倒だったのだ。

古代シルクロードは「絹の道」とはかぎらない。絹馬の道であり、民族の交差路であり、大乗仏教の道であり、ソグド人やウイグル人の道でもある。

シルクロードは一本でもない。何本もの道が平行し、交錯していた。北方ユーラシアのステップ地帯を北緯五〇度あたりで横断する「草原の道」から、中央アジアのオアシス・ルートを北緯四〇度あたりで点綴《てんてつ》する「熱砂の道」まで、シルクロードはかなりの幅と複合的な支線とをもって、時代ごとに躍動してきた。紅海・ペルシア湾からインド洋・東南アジアをへて華南に達する「海のシルクロード」もあった。

シルクロードがこんなに話題になったのは、ベルリン大学の地質学者で地理学者でもあったフェルディナンド・フォン・リヒトホーフェン（一八三三～一九〇五）が、ユーラシアにまたがる東西交渉路を「ザイデンシュトラーセン」(Seidenstrassen) と名付けてからだ。リヒトホーフェンは七度にわたって中国各地や中央アジアや西域各地を踏査して、その成果を一八七七年から続けざまに『支那《ヒーナ》』全五巻として発表した。

それがオーレル・スタインによってただちに英訳されて「シルクロード」になり、スウェン・ヘディンが『シルクロード』(西域冒険記) を書いたのが、アルベルト・フォン・ル・コック、大谷光瑞、ポール・ペリオ、ラングドン・ウォーナーらの研究欲や探検欲を駆り立てた。なかでウォーナーは、映画《インディ・ジョーンズ》のモデルになったハーバード大学の教授である。

リヒトホーフェンの「ザイデンシュトラーセン」という創発的なネーミングがなければ、「シルクロードの遊牧文化」も「シルクロード・ロマン」も「シルクロードから平城京へ」もなかった。ペルシアと敦煌と正倉院をつなぐ楽器の道もなかった。

シルクロードはたんなる「絹の道」ではない。そこは匈奴が跋扈《ばっこ》し、張騫が大月氏に向かい、マニ教が動き、隊商宿キャラバン・サライ (ペルシア語のカールバーン・サラーユ) が点々と連なり、ホータンやクチャに西域文化が花開き、仏教が東漸して敦煌に千仏洞をつくらせ、数々の貨幣が飛び交った文明路なのである。

最近 (二〇一一年二月) になってやっと東洋文庫に入った『トルキスタン文化史』(平凡社)

をものしたロシアの最も偉大な東洋学者ヴァシリー・バルトリドは、「シルクロードは草原と播種《はしゅ》の共生文明路だった」「遊牧民と定住民のあいだにはたらいた民間の文明の力学だった」と述べた。

本書もそのような立場で書かれている。著者のフォルツはハーバード出身で、いまはフロリダ州立大学にいる気鋭の東洋宗教学者で、本書ではシルクロードを東西南北に移動しつづけた諸宗教を扱った。ゾロアスター教、東アジア型ユダヤ教、大乗から密教や禅に及んだ仏教諸派、東方ネストリウス派、マニ教、そしてイスラーム各派である。

訳者の紹介によると、フォルツという研究者はイラン宗教とイスラームの専門家であるが、かつプロの音楽家としてCDを制作したり、未発表ながら小説も書いたりするような異能研究者であるらしい。ネットで写真を見ると、なるほどオタクっぽい（笑）。アフロディテ・デゼネ・ネバブという夫人も写真家で、夫のフォルツが二〇〇〇年から勤務しているフロリダ州立大学の芸術学部の助教授をしている。ついでながら本書の訳者も若い。一九七三年生まれで、東大の人文社会系研究科を修めたのち、真宗大谷派の親鸞仏教センター（ここはたいへん精力的な研究とメディア発信をしているところ）や、東大の博士課程をへて、主に中国における外来宗教思想を研究しているようだ。

では、本書が扱っているシルクロードを出入りした諸宗教を集約して見ておきたい。

ごくかんたんに紹介するけれど、ユーラシア宗教史の中の内容はけっこう複雑である。多神多仏と一神教が交じりあっているし、諸言語が入り乱れつつ、仏教でいうならその諸言語と諸信仰がしだいに漢訳され、シノワズリーな様相に覆われて、そのまま儒教や道教をともなって広州や山東や朝鮮半島をへて日本にやってきた。

シルクロード諸宗教を欧米人が扱うには、ちょっと覚悟がいる。西欧史観を脱いでかからないといけない。そういう意味では、本書は西欧史観の転倒を試みたアンドレ・フランクの『リオリエント』(藤原書店)などの主旨を受け継ぎ、それを古代に展開していた。今後は少しずつかもしれないけれど、きっと注目を浴びていくにちがいない。

まずゾロアスター教だ。シルクロードを越えて南北朝の周や斉で王族・貴族に広がり、唐では祆教《けんきょう》とも拝火教ともよばれ、いくつもの拝火殿堂を営んでいた。松本清張が『火の回路』(火の路)で幾多の謎を追いかけた。

宗祖ゾロアスター、すなわちザラトゥシュトラ(=ツァラトゥストラ)は、世界の天啓宗教の創唱者のなかでもかなり古く、紀元前一二〇〇年ころ(前七世紀〜六世紀という説もある)のイラン東北の、現在はカザフスタンにあたる地方に生まれた。その教えはおそらく自分たちのことを好んで「アイルヤ」(アーリア人)と呼称していただろう部族(民族)のあいだに広まったと思われる。

それゆえ一般的には、ゾロアスター教は「大イラン」に広まっただろうと思われているのだが、最初のイラン人の王国メディアやアケメネス朝ペルシアにおいては、〝ゾロアスター化〟とはイコール〝イラン化〟ということでもあって、宗教として確立していたわけではなかった。ゾロアスター教が確立するのは、実質的にはやっと紀元前後になってからのことだ。経典『アヴェスター』や『ガーサー』によるその体系化も、三世紀にササン朝ペルシアが国教にしてからだった。マギ（ゾロアスター教の司祭）たちの位置付けもこのころに確定した。

しかしゾロアスターっぽいものがまじったイラン的宗教性となると、たとえば「アフラ・マズダ」はアッシリア語では「アサラー・マズズ」に、サカ語では「ウルマイスデ」となっていて、急に広がりをもつ。紀元以前からそういう裾野《すその》の広がりがあった。シルクロードを東漸できたのも、その柔らかさのせいだった。アケメネス朝ペルシアのダレイオス大王がサカ族やエラム族の信仰に対して、「かれらはアフラ・マズダをちゃんと崇拝していない」と文句をつけたように、アフラ・マズダのことはやけに知られていた。

次にユダヤ教。ユダヤ教がシルクロードに浸透していなかったかといえば、やっぱり染み出していた。

すでに『列王紀』に、イスラエルの十支族が「ヘラ、ハボル、ゴザン川、メディアの町々に追放された」とある。これはアッシリア帝国が紀元前七二二年に北イスラエル王国を破壊して、居住者たちをアッシリアの各地に移住させたことにあたる出来事だろうから、ホラサーンあたりの中央アジアにはイスラエルの民がいろいろ散っていた。

そのあとの南ユダ王国も一五〇年ほどはもちこたえたが、前五八七年には新興のバビロニアによってエルサレムの神殿が破壊されたのだから、このとき以来、ユダヤの民はメソポタミア方面に散ったのである。このディアスポラ（離散）のあと、ペルシアのキュロス大王はバビロニアを征服してユダヤ人や奴隷を解放すると、さらにバクトリアやソグディアナにまで攻め込んだ。ここでブハラやサマルカンドのユダヤ人共同体の前身が残っていったと想像もできる。

本書は、古代ペルシアに始まってヘレニズムとパルティア王国時代をへたイラン的信仰は、かなりユダヤ的信仰と共振をおこしていっただろうとしている。それどころか、ユダヤ教に終末論やメシアの概念や最期の審判の観念が確立するにあたっては、イラン的なるものの影響が大きかったのではないかと推測もする。『ヨブ記』に登場する天使と悪魔の概念や「告発する者」（ha-satan）という言葉も、イラン信仰におけるアングラ・マインユ（悪霊）やアーリマン（闇の支配者）の影響だったと仮説する。いまはチェンマイにいて、ネパールやモロッコを飛び歩いている、イシス編集学校「六離」の花形だった花岡安佐枝は、少女のころに『ヨブ記』を読んで〝世界〟にめざめたようだけれど、この話を知ったらびっくりするだろう。

キリスト教はシルクロードに関係したのだろうか。むろん大いに関係した。その代表が東方教会であり、ネストリウス派だ。

西アジアでのリンガ・フランカ（共通語）であったシリア語は、そのあと東方教会の典礼言語になっていた。そのシリアでの四二八年、シリア人の司祭ネストリウスがコンスタンティノープルの総主教に任命された。就任まもなくネストリウスはアンティオキア派の立場に立って、「神を小さな少年であるかのように扱ってはならない」と主張した。アレクサンドリアの総主教のキュリロスがこれに猛烈に反対した。

初期キリスト教というもの、勢力を増すにしたがって、しだいに二つの立場が対立していった。対立した二説は、キリストは二つの異なったペルソナ（位格）をもつという「キリスト両性説」（アンティオキア学派）と、いや、キリストは永遠の神聖なロゴスであるとする「キリスト単性説」（アレクサンドリア学派）だ。前者は「キリストには神としてのキリストと人としてのキリストがあるのだ」と言い、後者は「キリストは人であって神である」とした。マリアの性格を決めるにあたっても、アンティオキア派は「キリストを生んだもの」（クリストトコス）としてのストレート・マリアを、アレクサンドリア派は「神の母たるもの」（テオトコス）としてのジェネラル・マリアを重視した。

ビザンティン帝国の皇帝テオドシウス二世は、アンティオキア派のネストリウスに少なからぬ好意をもっていたようだが、実力者の姉のプルケリアはあからさまな反感をもっていた。そこでキュリロスはプルケリアを立ててネストリウス批判に乗り出した。四三一年、皇帝はエフェソスで公会議を開くように指示し、マリアの呼称の確定を求めた。

議長となったキュリロスがアンティオキア派をまんまと異端としたのは驚くにあたらない。いつの世でも、こんな近親者や取り巻きの進言くらいのことで未来の方針が決まっていく。こうしてアンティオキア派、別名「ネストリウス派」はローマ教会の支配を離れ、ササン朝ペルシアの首都であったクテシフォン（現在のバクダード付近）に首座をおく。これが「東方教会」の始まりである。

ネストリウス派はすぐさまソグド人のあいだに広まった。ソグド人はシルクロードの実際的な〝動く主人公〟で、ソグド語はシルクロードのリンガ・フランカであったから、ネストリウス派キリスト教はたちまち拡張し、いくつもの拠点をもった。ソグディアナの中心都市サマルカンドに総主教座ができ、カシュガルにもその出店ができた。シル河（オクサス）の東側だけでも二〇ものネストリウス派の司教区があった。

パウル・ペリオによれば、こうして八世紀末までに少なくとも三〇点のネストリウス派の文献が敦煌で中国語訳されて、そのままその教えが中国センター部に流れこんだ。これが「景教」だ。七八一年に唐の長安に建立された「大秦景教流行中国碑」が、以上のすべてを物語っている。

マニ教はペルシア系・イラン系の宗教である。創唱者のマニ（マーニー）は二一六年にバビロニアで生まれ育ち（パルティアの王家の血を引くとも言われる）、ササン朝のシャープール一世が即位した前後に決定的な精霊の啓示を受けて、伝道を開始した。

早々にシャープール一世の王子二人が帰依したため、その推薦でクテシフォンの王宮に招かれたマニは、教義書『シャープラカーン』を綴り、アラム語による教義書を執筆した。シャープール一世もマニを寵愛《ちようあい》し、しばしば遠征に同行させた。絵の技量もあったようだ。

二四四年、マニは高弟のアッダーとパテーグを東方シリアに送り、伝道を広げさせたのだが、やがてゾロアスター教のマギたちの反発を招き、迫害や弾圧を受けた。やむなくシャープール一世のあとの皇帝バフラーム一世に迫害の中止を訴えたのだが、かえって捕らえられて投獄されると、ほどなくして獄死した（あるいは処刑された）。

それでもすでにマニ教の勢いは広がっていて、西はシリアからエジプトや北アフリカに、四世紀以降はさらにアンダルス、スペイン、南フランス、イタリアに、東は西トルキスタンからシルクロードを進んで、七世紀末には唐に達した。なかでソグド人とウイグル人はマニ教を好み、突厥《とつけつ》第二帝国のあとのウイグル帝国（七四〇年代から八四〇年代まで）

では国教になった。マニ教を国教にしたのは世界史上ウイグルだけである（ソグド人については森安孝夫の『シルクロードと唐帝国』がおもしろかった）。

マニ教の特徴はそのヘレニズムっぽいグノーシス的な折衷力にあるが、マニが啓示を受けて最初に向かったのがクシャーン（クシャーナ）朝であったことを考えると、マニの教義には多分にインド哲学や仏教の影響がまじっただろうと推測できる。マニは知識や言葉を尊んだので、クシャーン朝（カニシカ王時代）に勢いをもっていた仏教の魅力にも寛容であったのだと思われる。

こうして、ソグド人とウイグル人と仏教徒によって、マニ教はシルクロードをなんなく東漸していった。中国では「明教」（光の宗教）という。ずっとあとのことにはなるが、マルコ・ポーロもシルクロード旅行中にマニ教の教団に出会っている。ちなみに、あのアウグスティヌスも最初はマニ教信者だった。

以上のようにシルクロードには、さまざまな宗教が人種や文物とともに混交しながら動いていた。しかし、シルクロードを東に進んだ宗教のなかで最も大きな流れとなったのは、なんといっても仏教だ。まとめて「シルクロード仏教」と言われる。

シルクロード仏教といっても、一筋縄ではいかない。ガンダーラの仏教、アショーカ王の仏教、カニシカ王の仏教、マトゥラーの仏像、ホータンなどの西域南道の仏教、鳩摩羅什《クマーラジーヴァ》を生んだクチャの西域北道の仏教、トルファンの仏教、浄土思想にめざめた敦煌の仏教、ウイグルの仏教、五胡十六国の仏教、北魏に流入していった仏教、イスラームと交じった仏教……いろいろなのである。

ただし本書は仏教についてはあまり詳しくはない。それでシルクロード仏教については改めて千夜千冊しようと思うのだが、それでは今夜の愛想がないだろうし、本書の著者もいくつかのユニークな視点を加えているので、とりあえずそのサワリだけ紹介しておくことにする。ざっとは次のようになっている。

仏教がインド全域に広まる原動力をもつのは、マウリヤ朝の第三代アショーカ王の在位の頃からで、それが紀元前三世紀のことだ。前二四四年に、アショーカ王が首都パータリプトラに僧侶一〇〇〇人を集めて、仏典結集をおこなったことが機縁になっている。ブッダ入滅後から数えると、三回目の結集になる。大編集時代だった。サーンチーの大塔をはじめ、舎利塔（仏塔）も各地につくられた。

アショーカ王（漢訳で阿育王）のことはよくわかっていない。仏典には九九人の兄弟を殺して即位し、その後も五〇〇人の廷臣を誅殺《ちゅうさつ》したと述べられているが、これはでたらめで、長男を殺して王位に就いて、カリンガ戦争に圧勝したとき、カリンガ国の十万人ほどを殺してしまったことを悔いて「法（ダルマ）の政治」や「法の巡幸」に向かったというのが相場だろう。そのアショーカ王が亡くなると、新たな仏教勢力の勃興を快く思っていなかった旧バラモン勢力（ヒンドゥ教徒）が仏教的活動の抑圧に乗り出して、紀元前一八〇年前後にマウリヤ朝に代わってシュンガ朝が王権を握ったのちは、歴代の王たちはバラモン教にばかり熱をあげた。

これでいったん仏教は四散するのだが、それがかえって仏教を根太いものにも、信仰しやすいものにも変えていった。とくにシュンガ朝を逃れた仏教徒たちが、すでにアレキサンダー大王のインダス流域進出の影響を受けてヘレニックな造像感覚が定着しつつあったガンダーラ地方やタキシラ地方に入ったことが大きかった。ここで「アショーカ時代の仏塔仏教」に「ガンダーラの仏像仏教」が加わった。

ぼくは学生時代に、ギリシア的な知性の持ち主のミリンダ王が仏教的な長老ナーガセーナと論戦をしている『ミリンダ王の問い』（東洋文庫）という説話のようなものに熱中したことがあるのだが、このミリンダ王が漢訳仏典『那先比丘経《なせんびくきよう》』にいう弥蘭《みらん》のことで、実名はメナンドロス王だと知ったのは、ずっとあとになってのことだった。メナンドロス王はカブールやガンダーラを治めた王であり、『ミリンダ王の問い』ではギリシア知性が仏教に兜《かぶと》を脱ぐということになっていたのは、のちに仏教徒がヘレニズムの仏教化を試みたせいだったと知ったのも、だいぶんたってからのことだった。

つまりは、ガンダーラには「ギリシアと仏教のヘレニズム」が生まれただけではなく、

「グレコ・ローマンの仏教化」がおこっていたということなのである。が、これだけで仏教がシルクロードを上っていったのではない。事情はもう少し複雑だった。

ガンジス流域の農耕社会に生まれ育った初期の仏教は、端的にいうのなら、思索・瞑想・持戒などによって「欲望を断ち切る」あるいは「苦悩から脱出する」という方針で確立し、波及していったものである。

とはいえ、煩悩と苦悩からの脱出(解脱)を完遂しようとするのはあくまでプロの出家修行者であって、その出家集団を支えるのはそんな修行に至らないアマチュアの一般在家信者たちだった。ということは、初期仏教というもの、信仰と修行の専門家たちと、専門的な訓練など必要のない布施や礼拝で信仰を支える大衆という、互いに異なる二つの組み合わせによってスタートを切ったのである。

このためアショーカ王登場以前、すでに仏教教派は信仰的存在のすべてを懸《か》ける立場の「説一切有部」と、信仰のきっかけはもっているものの存在のすべてを懸けるにはいたらない「大衆部」とに分かれていた。そこへアショーカ王とガンダーラ造像感覚が登場して、誰もが親しめる「大衆部」めいた広がりの可能性を準備した。

これをシルクロード仏教のほうからいえば、このとき「説一切有部」的なる考え方のほうがはじかれて、それがまずシルクロード方面に上がっていったということになる。

それとともに「大衆部」的なるものは、シルクロードを動く商人にとって仏教的ポータビリティ（携帯性）が高いものになったわけでもあって、ここにシルクロードを「理論的なもの」（悟り）と「救済的なもの」（救い）という二つの仏教性が動くことになったのである。

仏教の東漸に大きく与《あずか》ったのは、バクトリアを支配することになった大月氏の動向だ。大月氏は紀元後の一二七年前後にガンダーラを含む北インドにクシャーン（クシャーナ）朝を興し、その三代のカニシカ王のとき、あらためて仏教充実を図っていった。仏伝が意識され、ブッダの誕生・出家・成道・初説法・涅槃といった重大場面が編集されて、仏弟子たちのアヴァダーナ（因縁譚《たん》）も揃ってきた。

それまでガンダーリー・プラークリット（ガンダーラ地方で習合したインド語）で書かれていた経典が正典用のサンスクリット語に書き替えられたのも、中インドのマトゥラーでブッダ（釈尊）が人間の姿で描かれるようになったのも、弥勒（マイトレーヤ）が未来仏として浮上していったのも、いずれもクシャーン朝でのことである。ちなみに本書の著者フォルツは、マニ教が広まった地域では弥勒はミトラ神ともキリスト教のイエスとも習合していたと言う。

クシャーン朝は三世紀後半に衰退した。デカンを支配していたサータヴァーハナ朝も三世紀にイクシュヴァーク朝に滅ぼされ、そのイクシュヴァーク朝も四世紀に衰微した。代わってこれらの混乱を統一したのがチャンドラグプタ一世が開いたグプタ朝である。パータリプトラが都になった。

とくにチャンドラグプタ二世（在位三七五～四一四）の時代には、これは五世紀の初めにパータリプトラに入った法顕《ほっけん》が報告していることなのだが、都には大乗の寺と上座部の寺とが並んで栄えていて、僧侶も七〇〇人くらいが修行していたという。グプタ仏教は僧侶が大いに寄進を受けていた時代だったのだ。

ざっとはこんなふうにして各時期の仏教のさまざまな側面が、多面・多様・多彩・多時間をもってシルクロードに流れこんでいったのである。

これをむりやり整理すれば、ごく一般的には、第一期が二～五世紀のガンダーラの影響を強く受けた流れ、第二期が五世紀以降のシルクロード・オアシスの各都市で独自になっていく流れ、第三期がそれらが西域から中国につながって敦煌の莫高窟《ばっこうくつ》などが栄える六世紀以降の浄土的な仏教の流れ、というふうになる。

こうしてシルクロードのオアシス都市上に、ホータン仏教、クチャ仏教、敦煌仏教などとして連続的に起爆していった。そこにはすでに中国からの訪問者や旅行者たちもいたので（そうしたなかに張騫なども いた）、また西域から中国に招かれていった仏教僧も少なくなかったので（そうしたなかに安世高や支謙や鳩摩羅什がいた）、やがて西域全体のシルクロード仏教が中国仏教へと結実していくことになった。まとめて「仏教東伝」という。みんな中国化していったのだ。

では、東に流れこんでいった仏教のあと、シルクロードに何がのこったのだろうか。本書は後半の四分の一でそのことを書いているのだが、仏教が中国に吸い寄せられていったあとのシルクロードは、ほとんどイスラームによって埋められた。

そのことについては、モンゴル時代のユーラシアについて述べた本を千夜千冊するときに、あらためて案内したい。また、シルクロード仏教が中国化していったのとはべつに、インドからスリランカをへて東南アジアに定着したテーラワーダ仏教のことや、チベットに入ってラマ教化した仏教、いまでもブータンに純粋にのこる本格的なチベット仏教のすばらしさなどについても、そのうち書いてみたいと思う。

それにしても世界宗教史的に意外だったのは、しだいにインド仏教がアジア各地に伝播拡散するにつれ、本家本元が弱体化して、ついには十世紀前後から歯が抜けたように廃れていったということだ。なぜインドから仏教力がなくなっていったのか、あまり議論されてこなかった。中世ヒンドゥイズムやイスラム勢力に席捲《せっけん》されたというのが通説なのだが、おそらく内因もあったはずである。仏教に帰依した国王がいたハルシャ・ヴァルダナ王国やパーラ王朝が次々に解体していったことが目に見えている内因だろうが、仏教がインド社会を構成する家族に波及できなかったことが、おそらく一番の崩壊要因だったのだろうと思う。
東南アジアの仏教や日本仏教が「村」や「家」とともに底辺を拡張したことと比較して、なんとも痛々しいことである。

第一四二八夜　二〇一一年八月十七日

参照千夜

一三九四夜：アンドレ・フランク『リオリエント』　四八七夜：『ヨブ記』　二八九夜：松本清張『砂の器』　三七六夜：メアリー・ボイス『ゾロアスター教』　一四二一夜：青木健『アーリア人』　一四三一夜：森安孝夫『シルクロードと唐帝国』　一四〇一夜：マルコ・ポーロ『東方見聞録』　七三三夜：アウグスティヌス『三位一体論』　一四二五夜：小谷仲男『大月氏』

未来仏の弥勒をこの世に下生させた偽経群について。
新羅に弥勒サロンが始まった理由について。

弥勒信仰のアジア

菊地章太

大修館書店（あじあブックス）　二〇〇三

蟬が啼《な》いて、広島、長崎、敗戦、そしてお盆。この順は、これからもずっと変わらないけれど、今年の日本はお盆がすぎると衆議院総選挙に突入する。そのあと日本はどうなるか。お盆では地獄の釜《かま》の蓋があくとも言うし、祖霊がいっせいに帰ってくるとも言う。「数ならぬ身とな思ひそ魂祭」（芭蕉）。

お盆は藪入《やぶい》りでもある。奉公を休んで家に帰る。宿入りともいう。正月の藪入りと対応する。地獄の釜の蓋は正月にもあく。もともとはおそらく「家父《やぶ》入り」なのだろう。寺院では夏安居《げあんご》の修了になる。「藪入りや墓の松風うしろ風」（一茶）。

語源的にいえば、お盆は盂蘭《うら》盆《ぼん》あるいは烏藍婆拏の略である。サンスクリット語の“ullambana”に相当する言葉の音写だが、漢訳すると「倒懸《とうけん》」というふうになる。逆さ吊《づ》りの苦痛を意味する。怖いタロットカードを引いたようにも感じられようが、祖霊を死後の苦痛から救おうというのがお盆だった。いやそうではなくてイラン語で霊魂を意味する“urvan”が語源だという説もある。ぼくは「盆」とは日本でいうなら「外居《ほかゐ》」のことと見るのがいいだろうと思っている。

盂蘭盆の風習はインド仏教のものじゃない。中国で独自に生まれた『盂蘭盆経』が、布施の功徳を先祖供養に結びつけた。精霊棚《しょうりょうだな》や盆棚を作って祖霊を招き、先祖に回向《えこう》する。その魂祭《たままつり》に道教の中元の風習が結びついている。道教では正月十五日が上元、陰暦七月十五日が中元、十月十五日が下元で、この三元では罪を懺悔《さんげ》できると考えた。これらが統合転移しあって、旧暦七月十五日の佳節がお盆とも贈答をするお中元の風習ともなったのであろう。「御仏《みほとけ》はさびしき盆とおぼすらん」(一茶)。

お盆の話はまたあとでちょっとだけふりかえることにするが、今年の日本の政治が、お盆すぎれば総選挙になるというのは、いかにも慌ただしい。蟬時雨《しぐれ》は残っているだろうか。ひぐらしだけが啼いているのだろうか。かつて政権の座を追われた菅原道真はこんなことを綴っていた。「今年は例《つね》よりも異《こと》にして腸《はらわた》先づ断ゆ。是は蟬の悲しぶにあらず、客の意《こころ》の悲しぶなり」。

日差しが熱かった八月六日と七日、奈良の登大路《のぼりおおじ》ホテルに行ってきた。目の先に興福寺や東大寺の甍《いらか》が見える。加倉井秋《かくらいあきお》をではないが、まさに「炎《も》ゆる日の甍《いらか》の上にとどまれる」。

奈良に行ったのはNARASIA《ナラジア》「弥勒プロジェクト」の一環の奈良ビジネスフォーラムのためで、福原義春、寺島実郎、安田登の三氏がゲストスピーカー、ぼくがモデレーターで、荒井知事がホスト役だった。奈良市長になったばかりの仲川げん、NECの広崎膨太郎、栗原小巻、浮島とも子が顔を見せた。

ぼくは二日目の最後のスピーチを求められて、弥勒について少々の話をした。弥勒はアジアを動き回ってきましたが、最後に新羅の青年貴族たちの集団である花郎《ファラン》による熱烈な弥勒信仰をへて日本の弥勒信仰となりました。その後、何度かにわたって「弥勒の世」の到来を人々が待望したものです。桃山にも江戸にもそういう待望があった。けれどもいまやその世を何千年何万年も待つわけにはいきませんよね。すでに日本人は浄土観すら失っているんです。

このプロジェクトは荒井知事のたってのネーミングで「弥勒プロジェクト」と名付けられておりますが、もうちょっと早めに弥勒の世との交流をしようじゃないかという、たいへん虫のいい展望になっています（笑）。でも県知事がそれを言うならしかたがないかとみんな思っています（笑）。では東アジアの方々はどうなんでしょうか。いま、アジアの弥勒はどうなっているのか。このフォーラムでは、しばらくこのあたりのことを考えていきたいのです云々……。

まあ、こんな話をした。韓国では弥勒のことを「ミルク」と発音する。ミルキーのようで、とてもいい。そんなことも話した。そこで今夜は、その弥勒プロジェクトにまつわる〝弥勒〟が、そもそもどういうイコンであるかをちょっとばかりさぐっておくことにした。とくにルーツと変遷だ。むろんNARASIAにも東アジアにも深いかかわりがある。「蟬とんで木陰に入りし光かな」（虚子）。

弥勒論については、これまでも教義としての弥勒儀軌論や日本の弥勒信仰についてのいくつかの研究があった。明治末期の松本文三郎の『弥勒浄土論』（平凡社東洋文庫）を嚆矢《こうし》として、速水侑《たすく》の『弥勒信仰』（評論社）や安永寿延《としのぶ》の『日本のユートピア思想』（法政大学出版局）などがつづいた。

宮田登の『ミロク信仰の研究』（未来社）などは、日本の弥勒信仰が近世民衆のなかでどのように変遷してきたか、かなり詳しい研究成果になっていた。柳田国男が『海上の道』に「みろくの船」を素材に弥勒浄土の構想をのべたことも、よく知られている。メシアニズムとして弥勒信仰をおおざっぱにとらえたのである。

東アジアでは、弥勒はずっと未来で待ってくれている菩薩というふうに崇《あが》められてきた。未来から来てくれるかもしれない救い主なのだ。だからアジア的なメシア（救世主）

として解釈されてきた。ところが弥勒がどういう力をもった未来仏なのか、いまひとつ理解されてこなかった。

だから、イコンとしての弥勒についての研究をアジアに求めて研究したものはまだ決定打がないままだった。今夜とりあげることにした菊地《きくち》章太《のりたか》の『弥勒信仰のアジア』はその先蹤《せんしょう》になる。この著者は経歴からいってもかなり新鮮だ。筑波大学からフランスのトゥールーズ神学大学の研究院に進んでカトリック神学を修めた比較宗教学者で、いまは桜花学園大学にいる。だから『奇跡の泉へ』（サンパウロ）や『悪魔という救い』（朝日新書）といったヨーロピアンな得意分野の著書がむろんあるのだが、その一方でやたらに中国に詳しく、本書や『儒教・仏教・道教』（講談社）や『老子神化―道教の哲学』（春秋社）などという著書や、シャヴァンヌ『泰山』の訳書などもある。

なぜこんなに詳しいのかといえば、『フランス東洋学ことはじめ』（研文出版）にあるように、向こうでヨーロッパにおける東洋学研究に従事していたからだ。一九五九年の生まれだから、この領域ではまだ若い。

こういう著者が案内した弥勒をめぐる歴史事情は、一般の読者にとってはかなり意外な弥勒像だと思われる。まさにＮＡＲＡＳＩＡ全域に広がっていて、かつ、ここが重要なところなのだが、「偽経」（疑経）がエンジンになっている。偽経が弥勒待望論を広めたというのだ。たんなるメシア待望論ではなかった。そこには「苦しみのアジア」があったという論旨になっている。彌永信美の『大黒天変相』『観音変容譚』（法藏館）にくらべると、NARASIAを疾駆する叙述こそあっさりしてはいるが、それでも配慮と奥行はけっこう深い。

弥勒は未来に出現するといわれる未来仏で、ふだんは兜率天《とそつてん》という天界の一郭のレイヤーにいらっしゃる。仏教上の天界は須弥山構造の最上部にあって、いくつものレイヤーによって「三界」（「三界に家なし」の三界）を構成しているのだが、兜率天はそのうちの中程にある。もっと上には他化自在天や有頂天がある。

兜率天にいる弥勒は、未来のいつの日にか人間の住む閻浮提《えんぶだい》に降りてくることになっている。これを「下生《げしょう》」という。降りてくるといっても、人間どもが八万歳になったときに下生するというのだから、気が遠くなるほどの先である。いつしか五六億七千万年後の下生ということになった。そのときは世界を転輪聖王《てんりんじょうおう》が治めているという未来図だ。だから弥勒は未来仏なのである。

こうした弥勒の未来の活動を記述したのは『弥勒下生経』という経典だった。サンスクリットの原本は『弥勒への約束』というタイトルをもつ。通説では、竺法護《じくほうご》が三一六年に漢訳したことになっていて、ほぼ似たようなものを、五世紀には鳩摩羅什《クマーラジーヴァ》が『弥勒下生成仏経』および『弥勒大成仏経』として、七一三年には義浄が『弥勒下生成仏経』

というふうに訳した。そのほか『弥勒への約束』は『増一阿含経』のなかにも収められている。まとめて弥勒六部経などともいう。

これらの経典にはひとしく「弥勒の三会《さんね》」が説かれていて、弥勒が未来から降りてきて人々に三度にわたって説法すると、ついに世界中が真理にめざめることになったというふうにある。

これでわかるように、弥勒の原像はもともとはインドにある。弥勒はサンスクリット語ではマイトレーヤ、パーリ語ではメッテーヤで、これは「ミトラ神」のネーミングとも信仰ともさまざまに連動する。本書ではミトラ信仰との連動についてはまったく言及されてはいないけれど、その類縁性はおそらく少なくないはずだ。それはともかくとして、このインドに生まれた弥勒がやがて中国で爆発的な人気をもった。ただしインドの経典のままではなかった。本書はその理由と背景に注目する。そのコンパスの支点は塚本善隆《ぜんりゅう》の研究論文にある。

ぼくに東洋美術史のイロハとヱヒモセスの両方を教えてくれたのは長廣敏雄先生（当時すでに京都大学名誉教授）だった。三年にわたる対話もさせてもらった。その中身は『アート・ジャパネスク』一八巻（講談社）に分載されている。

その長廣先生が何度も話してくれたのが魏晋南北朝（六朝）のことと、雲崗《うんこう》・龍門《りゅうもん》の石窟寺院と巨仏のことで、この二つがわからなければ中国の仏教のことは何もわからないよという話だった。雲崗・龍門の巨仏信仰については、世界に先駆けて京都大学の東方文化研究所（人文科学研究所の前身）が一九三六年から調査した石窟寺院研究がそもそもの起点になっている。長廣先生は「塚本善隆さんの調査研究が原点やね」と、これまた何度も言われていた。塚本善隆の論文がすべての発端なのである。本書もほぼ同じ見方をしている。

中国に仏教が伝わったのは一世紀のころだ。後漢の時代である。日本はまだ「分かれて百余国」にもなってない。西域からいくつかの経典がもたらされ、次々に中国語に翻訳された。文字をもつ国の強みである。それとともに仏像も中央アジアから入ってきた。こちらは文字と関係なく人心をとらえた。

後漢が三世紀に滅んだ。日本は卑弥呼の時代に向かっていく。中国は三国に分裂し、ついで西晋がいったん統一をはかるのだが、今度はすぐに南北に分裂した。ここから先、隋が統一をするまでを南北朝、あるいは魏晋南北朝、もしくは六朝という。長廣先生はこの六朝を勉強しなさいと言った。王羲之《おうぎし》の時代でもある。

漢民族は南へ押しやられ、揚子江（長江）流域でたびたび王朝を交代させ、黄河流域の北中国では周辺民族があいついで侵入した。五胡十六国時代という。この北中国の混乱を治めたのは北魏だった。鮮卑族（トルコ系）の系譜になる。

異民族の北魏は仏教をよろこんだ。仏教を統率する僧侶を皇帝が任命し、その権威によって多くの寺院が建てられた。そのおかげで、中国にやっと仏教が定着した。五世紀半ばの太武帝のとき、いったん仏教弾圧がおこるのだが、太武帝が亡くなると曇曜が長官となって、積極的に仏教を復興していった。このとき、大同のはずれの雲崗に石窟寺院が建造され、巨大仏像が誕生した。これが北魏仏教の拠点である。

大同は北魏が最初に定めた都で、北京より少し北にある。その後、北魏は洛陽に遷都した。そのため旧都となった大同はさびれ、雲崗石窟の造営も下火になった。代わって洛陽の南の伊水の近くに龍門の石窟が開かれた。いまでは雲崗・龍門は北魏仏教の二大聖地になっている。

龍門には石窟が大小あわせて一三〇〇あった。そこに一四万体の仏像が彫られ、ざっと三六〇〇もの造像記が刻まれた。

龍門石窟で最初に造営されたのは古陽洞で、そこに「牛橛《ぎゅうけつ》造像記」が残っている。龍門で最も古く、書としても絶品と評されてきた。三十歳前後のころ、ぼくはしばらく学研の豪華本のパンフレットの編集制作の仕事をしていたことがあるのだが、そのときこの「牛橛造像記」の詳細なパンフレットをつくったことがある。牛橛という息子が亡くなってしまったので、母親が石工に頼んで弥勒像一体を造らせたと書いてある。

こういう造像記が雲崗や龍門にたくさん残っていたのである。京都大学の塚本善隆はこの造像記の大半を読みこんで、当時の北魏仏教が何を志向していたかを突きとめた。それによると、当時の中国人がどのように仏教を思い、仏像を造ったかが見えてくる。亡くなった父母や家族の冥福《めいふく》を祈った。また祖先への供養をした。ついで皇帝がいつまでも安らかであってほしいと願った。国が永遠に栄えることも祈願した。

仏像のほうはどんなものだったのか。雲崗では釈迦像が多く、ついで弥勒像がふえた。龍門では釈迦と弥勒はほぼ同じほどに造られた。ついでにいえば、この北魏仏教の時代がおわって隋唐時代になると、釈迦像や弥勒像が急激に減って、代わって阿弥陀像が圧倒的に多くなり、やがてそこに観音像と地蔵像がふえていくというふうになる。どんな造像が好まれたかということは、その時代の仏教信仰がどこに重心を移していたかを物語る。

塚本は、中国に伝わった仏教が根付いたのは北魏を中心とする北中国だと断定した。そのとき、この地域の人々は仏教を興した釈迦（ブッダ＝覚醒者）に思いをめぐらした。遠い異国の地に生まれた釈迦を思い、その教えを知りたいと思った。だから雲崗の最初期に釈迦像が多かったのである。

そのうち、過去の異国の実在者の釈迦よりも、自分たちと直結しているかもしれない上空にいらっしゃるであろう弥勒に関心をもった。弥勒であれば、自分たちの未来につながるだろうからである。塚本はそのように推理して、龍門に弥勒像がふえていったことを解読した。

中国における弥勒への関心は、四世紀の南北朝初期の道安《どうあん》に始まっている。道安は仏図澄《ぶっとちょう》に学んだのち各地を転々として仏道を深め、晩年は長安で過ごして般若経典を研究した。中国で最も古い経典目録『綜理衆経目録』も編集して、六三九におよぶ経典名を示した。この道安の弟子が、東晋時代の廬山の東林寺に念仏結社の白蓮社をおこした慧遠《えおん》である。中国仏教の実践は道安に始まる。

道安は自分たち中国人が、釈迦その人とは時と所を隔てすぎていることを強く意識して、中国人が仏教を深めようとするには、この時空を隔てた釈迦信仰をもっと正確に理解する必要があると考えた。しかし、それがままならない。そこで兜率天《とそってん》に待つ弥勒を頼んで本来の教えを戴《いただ》くという構図を考えた。実際にも道安は自分が往生ののちは兜率天に往けるものと確信していたようだ。

道安の次に弥勒に大きな関心を抱いたのは法顕《ほっけん》だ。山西省の生まれで四世紀のおわりの三九九年にインドに旅立った。六十歳のときだ。中央アジアの砂漠を越え、コータンで三ヵ月を滞在し、行像《ぎょうぞう》を堪能した。生まれたばかりの釈迦像（誕生釈迦像）を山車《だし》に載せて練り歩く行事だ。

そのころのコータンではコータン・サカ語とよばれる言葉が喋《しゃべ》られていた。いまはない。『ザンバスタの書』というものが残っていて、グプタ・ブラフミー文字（直立グプタ文字）で綴られている。ザンバスタという役人が書いたものらしく、さまざまなインド仏典がまぜこぜに編集されている。その第二二章に未来で弥勒に出会える可能性とその様子が書かれていると、著者は案内する。コータンはいまのトルキスタンにあたる。

その後、法顕はシルクロードを南下してインダス川上流のダレルに着いた。そこに木製の巨大な弥勒像が立っていた。高さは八丈だったと法顕は記している。二〇メートルほどの巨大仏である。弥勒信仰が西域に向かって広がりつつあったわけである。ダレルの弥勒像は、やや遅れて宝雲も見ているし、ずっとあとの玄奘《げんじょう》も見た（いまはない）。この弥勒像が巨大であることの意味について、法顕はそのあらかたを理解していたと思われる。

巨大な弥勒像というのは、弥勒がこの世に現れた姿なのである。下生した姿なのだ。いいかえれば釈迦について弥勒がブッダ（覚醒者）になったということなのだ。法顕は書いている、「仏教が広まったのは、ここに弥勒像ができたことから始まったのである。弥勒が釈迦の教えを継がなくては、誰が遠くの者にまでその教えを知らせることができるのか」。

法顕の時代はすでに南北朝が始まっていた。その最も西にあった北涼《ほくりょう》は沮渠《そきょ》氏の一族が王になっていて、四四五年に弥勒像を作らせている。石像はのこっていないのだが石碑があって、そこに四年をかけて弥勒像を造営したと刻まれている。四年をかけるのだからかなりの巨大仏だったにちがいない。このようにして弥勒はインドから西域をへて中国に入ってきたのだった。

その北涼を四三九年に滅ぼして北中国を統一したのが、さきほどから舞台にしてきた北魏だった。北魏の雲崗に巨大弥勒像が造営されていった背景には、こういう経緯があったわけである。

おそらく北涼や北魏などの北中国では、釈迦の教えは弥勒に引き継がれると考えられたとおぼしい。塚本善隆もそのように分析した。しかし、このような見方は仏典には出てこない。この見方は北魏仏教独特のものなのである。本書の著者の菊地は、これはあきらかに仏教の曲解であり、誤解だったと言う。しかしながらその曲解こそが新たな中国仏教を独自に展開させていったのではないかとも言う。そこは塚本の結論とは異なっている。

では、このような釈迦の教えが弥勒に継承されるというようなチャイニーズ・オリジナルな弥勒信仰は、そのまま仏典の証拠を得ないままに発展していけたのであろうか。

発展できたのだ。それを促進したのが「偽経」(疑経)だった。偽経だなんて聞きずてならないと思うかもしれないが、それがそうではない。

偽経とはインド伝来の「真経《しんぎょう》」に対比して区別されるもので、つまりは漢訳仏典ではない、中国で勝手に作った経典をいう。これがけっこう立典された。立典されただけでなくおおいに流行した。

どういうものが偽経かというと、たとえば冒頭に紹介したお盆行事の根拠となった『盂蘭盆経』が実は偽経なのである。こんなものはインドの経典にはなかった。誰が書いたかもわからない。しかし、当時の社会状況に応じて祖霊や先祖を敬いたいと思う気持ちと、仏教の信仰心と、さらにそこに道教的な民間信仰が加わって、当時の中国人が作り出したのだ。それがまわりまわって日本にも入ったのだ。「玉棚の奥なつかしや親の顔」(去来)。

禅宗でよく読まれる『法王経』も偽経、『天地八陽神呪経』『浄度三昧経』も偽経である。吉川英治の『宮本武蔵』で広まったお杉ばばが説く『父母恩重経』(仏説父母恩重経)も、偽経だった。最近の欧米の研究者たちは『観無量寿経』や『般若心経』すら偽経ではないかと言いだしている。

ことほどさように偽経は多い。さきほど道安が『綜理衆経目録』という経典目録を作ったと書いたけれど、この六三九経のうちすでに二六点が偽経とおぼしく、六世紀おわりの法経らが編集した『衆経目録』には合計二二五七の経典名がリストアップされていたのだが、そのうち偽経はなんと一九六点にのぼるらしい。フェイクがまかり通ったとみるか、そもそもブッダの教えを大乗仏典化したことがヴァーチャル・スートラだったと見るか。ぼくは仏教史はすぐれた編集思想の歴史だと見ているから、後者の見方を援護する。

こうした偽経のひとつに『法滅尽経《ほうめつじんきょう》』や『首羅比丘経《しゅらびくきょう》』があった。五世紀のおわりから六世紀はじめの北魏で綴られたもので、これが中国的弥勒信仰の波及に大きな役割をはたした。本書で最初の主役を演じる。

『法滅尽経』は冒頭の釈迦の語りで始まる。自分が死んだら私の教えはだんだん滅びていくかもしれない。そのときは五つの悪行、すなわち母を殺し、父を殺し、聖を汚し、覚醒を妨げ、教団を分裂させるという五悪が流行するだろうというのだ。信仰の家の崩壊、僧侶の堕落、教団の危機。話はそこから展開して、そういう信仰心が地に堕《お》ちていったとき、月光童子という者が世にあらわれて、五一年のあいだだけ教えを復活させるという。しかし、そのあとはいくつかの経典が出現しては消えていき、やがてこの世に文字すらなくなってしまうというふうに説かれる。

これを最後に救うのが、経典のラストに登場する弥勒なのである。弥勒待望がこの偽経のテーマなのだ。『首羅比丘経』も同工異曲で、月光童子が末世に登場して大災害で苦しむ人々を救うと書いてある。

いずれもまったく荒唐無稽な話を綴った偽経ではあるが、北魏の五一七年、この話を体現するかのように劉景暉《むけい》という九歳の少年が月光童子を名のって、民衆を惑わしたとして逮捕された。人々は動揺する。また期待もする。そのうち民衆のあいだでは、このような救世主を弥勒にこそ待望するようになった。雲崗から龍門にかけて多くの弥勒像が造像されたことについては、こういう偽経がもたらした中国仏教的メシアニズムが動いていたわけである。

民衆ばかりがそのような待望をしただけではない。南岳慧思《なんがくえし》のような高僧も同じような思いをもった。五五八年のこと、慧思はそのうち弥勒があらわれたときに説法をしてもらうべく、『般若経』を金字で写して七宝の箱に収めて『立誓願文』というものを綴った。そこにはまたしても月光童子のことが書いてあって、末法の世の到来とともに世界がろくでもない世の中になるだろうとも記していた。日本も末法がとっくに蔓延《まんえん》したままになっている。

本書は実にさまざまの示唆に富む。今夜は紹介しきれないが、コータンやソグドのあたりの弥勒信仰の動向や、ゾロアスター教やマニ教との関係もあれこれ示唆されている。しかし、日本にとって最も親密な弥勒信仰はやはり朝鮮半島における弥勒であろう。とくに半跏《はんか》思惟《しゆい》の弥勒像は奈良の中宮寺や京都太秦《うずまさ》の広隆寺の弥勒像の面影と重なっている。

それもそのはずで、実は韓国こそは弥勒の国なのだ。古代もそうだが、いまでもそれに近い。本書も冒頭で、著者が忠清南道の論山にある灌燭寺《クアンチョクサ》の巨大な弥勒像を見にいく話を紹介している。

著者はこれは〝変な仏像〟だと言う。花崗岩でできているのだが、一八メートルもあって、頭ばかりが妙に大きくて胴が寸づまりだ。全羅北道の益山にある弥勒寺にも行った。百済時代の七世紀前半の創建だが、いまは廃墟《はいきょ》である。ここは弥勒信仰のセンターでもあった。

調べていくと、韓国の弥勒像の多くはだいたいが頭でっかちだということが見えてきた。のみならず下半身が地上に出ていないものも少なくない。なぜこんなふうになっているのかといえば、弥勒が地面から出現してきた姿をあらわしているからだ。下半身は地面の下にあるという想定なのだ。

未来が地中に眠っていたわけである。しばしば「下体埋没仏」などとも称される。百済ではそのように弥勒の出現が語られていたのだった。

百済に仏教が伝わったのは枕流王《ちんりゅうおう》（チムニュワン）の三八四年である。南のほうの中国から伝わったともいう。東晋の僧らしい。そのまま弥勒信仰につながっていった。その後、新羅が勢力を増すと、弥勒信仰は新羅で栄えた。護国思想と結びつき、やがて花郎《ファラン》という青年貴族結社の首領が弥勒の生まれ変わりと崇められ、花郎たちによる弥勒信仰が色濃く広まった。

花郎のことについては一二二八夜で『韓国の茶道文化』（ぺりかん社）を紹介したおり、けっこう詳しい背景と経緯を書いておいた。花郎のもとは、原花《ウォンフア》や源花《ウォンフア》で、若く美しい女性をリーダーとする徒党集団だった。このタカラジェンヌたちは花娘《ファラン》とも言った。それがイケメン美丈の男子に代わった。六世紀の真興王《チヌンワン》の時代のことだ。花郎が弥勒の化身となったのである。なぜ、そんなふうになったのか。こんな伝承がある。

慶州《キョンジュ》に興輪寺《フンリュンサ》があった。いまは遺跡になっている。慶州は新羅の都で、韓国の奈良にあたる古都である。その興輪寺に真慈《チンヂャ》という僧がいた。いつも堂宇にぬかずいて弥勒がこの世にあらわれることを祈っていた。あるとき夢に高僧があらわれて、「熊川《ウンチョン》の水源寺《スウォンサ》に行きなさい、そうすれば弥勒仙花《ミルクソンフア》に会えるだろう」と言った。真慈が夢からさめてさっそく水源寺を訪ねると、門前に凛々《りり》しい少年が立っていた。どちらの方かと尋ねると、都の者ですと言う。そのほかいろいろ聞いてみたが埒《らち》があかないので奥に進み、山にまで入っていった。そこに老人がいた。「何をお望みかな」と聞くので、真慈は「弥勒仙花にお会いしたいのです」というと、老人は「はて、さっき門前にいたはずじゃが」と言って消えた。

真慈は急いで水源寺に戻ってみたが、少年はもういない。都の者だと言っていたから慶州に戻って探すことにした。しばらく探しまわるうちに、やっと少年に出会えた。名を聞くと「未尸《ミリ》」という。さっそく新羅王のところへ連れていくと、王はこのほかよろこんで、未尸を花郎として侍《はべ》らせることにしたところ、しだいに青年たちが慕い集まって、結束するようになった。けれども七年ほどたって、未尸はどこかへ姿を消した。

『三国遺事』に載っている話である。ほかにも似たような話が載っているが、それでわかるのは新羅の二四代真興王から三十代の文武王のころに、すなわち六世紀後半から七世紀いっぱいくらいの時代、花郎集団が弥勒を奉じて結社を編んで、国を思い、風流を嗜《たしな》み、霊肉合致の思想を陶冶《とうや》していということである。そういう結社のことを香徒《ヒャンド》ともいった。

香徒はふつうにいえば弥勒サロンだが、時代が武烈王とともに統一新羅に向かうにつれて、政治結社としての役割もはたした。古代日本史でもその名が知られる金庾《キムユ》信《シン》や金欽春も花郎だった。

花郎はドイツ青年運動やワンダーフォーゲルに似て、あるいは日本の修験道に似て、修行のために好んで各地の山野を跋渉《ばっしょう》した。慶州から南山をへて金剛山に達し、そこから元山湾にくだるコースが有名らしい。いま、慶州の国立博物館には南山の三花嶺《サムファリョン》からもたらされたという石像があって、生義寺《センウイサ》の弥勒石像ではないかと言われている。

その後の話になるが、新羅三五代の景徳王の時代には忠談大師が南山の三花嶺で弥勒菩薩に茶を点《た》てていたという記録があらわれる。忠談大師の噂を聞いた景徳王が半月城に招いたところ、大師は肩から「桜筒」をぶらりとさげ、そこに茶一式の道具を入れていた。その茶をいただくとなんとも馥郁《ふくいく》としていた。あまりに風流なことをするので、聞いてみると耆婆郎《しゃばろう》でもあった。医薬のエキスパートのことだ。もともとは花郎の出身で、詞脳歌のシンガーソングライターでもあった。新羅の郷歌である。景徳王がさっそく歌をつくらせてみると、その安民歌はすばらしかった。

一然（高麗の高僧）による『三国遺事』が伝えた有名な話だが、その後も、この手の話はずっとつながっていく。溟州には花郎道の創成を記念する石碑もあって、かつてこの地に仙人になったと伝えられる四人の花郎がいて、茶竈《ちゃがま》を共有していたという話にもなっている。

花郎たちが弥勒信仰とともにこのような風流韻事を好んだのは、韓国語で「ブィ」という精神哲理をあらわす言葉があるのだが、その「ブィ」に依拠していたからだとも考えられる。ブィは「空」や「無」をあらわすのだが、かぎりなく明るい哲理である。それはやはり弥勒（ミルク）のイメージともつながっている。

こうして弥勒信仰が日本にもやってきた。本書は日本のことにはふれていないので、ぼくもふれないが、せめてＮＡＲＡＳＩＡの及ぶ奈良時代の弥勒信仰についてだけ、少々、案内しておく。

『日本書紀』敏達天皇十三年の条に、「秋九月に百済から鹿深臣《こうかのおみ》が弥勒の石像一体を、佐伯連《むらじ》が仏像一体をもってきた」という記述がある。そこで蘇我馬子がこの仏像二体を請いうけて、播磨にいた高麗人の恵便という僧を師に招き、司馬達等の娘など三人を得度させ、仏殿を馬子の屋敷の東に造って、弥勒の石像を安置したというのだ。「わが国の仏法はここに始まった」とも記される。

この話は五八四年にあたる。似た話が『元興寺縁起』にも載っていて、こちらは甲賀臣が弥勒像をもってきたとある。鹿深臣と甲賀臣はコウカ・コウガだから同一人物なのだろう。それにしても弥勒像が最初の仏法到来とともに語られていたわけだ。日本史の教科書には欽明天皇の十三年、すなわち五五二年に百済の聖明王が釈迦金銅仏と経論をもたらしたとあるが、この五五二年というのは朝鮮仏教の末法第一年にあたるので、この年代はのちに付合されたものだというのが今日の定説になっている。それよりも弥勒とともに仏教が伝来したと考えたほうが、わかりやすい。しかし、当時の信仰は欽明天皇期でも仏像のことを「蕃神《からかみ》」と言っていたくらいだから、馬子が弥勒像を安置したといっても、まだきわめて即物的なものだったと思われる。

飛鳥時代から少しずつ釈迦仏とともに弥勒仏がちゃんと奉られるようになった。山背大兄王子《やましろのおおえのおうじ》や秦河勝《はたのかわかつ》が弥勒像を安置するようになり、聖徳太子のころは弥勒浄土が兜率天であるというイメージももった。これは松本文三郎の『弥勒浄土論』（前出）が仮説したことなのだが、いまは中宮寺にある「天寿国繡帳」の天寿国とは、実は兜率天のことなのではないかとも考えられている。辻善之助もこの説だった。重松明久はさらに一歩踏みこんで、ここには『弥勒上生経』と『弥勒下生経』の内容がそれぞれ一帳ずつに示されているとも仮説した。けっこうありうることだと思う。

日本の弥勒信仰は藤原京・平城京の奈良朝になってしだいに盛んになっていく。たとえば天智五年（六六六）には高屋太夫が夫人の追善のために金剛弥勒菩薩像を、同じ年、橘寺の知識結《ちしきゆい》の一一八人が中宮天皇の病気平癒のために弥勒像を奉った。

もっと有名なところでは、藤原鎌足が没したとき、天智天皇が詔して言うには、「汝に純金の香炉を与えるが、この香炉をもって汝の誓願のごとく兜率天に到り、日夜に弥勒の妙説を堪能してほしい」と言ったという話もある。鎌足は弥勒浄土を信仰していたのだ。

その天智自身も兜率天に往生することを願い、滋賀山に崇福寺を建てて弥勒像を安置した。天武時代になると、天武が皇后（のちの持統天皇）の病気平癒のために薬師寺を造ったのはよく知られているが、この西院に弥勒浄土を描く障子をつくらせているし、養老五年（七二一）の藤原不比等一周忌には、夫人の橘三千代が興福寺中金堂に弥勒浄土変をつくらせている。長屋王も不比等の忌日のために興福寺北円堂を建てると、そこに弥勒像を飾った。そのほか、石川石足《いわたり》の一周忌に『弥勒経』一〇部を書写したり、西大寺に兜率天堂が造られた記録などものこっている。

たぶんに現世利益ふうなところもあるが、奈良時代の弥勒信仰はあきらかに兜率上生を願う気運が高かったようだ。ということは、この時期にはまだ弥勒下生の信仰が芽生えていなかったということなのだ。むしろ弥勒は死後の安寧と結びついていた。もっとも、橘奈良麻呂が藤原仲麻呂に対して挙兵するにあたって、天平勝宝八年（七五六）に志賀寺に弥勒会を催していたという事情には、弥勒下生への期待もこめられていたという説もある。

実際には、こうした奈良期の弥勒感覚は奈良末期から平安期に向かうにつれて、阿弥陀信仰にとって代わられる。これは北魏仏教のあとに中国仏教がやはり弥勒から阿弥陀に切り替わっていくのと同じだった。けれども、空海だって自身の最期に当たっては弥勒兜率浄土に向かわんとしたほどで、日本人の心情の基底のどこかには弥勒のもとに参りたいという気持ちがずっと続いていたのではないかと思われる。
まあ、詳しい話はいずれしてみたい。ミルクソンファな話ももっとしたいし、弥勒に代わった阿弥陀や地蔵の話もしてみたい。ぼくの子供時代のお盆といえば、地蔵盆だったのだ。そのうち、そのうち……。「山川に流れてはやき盆供かな」(蛇笏《だこつ》)。

第一三一三夜　二〇〇九年八月十四日

参照千夜

二二五夜：川勝平太『日本文明と近代西洋』　一一二五夜：金子郁容『ボランティア』　一一一四夜：福原義春『猫と小石とディアギレフ』　一一七六夜：安田登『ワキから見る能世界』　五三七夜：宮田登『ヒメの民俗学』　一一四四夜：柳田国男『海上の道』　一四二九夜：横超慧日・諏訪義純『羅什』　四四五夜：マルタン・フェルマースレン『ミトラス教』　一二二八夜：金明培『韓国の茶道文化』

仏教は国教になりうるのか。
法琳《ほうりん》と傅奕《ふえき》は何を画策したのか。

礪波護

隋唐の仏教と国家

中央公論社　一九九九

本書は隋唐社会のなかに仏教が定着するにあたって、どんな障害や敵対物が待ちかまえていたか、賛成派と反対派はどんなふうに相手のカテゴリーを攻めたのか、そこにどんな権威者や協賛者たちのお迎えがあったかを、ちょっとユニークな視点から綴ったものだ。宗教におけるマネジメントと国家におけるマネジメントは、この時代にあってはまったくの同義語だった。今夜はそのことを考えたい。

著者の礪波護《となみまもる》のことは、中公「世界の歴史」シリーズの『隋唐帝国と古代朝鮮』で知ったあと、気になって読んだ『馮道―乱世の宰相』（中公文庫）が味よく印象深かった。長らく京大の人文研にかかわっていた中国史家である。礪波がどうして唐代の政治社会を研究することになったかということについては、若い頃に、宮崎市定の『東洋的近世』

(教育タイムス社・中公文庫)と蠟山《ろうやま》政道の『比較政治機構論』(岩波全書)をほぼ同時に読んだのが刺激になって、しだいに隋唐社会の解明にのめりこんでいったと自身でふりかえっている。

もうひとつ、礪波にはずっと気がかりになっていた関心事があった。それは、日本に仏教が本格的に入ったのにくらべて、なぜ道教が入ってこなかったのかということだ。そのことが気になったのは、井上靖の『天平の甍《いらか》』に、「日本の遣唐使節が、玄宗に鑑真および五人の僧の招聘を上奏したのは、一行が長安の都を発つ日取りが決まつてからであつた。玄宗は鑑真の渡日には反対しなかつたが、鑑真らと共に道士も一緒に連れて行くやうにと言つた」とあったからだったらしい。

ぼくは『天平の甍』にそんな箇所があったことなどまったく気づいていなかったけれど、なるほどあらためてページを繰ってみると、遣唐使節たちは玄宗から日本に道士を連れていけと言われて困ったうえ、道士を連れていくかわりに、自分たち一行の中から春逃源ら四人を選んで唐土《もろこし》に留《とど》め、道士の法を学ばせることにしたとあった。なぜ遣唐使は困ったのか。

礪波はその後、古代日本には「道教が伝来しないようにしたい」というなんらかの宗教政策があったからだったのだろうと結論づけた。そのうえで、実は隋唐においても仏教と道教をどのように案分するかということが、そうとうに政治社会政策を左右したのだと考えるようになった。

このあたりのこと、本書の第二章を読むと、その問題意識が奈辺《なへん》にあったかが見えてくる。礪波が訝《いぶか》った日本と道教の関係については、その後、いくつもの新たな研究成果が出ているので、そのうち千夜千冊する。

隋の文帝の時代に、法琳《ほうりん》（五七二〜六四〇）という僧侶がいた。幼少期に出家したが、二三歳で都市型の仏道修行に疑問をもって、青渓山の鬼谷洞に隠棲《いんせい》した。昼は仏典を読み、夜は俗典を覧読するという日々をおくった。仏教にも儒教にも道教にも親しんだ。七年がたった仁寿一年（六〇一）に長安に出て、関中各地を遍歴しながら奇妙なことを始めた。

老子のタオイズムを教理として自分なりに体現したいと思って、方便として僧服を脱ぎ、髪を伸ばして俗人の姿をするようになったのだ。つづいて隋末の義寧一年（六一七）には道士の黄衣を着て道観に出入りした。さらに道教の秘籍を縦覧して、ついに道教が虚妄の巣窟であることを見抜いたので、ふたたび仏僧に戻って仏典のすばらしさの探究に入った。青渓山に入ってから二四年間もそういうことをしていたのである。

傅奕《ふえき》（五五四〜六三九）という男がいた。法琳より二十歳ほど年上だ。北斉が北周に併呑《へいどん》されるころ、長安の通道観にいた。

隋の文帝は国家鎮護のための仏教を興そうとして大興城を造営し、その東に大興善寺という仏教センターを構えたのだが、同時にその西に通道観を対称的に構えた。通道観はその後、玄都観として道教センターの様相を呈した。傅奕はその玄都観に入った。そのうちそこを出ると、ひそかに道士の修行をするようになった。開皇十七年（五九七）に儀曹という役職をえて漢王の諒に仕えた。諒は文帝の末子で、河北一帯五二州を管轄していた。七年後の仁寿四年（六〇四）、文帝が崩御する直前に妖星《ようせい》が出現した。諒は天文星暦にあかるい傅奕にその解義を求めたところ、傅奕は答えをはぐらかして、王を不快にさせた。

文帝崩御のあと、煬帝《ようだい》が即位すると、諒は兵を挙げた。たちまち鎮圧されてしまい、諒は幽死。部下二〇余万も連座させられたり、殺されたりした。傅奕も当然詰問されるはずだったのだが、諒の意図に迎合しなかったということで情状酌量され、扶風に配されたた。その扶風に太守として赴任してきたのが李淵だった。のちの唐の高祖である。傅奕は高祖にとりいることにした。

これで、ちょっとあやしげな二人の人物、法琳と傅奕が登場したことになる。ではいったい二人にどんな関係が生じるのかというと、話はこの二人が仏教と道教をめぐって熾烈《しれつ》な論戦をすることになり、二人とも抑圧を受けてしまうのだが、そのことが隋唐の仏教国家形成の双発のエンジンになっていったのだ。

が、その意外な話に入る前に、ここでごくごくおおざっぱに、そもそも隋末からどうして唐が誕生したかということと、隋唐の宗教的な事情と動向のことをかんたんに説明をしておきたい。

隋の文帝（楊堅）が「開皇の治」で築いた中央集権力と国富力は、二代目の煬帝（楊広）の対外膨張政策と桁外《けたはず》れの土木事業と豪奢《ごうしゃ》な宮廷生活でたちまち崩れていった。とくに六一二年から始まった高句麗遠征は最初から一〇〇万人の大軍の敗退となり、ロジスティックスを担当監督していた楊玄感の反乱を招いた。

これが従来から反抗気味だった河北・山東の動きと結びつき、しだいに農民暴動に波及した。「遼東に行って犬死にするな」と歌って山東の長白山に籠《こ》もった民衆を指導した王薄は、いまなおこの地方の英雄譚《たん》になっている。ぼくは三十年ほど前にその詩をめぐって、いまは亡き草森紳一と愉快な話を交わしたことがあった。

それでも煬帝は第三次高句麗遠征を断行するのだが、すぐに雁門《がんもん》で突厥《とっけつ》に包囲され、とりあえずなんとか脱出するものの、結局、不満兵士を率いた宇文化及《うぶんかきゅう》によって殺されてしまった。隋朝はここであっけなく滅ぶ。

煬帝の失態が続いていたあいだ、地方の反乱から何人もの群雄があらわれた。貴族出身の関中の李淵や中原の李密、中央アジアの商人だった王世充、河北の竇建徳《とうけんとく》、無頼上がりの杜伏威《とふくい》などだ。これらの群雄が農民集団や流民集団を吸収し、かれらの食いぶちを保証しつつ、互いに覇権をめぐって競いあっていった。

このなかから最後にトーナメントに勝ち残ったのが、李淵と、その子の李建成・李世民の父子だ。戦略的に有利な太原《たいげん》に挙兵したこと、首都長安を早期に押さえたこと、突厥と結んで兵馬の精鋭を掌握できたこと、外部の攻撃を受けにくい関中を拠点にしたことなどが、李一門が勝ち残った要因だった。李淵は殺された煬帝の孫の幼帝から禅譲を受け、唐王朝を開いて高祖となり、年号を武徳と改めた。ここに李政権による唐室が生まれた。

李淵は高祖となった。このとき傅奕が太史丞に任ぜられ、「漏刻新法」などの天文に関する奏上などをするようになる。たいへんな出世だ。

傅奕が奏上したのは天文の件だけではなかった。武徳四年（六二一）には「廃仏法事十有一条」といった廃仏論を提言していた。唐朝が仏教をとりいれるとどれだけ危険かを述べた。沙門を禿丁《とくちょう》、ブッダを胡鬼《こき》呼ばわりもしていた。

これに対して仏教護法の論陣をはったのが法琳だった。法琳は『破邪論』を書いて、傅奕の論拠が道教にもとづいていることをすぐに見破り、持ち前の道教文献を逆用して徹底反駁《はんばく》した。高祖は困った。新たな国家を護持できるのは仏教か、道教か、それとも儒教なのか。

いったい隋唐にいたる以前、国家がどのような議論にさらされてきたかというと、仏教が中国に入ってきた後漢時代から「儒」「仏」「道」の何をもって優位とするかという議論がずっとくりかえされてきた。傅奕と法琳はその積年の議論を初唐にもちこんだのだった。高祖は迷う。

中国に最初に仏教が入ってきた事情については、長らく諸説がとびかってきた。まとめて仏教初伝説話という。

なかで最も有名なのは一四三〇夜でも紹介した「明帝感夢求法」というものである。後漢の明帝が夢のなかで金人に出会い、西方に神がいてその名を仏といってすばらしい功徳をもっている。そこで、夢からさめた明帝はさっそく西域に求法の使節を出したところ、仏典がもたらされたという話だ。『後漢紀』孝明皇帝紀や『後漢書』西域伝に出ている。

これを受けて、儒教側は孔子がすでに「西方に聖者あり」と言っていたという論拠を持ち出したりした。もちろん、こんなことがあったわけではない。孔子の偉大さを強調するあまり、こんな話になった。実際には、仏教東漸の最初の記述は『三国志』魏志の裴松之《はいしょうし》の注に、哀帝の時代に景盧《けいろ》という者が大月氏（クシャーン朝）の使いから浮屠経《ふときょう》のことを聞いたという『魏略』西戎伝の一節が引用されているのが、いまのところ確認できる話だ。浮屠は「浮図」とも書かれた。浮屠も浮図もフットのこと、すなわち「ブッダ」の音写だ。

ところが、このあと桓帝が皇帝として初めて仏教を信仰したとき、そのフットを祀《まつ》るにあたって、黄帝や老子を同時に祀ったため、話がややこしくなっていった。一四三〇夜でも案内したが、王浮によって『老子化胡経』という偽経が書かれ、老子が流砂をわたってインドで浮屠あるいは浮図と呼ばれ、そこで仏法がおこったという説がまたまことしやかに流布されたのだ。

むろん、こんなこともありえない。はっきりしていることは、後漢の桓帝・霊帝の時代に安息の安世高や大月氏の支婁迦讖《しるかせん》が初めて経典を漢訳したのであって、それ以前にはどんな仏教経典もその関連書などもなかったのである。

が、これで魏晋南北朝の三六〇余年のあいだ、さまざまな儒教・道教・仏教の先陣争いと正統論議が続くことになる。とくに後漢末に太平道や五斗米道といった民間道教による民衆運動がさかんになったことは、この先陣争いに老荘思想とそのヴァージョンの議論を介入させた。とくに魏の王弼《おうひつ》(二二六〜二四九)や何晏《かあん》(一九〇〜二四九)が老子・荘子の「無」を仏教的な「空」に重ねたため、この見方がずっと三教議論を出入りした。

西晋の王浮が著した『老子化胡経』に対して、仏教側が偽作したのは東晋時代の『清浄法行経』である。老子・孔子・顔回はそれぞれ菩薩の権現だったとするもので、これまたとんでもなくあやしい。こういうふうにあやしいものがいくつも出回ったのは、むろん中国の宗教事情が国家経営に深くかかわっていたからにほかならない。

漢の武帝が儒教を国教化したときは、まだ仏教は入っていなかった。次の後漢の時代は仏典が入ってきたばかりでなんらの仏教活動も確定できてはいない。ましてトップダウンの価値判断はなかった。仏の教えはさまざまな中国思想と交じっていくだけだった。いわゆる格義仏教である。次の三国時代は老荘思想が復活した。こうして五胡十六国時代でやっと道安や鳩摩羅什や慧遠の教相判釈によって格義仏教からの脱出が始まったのだけれど、それでもまだ一部のグループ仏教のようなものだった。

それが南北朝が統一されるプロセスで、しだいに国の宗教問題になっていく。南朝（宋・斉・梁・陳）も、北朝（北魏・東魏・西魏・北斉・北周）も、それぞれの国のサイズが小さかった時期は、仮に仏教を国教化しようとも、北魏や北周のように排仏政策を断行しようとも、致命的な問題にはいたらなかったのである。

しかし、隋のように世界帝国レベルの統一をなした国家では、どのような宗教政策をとるかということは、そのまま国家経営の根幹にかかわってくる。古代ローマ帝国だってキリスト教を国教化するかどうかでは、大いにすったもんだした。TPPを導入するのか、しないのか、日本全体の一億人の問題にかかわるとなると、確定に怯《ひる》むのだ。

南北朝を統一した隋の文帝は決断した。出家仏教を重視して五岳に仏寺をおくと、北周の廃仏政策を一八〇度転換して大々的な仏教振興策をとった。六〇一年からの数年間で、僧尼二三万人、諸寺三七九二寺、写経四六蔵一三万巻、石像造営一〇万六〇〇〇体に及んだという。このときセンターとなったのが、さきほどの大興城に設けられた大興善寺と通道観（玄都観）だったわけである。

これでわかるように、文帝はそれでもまだ仏教と道教を両天秤にかけていた。この両天秤は煬帝の代にも続き、さらに唐の高祖や太宗（李世民）にまで及んだ。傅奕と法琳が秘術を尽くして仏道二論の優劣を論じ合ったのには、こうした事情があったのだ。

法琳の仏教擁護は『破邪論』にまとまって、そのまま道教批判になっていた。しかし高祖にはそれを吟味する判定力がない。やむなく武徳七年（六二四）に道士と沙門の両代表を招いて、そこに儒教代表の博士を加えて三教のディベートをさせた。信長の安土の宗論をおもわせる。

このディベートに結論は出ていない。のちの記録を見ると、これによって高祖は仏教の行き過ぎにも道教の過剰にも沙汰をつけて、三教のバランスをとったようだ。

これをひっくりかえしたのが太宗の「玄武門の変」だった。李世民は兄の李建成を殺害してクーデターをおこすと、太宗として唐室の中心に立った。それだけではなく、宗教のイメージが国家のマネージにかかわり、国家のマネージメントはそのまま宗教のイメージメントであるという立場を貫いた。ここに、傅奕と法琳の努力は空しくなっていく。傅奕は死に、法琳はいわれのない弾圧を受けた。

礪波護は、二人の論争にこそ仏教と国家をめぐるその後のイデオロギーの歴史の本質がひそんでいたと見た。その通りだったろう。本書には井波律子の短いけれども要訣《ようけつ》をえた解説が付されているのだが、井波は、中国史にひそむ宗教と国家のせめぎあい、すなわち王法と仏法の相克と癒着と激しい攻防は、本書によってみごとに浮き彫りにされたと指摘した。

その後の唐の仏教事情は、大きくも小さくも、めまぐるしく変転する。則天武后のころは華厳が重視されたし、律宗・法相宗・天台宗が隆盛になった時期もあった。韓愈のように激しく仏教を批判する者もいたし、武宗のときの排仏のように(会昌の排仏)、上から仏教が弾圧されることもあった。他方、個人の活躍も大きい。なかでもインドや南海をめざした玄奘や義浄はその体と胸に巨大なアジア仏教を投影させた。密教と禅の開花もめざましかった。アジア仏教は一つではなく、まとまってもいないけれど、だからこそ各地の仏教的特性からさまざまなことも見えてくる。

昨今、日本の思想界では中国仏教や韓国の宗教事情を語りあうことがほとんどなくなったようだ。他山の石と見ているというより、あえて見ようとしなくなったか、見たくなくなっている。これはまずい事態なのである。日中友好や日韓友好に励めというのではない。東アジアの共観をもちつづけるべきなのだ。礪波護や井波律子の〝漢点(観点)〟を放っておいては、いけません。

第一四三六夜　二〇一一年十月二七日

参照千夜

一五六夜：井上靖『本覚坊遺文』　六二六夜：宮崎市定『アジア史概説』　一二七八夜：『老子』　一四二九夜：横超慧日・諏訪義純『羅什』　一四三〇夜：沖本克己・菅野博史ほか『仏教の東伝と受容』　一四二八夜：リチャード・C・フォルツ『シルクロードの宗教』

玄奘はインド仏教の衰退を予感していた。
一二〇三年に密教寺院が破却され、万事が休した。

保坂俊司

インド仏教はなぜ亡んだのか

北樹出版　二〇〇三

インドにおける仏教は、先行する古代ヒンドゥ教に対抗して出現し、マウリヤ朝のアショーカ王による仏教の国教化政策によって一挙に広域波及した。これはカニシカ王にも継承されて、そこに大乗仏教と上座部仏教の複線的な発展が加わって独特なものとなっていった。ところが、そのインド仏教が廃れてしまったのである。なぜなのか。

四世紀から五世紀にかけてのグプタ朝では、北インドでの仏教は衰退していったものの、まだ人口の半分くらいが仏教に帰依し、その勢力は中央アジアに向かってシルクロード沿いに広まっていった。けれども、仏教を庇護《ひご》したハルシャ・ヴァルダナ王のハルシャ王国がその後ガンジス平原に及ぶころになると王家の力を失い、それを合図にするかのように仏教を重視する王家も王国もなくなった。各地のストゥーパや寺院は損傷し、廃墟になっていく。

ハルシャ・ヴァルダナ王への進講もした玄奘は、その『大唐西域記』（平凡社東洋文庫・全三巻）に各地で仏教力が衰えつつあること、仏教徒がヒンドゥ教徒と区別がなくなりつつあることを目撃したと書いている。

それでもパーラ朝では、ベンガル東部になお大乗仏教が活《い》きていて、その余波がブータンやシッキムに及んでいた。ただしその信仰にはシヴァやヴィシュヌとの共存が進んでいて、ブッダの図像はそれらの仲間になりつつあった。

エフタル（白フン族）の侵入も響いた。インド北西部や中央アジアから仏教が追われたのはエフタルのテングリ（天上神）信仰やマニ教によるところが大きい。

西ローマ帝国の解体も影響した。仏教派の多かった大小の商人たちが西方との交易力を失い、出家集団として喜捨をアテにしていた仏教僧団（サンガ）の維持を困難にさせていったからだ。これについては大乗仏教がブルジョワに依拠しすぎたと、歴史学者によって批判されている。

仏教徒のあいだにヴィシュヌ信仰やシャクティ信仰が混入し、それらがタントリズムや神秘主義を促していったことも、看過できない。ヒンドゥ教のバクティ（能力、最高神への信愛をもつこと）が女性名詞であったため、性の解放と結びついたことも、そのような変質をとげる仏教に対する帰依を遠ざけた面もある。もっともこのあと、タントリズムや神秘主義の傾向を克服する「密教」も芽生えたのであるが（大日経や金剛頂経の確立）、これはインドでは稔《みの》らず、中国やチベットで結晶化していった。

しかし、これらのさまざまな要因にまして大きかったのは、イスラムのインド到達とその破壊力だったと思われる。象徴的な破壊事件がおこった。

このことについて仏教史では、一二〇三年に東インドの密教の根本道場だったヴィクラマシーラ寺がイスラム教徒の軍隊によって破却され、多くの僧尼が殺害されたことをもってインド仏教の終焉《しゅうえん》とみるのが一応の〝常識〟になっている。たとえば平川彰の『インド仏教史』（春秋社）はそう書いている。

しかし、いくらヴィクラマシーラ寺が大道場ではあってもその拠点が破壊されたというだけのことで、インド仏教全体が廃れるというのは考えにくい。むしろそれ以前から仏教は民衆離れをおこしていたのではないか。そう考えたのが中村元だった。仏教があまりに合理的で抽象的な哲学思考を好んだことが、衰退の要因になったというのだ。けれども、そういう傾向なら仏教がもともとかかえていた特徴だった。その特徴が突然に姿をあらわして民衆の理解から遠ざかるというのも、考えにくい。むろん中村元はそのことを認めたうえで、それにもかかわらず仏教が民衆向けの説明の変更をしなすぎたということを指摘しているのだが、さて、はたしてそれだけなのか。

奈良康明はそれに対して文化人類学的な視点から、仏教が貴族層や商人層に受け入れられたわりに、もともと家庭儀礼や日常儀礼を重視しなかったために、社会の底辺にゆきとどいていなかったのではないかという意見を出した。奈良の『仏教史』はそのように書いている。むろんこのようなこともあったろう。また仏教に伝道師（いわゆる宣教師）が欠けていたことを指摘する声もある。それもたしかに問題である。

しかし、どうも決定的な理由にはなりえない。なぜなら、そのようにインドで廃れた仏教は中国や日本では蘇《よみがえ》ったばかりか、歴史家によって認められているように、むしろインドの外で世界宗教としての力を発揮していったからである。きっとここには、インド社会独自の原因がひそんでいたはずなのである。

本書は、これまで十分な説明がなされてこなかったインド仏教衰退の解明に新しい鍵《かぎ》を提供した意欲的な試みである。結論を先にいうと、インド社会においては仏教は長らく反ヒンドゥの装置、あるいは抗ヒンドゥの装置としての社会的な役割をはたしていたのだが、その社会装置としての役割がインド進出を頻繁にくりかえすイスラムに取って代わられることによって、その使命を終えたのではないかというものだ。

ぼくには、この推理が当たっているのかどうかを判定する力はないのだが、なるほどこれはありうることだろうと思えた。というのも、イスラム教徒がかなり細かく反ヒンドゥあるいは抗ヒンドゥの社会的ジャンクションを担ったのだろうということが本書から見えてきたからである。著者はそのような変化がおこった背景を示す重要な史料として、イスラム側の『チャチュ・ナーマ』を持ち出している。

『チャチュ・ナーマ』はインド亜大陸へのイスラム進出の最初の記録で、七一一年以降の出来事が記されている。チャチュ王によるチャチュ王国成立を記念したもので、その記すところは玄奘の『大唐西域記』がカバーしている時代と地域にほぼ重なっている。そのため数々の研究的照合が可能になった。著者はそこに着眼して、仏教衰退の背景がイスラムの進出によるインド社会の変質と密接な関係をもっていただろうことを指摘した。

『チャチュ・ナーマ』の詳細を紹介することはここでは省略するが、もしその内容どおりのことがおこっていたのだとすると、インド社会がアショーカ王このかたつくりあげてきた仏教社会的な結節点《ジャンクション》は、どうも確実にイスラム教徒によって取って代わられたと言えそうなのだ。逆にいえば、やはり仏教の浸透は異なる宗教的結節点によって取り替え可能な程度の奥深さにしか届いていなかったというふうにも見えてくる。

たとえばインドでは仏教僧のことをサーマニーという。これはパーリ語のサマナから派生したもので、「非ヒンドゥの僧侶」という意味である。ということは、非ヒンドゥであるのならべつだん仏教僧でなくとも、この言葉の意味は損なわれない。イスラム教徒はそこへ滑りこんできた。インド仏教にはこうした取り替え可能な自由度のようなものがたくさん入っていた（ありすぎたのかもしれない）。それは、いいかえれば仏教独自の平等主義ともいえるもので、カースト制にもとづいたヒンドゥ教とはまったくちがっている。しかしそれゆえにその平等主義がアダとなって、そこにイスラムの容易な進捗《しんちょく》と確保を許したのだったろう。

インド仏教の衰退には、イスラムの進出とヒンドゥ教の再興隆が時期をひとつにしていたという不運も与《あずか》っている。八世紀から十一世紀のことである。ただし、これは不運というより、仏教徒の弱さを物語ってもいる。

もともとイスラムは土着宗教には寛容なところがある。いずれは靡《なび》いてくるだろうという過剰な自信ももっていた。しかし抵抗する勢力には決定的な蹂躙《じゅうりん》を辞さないものももっている。これが世にしばしば「剣か、コーランか」と言われるところだ。

イスラムがインド社会に怒濤《どとう》のごとく進撃していったとき、そこに立ちはだかったのは仏教徒ではなく、ヒンドゥ教徒だったのである。もっと正確にいえば、仏教徒はイスラムとヒンドゥのパワー・バランスのなかで、イスラムについたほうが有利な状況にさえ立たされたといってよい。記録によれば、多くの仏教徒はあっけなくイスラム教徒に鞍替《くらが》えをしているという事実も少なくない。とくに大乗仏教はそのような融通性に富んでいた。

こうしてイスラムは仏教徒を味方につけつつ、ヒンドゥに対峙《たいじ》していったのだった。本書にはその背景に関する説明はほとんどないのだが、新興勢力としての密教徒だけはこれらに抵抗したようだ。密教の根本道場だったヴィクラマシーラ寺が破壊されたことには、そうした事情も絡んでいたにちがいない。

イスラム教の特徴のひとつはタウヒードにある。タウヒードとは「聖俗不分離」、「政教一致」を謳《うた》うことである。

最近のテレビではイランやイラクなどのイスラム社会の動向が刻々報じられているが、なかでおそらく異様に見えるだろうことは、政治家たちの多くが宗教的民族衣裳を着たまま会議をし、そのまま会見に応じていることだろう。イスラム社会というものが宗教と政治を同一視できるということを、雄弁に見せている。

仏教社会ではこんなことはありえない。森喜朗や小泉純一郎がたとえ仏教徒や仏僧の資格をもっていても、国会や政治の議論の場に僧服を着てくることなど、ありえない。そうでなくとも日本は「政教の接近」を極端に恐れる国になっている。公明党議員が政治の場で『法華経』や日蓮のことはむろん、池田大作の名を持ち出すことなど、もってのほかというふうになっている。

宗教というものは、その土地の風土や民族の習慣や歴史的社会におけるパワーバランスを如実に反映するものである。宗教を無視して社会を語ろうとすれば、この正確な目が失われることになりかねない。

日本人の多くは家に仏壇をもつか、どこかの寺に葬儀を頼んでいるような、いわば〝柔らかな仏教徒〟なのである。しかし、その仏教はほとんど社会の利害が衝突するところからは注意深く排除されている。べつだんそれで問題がおきているわけではないのだろうが、それは日本に宗教戦争が仕掛けられていないからのことで、もしも、その一端でも開戦すれば、おそらくはたちまち日本人の「心」さえもがずたずたに混乱するであろうとも思われる。

中世インドにおいては、この問題こそが大きな社会問題だった。インド社会にイスラムが進出していったとき、ひとつには仏教徒はそれをアンチ・ヒンドゥ勢力として容認してしまった。本書がのべるところはその詳細な経緯である。それはひょっとすると仏教徒たちの知恵であったかもしれない。しかしながら事態はそんなに甘くはなかったのだ。ヒンドゥ社会が再興を期して屹立《きつりつ》しようとしていたし、やっと芽生えつつあった新しい密教勢力は海外にその場を求めるしかないほどの打撃を受けていた。

こうして仏教はインドを離れて、その類《たぐ》い稀《まれ》な普遍主義や平等主義の思想と慈愛の枝を、西域や中国や東南アジアのほうに伸ばすことになっていったのである。その枝に稔ったいくつもの果実が、ぽとりぽとりと中国や日本の大地に落ちたとき、そこには反ヒンドゥでも抗ヒンドゥでもない仏教が〝挿し木〟された。このことこそが、仏教がインドから遠い中国や日本に栄えた理由になっていく。

本書を読んで驚いたのは、玄奘がインドを訪れたとき、現地ではどうやら意図的にイスラム勢力による仏教制圧の事実を隠していたということだった。玄奘もそれを察知したようで、『大唐西域記』にそのことをあからさまにしなかった。それは玄奘が中国仏教に〝火種〟をもちこまないための知恵だったのであろう。

第八二〇夜　二〇〇三年七月十八日

参照千夜

一〇二一夜：中村元『インド古代史』

追伸

菩薩とアナザースタイル

スーザン・ソンタグは「日本仏教のソフィスティケーションっておもしろそうなのに、どうして日本人はそのことを誇りにしないのか」と言っていた。そのアメリカでは、いまはスティーブ・ジョブズが好んだ禅やティック・ナット・ハンのエンゲージド・ブッディズムが説いた「マインドフルネス」がもっぱらの流行になっている。が、それだけが仏教ではない。

仏教は古代インドに発してシルクロードをへて、中国で漢訳仏教が劇的に深化し浄土教や密教禅宗などを生み、これが日本に流れて独特のものになった。インド仏教と中国仏教と日本仏教ではかなり考え方も修行の仕方も、その様相も違う。南無阿弥陀仏を唱える専修念仏型の仏教はインドにはない。スリランカ（セイロン）から東南アジアのほうに向かったパーリ語の経典による南伝仏教（テラワーダ仏教・上座部仏教）も時代とともに変化した。

しかし、これらはすべてブッダの教えにもとづいたもので、ブッダが覚醒《かくせい》に関してどんな認識に達し、そのためにどんな行動を選択したか（あるいは消去したか）ということを省いては、何も語れない。

ブッダは世界を「苦」とみなして「一切皆空」「諸行無常」と言い放ち、世界は「縁起」と「空《くう》」で成り立っていると説いた。この着眼と決断は、さまざまな歴史上の思想のなかでも格別に群を抜いたものだった。そのぶんヨーロッパの知からすると、あまりに虚無的なもの、あるいは消極的なものとうけとめられ、とうてい説明しがたいものに映った。そこで欧米の仏教派は「やさしい仏教」や「スピリチュアル」ばかりを擁護するようになった。ポストモダン思想の「脱構築」には、仏教的思考が入ってもよさそうだったのに、そういうこともいっさいおこらなかった。逆に、日本のソフィスティケートされた仏教が現代思想を柔らかく採り入れてもよかったが、こういうこともおこらなかった。

本書は、バラモン哲学から分かれたブッダの原点の特徴を追うかっこうで、原始仏教がアビダルマ仏教や大乗仏教をへて、どのように中国化していったのかを軸に構成した。中国化したというところが大変なミソで、これがなければ（漢訳仏典がなければ）、日本仏教はありえなかったのだ。

そこで構成としては、途中に「バガヴァッド・ギーター」「法華経」「華厳経」「維摩経」についてのやや詳しい案内を入れた。もっと入れたかったが、これでページがいっぱいになった。日本仏教やチベット仏教や近現代の仏教ムーブメント、また密教や禅については別のエディションにするので、そちらを見ていただきたい。

本書でのブッダ出現の背景についてはインド六派哲学との関係を重視し、大乗仏教が大きな流れになったことについては鳩摩羅什《クマーラジーヴァ》や弥勒信仰がおこした転換期に注目した。ブッダ仏教がどのように変容していったのか、あらかたの俯瞰《ふかん》はできるだろうと思う。

今日の日本仏教の状況には、共感できないところがいろいろあると言わざるをえない。けれどもその一方では、二一世紀の仏教こそが新たなラディカルをもたらすはずだ、別様の可能性をもたらすはずだとも確信している。とくに「菩薩」の二一世紀的アナザースタイルが待望されるようになるだろうと思っている。

松岡正剛

千夜千冊 EDITION

「千夜千冊エディション」は、2000年からスタートした
松岡正剛のブックナビゲーションサイト「千夜千冊」を大幅に加筆修正のうえ、
テーマ別の「見方」と「読み方」で独自に構成・設計する文庫オリジナルのシリーズです。

執筆構成：松岡正剛
編集制作：太田香保、寺平賢司、西村俊克、大音美弥子
造本設計：町口覚
意匠作図：浅田農
口絵撮影：熊谷聖司
口絵協力：籔内佐斗司
編集協力：編集工学研究所、イシス編集学校
制作設営：和泉佳奈子

松岡正剛の千夜千冊　https://1000ya.isis.ne.jp/

千《せん》夜《や》千《せん》冊《さつ》エディション

仏《ぶつ》教《きょう》の源《げん》流《りゅう》

松《まつ》岡《おか》正《せい》剛《ごう》

令和3年 4月25日　初版発行
令和6年 11月25日　4版発行

発行者●山下直久

発行●株式会社KADOKAWA
〒102-8177　東京都千代田区富士見2-13-3
電話　0570-002-301（ナビダイヤル）

角川文庫 22651

印刷所●株式会社KADOKAWA
製本所●株式会社KADOKAWA

表紙画●和田三造

●お問い合わせ
https://www.kadokawa.co.jp/（「お問い合わせ」へお進みください）
※内容によっては、お答えできない場合があります。
※サポートは日本国内のみとさせていただきます。
※Japanese text only

ISBN 978-4-04-400356-2　C0195

◆◇◇

角川文庫発刊に際して

角川源義

第二次世界大戦の敗北は、軍事力の敗北であった以上に、私たちの若い文化力の敗退であった。私たちの文化が戦争に対して如何に無力であり、単なるあだ花に過ぎなかったかを、私たちは身を以て体験し痛感した。西洋近代文化の摂取にとって、明治以後八十年の歳月は決して短かすぎたとは言えない。にもかかわらず、近代文化の伝統を確立し、自由な批判と柔軟な良識に富む文化層として自らを形成することに私たちは失敗して来た。そしてこれは、各層への文化の普及滲透を任務とする出版人の責任でもあった。

一九四五年以来、私たちは再び振出しに戻り、第一歩から踏み出すことを余儀なくされた。これは大きな不幸ではあるが、反面、これまでの混沌・未熟・歪曲の中にあった我が国の文化に秩序と確たる基礎を齎らすためには絶好の機会でもある。角川書店は、このような祖国の文化的危機にあたり、微力をも顧みず再建の礎石たるべき抱負と決意とをもって出発したが、ここに創立以来の念願を果すべく角川文庫を発刊する。これまで刊行されたあらゆる全集叢書文庫類の長所と短所とを検討し、古今東西の不朽の典籍を、良心的編集のもとに、廉価に、そして書架にふさわしい美本として、多くのひとびとに提供しようとする。しかし私たちは徒らに百科全書的な知識のジレッタントを作ることを目的とせず、あくまで祖国の文化に秩序と再建への道を示し、この文庫を角川書店の栄ある事業として、今後永久に継続発展せしめ、学芸と教養との殿堂として大成せんことを期したい。多くの読書子の愛情ある忠言と支持とによって、この希望と抱負とを完遂せしめられんことを願う。

一九四九年五月三日